跌荡一百年

中国企业
1870—1977

十年典藏版·下

吴晓波 著

中信出版集团·北京

图书在版编目（CIP）数据

跌荡一百年：中国企业：1870-1977：全2册/吴晓波著 . -- 3版 . -- 北京：中信出版社，2017.12（2024.1重印）
　ISBN 978-7-5086-8251-8

Ⅰ. ①跌… Ⅱ. ①吴… Ⅲ. ①企业史－中国－1870-1977　Ⅳ. ① F279.297.3

中国版本图书馆CIP数据核字（2017）第255582号

跌荡一百年：中国企业1870—1977

著　者：吴晓波
出版发行：中信出版集团股份有限公司
　　　　　（北京市朝阳区东三环北路27号嘉铭中心　邮编 100020）
承　印　者：北京盛通印刷股份有限公司

开　本：880mm×1230mm　1/32　　印　张：24.75　　字　数：594千字
版　次：2017年12月第3版　　　　　印　次：2024年1月第12次印刷
书　号：ISBN 978-7-5086-8251-8
定　价：116.00元（全2册）

版权所有·侵权必究
如有印刷、装订问题，本公司负责调换。
服务热线：400-600-8099
投稿邮箱：author@citicpub.com

目　录

第四部　1938—1948
抗战与挣扎

1938　怪乱的"孤岛" / 003
　　　企业史人物 | 江村经济 | / 022
1941　大后方 / 027
　　　企业史人物 | 李氏难题 | / 043
1944　此消彼长的中国 / 048
　　　企业史人物 | 定县实验 | / 069
1945　接收之乱 / 074
　　　企业史人物 | 孔宋模式 | / 103
1948　最后的"打虎" / 108

第五部　1949—1958
沸腾的开局

1949　两陈治沪 / 131
　　　企业史人物 | 相纸之父 | / 152
1950　改造的浪潮 / 155
　　　企业史人物 | 英东"走私" | / 180

1953 "156工程" / 185
  企业史人物 ｜ 工厂798 ｜ / 210
1956 "绝种" / 213
1958 "超英赶美" / 236

第六部　1959—1977
　　　以"革命"的名义

1959　最苦难的三年 / 265
  企业史人物 ｜ 单干专家 ｜ / 289
1964　秘密的三线 / 293
1966　造反与浩劫 / 313
1972　最后的冰期 / 339
1976　转折的前夜 / 360

致　谢 / 375
人物索引 / 377

第四部
1938—1948
抗战与挣扎

1938 / 怪乱的"孤岛"

> 为什么我的眼里常含泪水,
> 因为我对这土地爱得深沉……
> ——艾青:《我爱这土地》,1938年

1938年的上海被称为"孤岛",这是一个十分贴切的隐喻。

上海是当时世界第七大城市,人口仅次于柏林、伦敦、莫斯科、纽约、巴黎和东京。在1937年年底的保卫战中,城市遭到毁灭性的重创,美国历史学家魏斐德(Frederic Wakeman)在《上海歹土》一书中认定:"上海乃是第二次世界大战中第一个被摧毁的世界大都会。"[1]据《申报年鉴》记载,当时有4 998家工厂、作坊的设备被毁坏,上海丧失了70%的工业能力。大量难民涌进只有10平方英里的公共租界

---

[1] [美]魏斐德著,芮传明译,《上海歹土》,上海:上海古籍出版社,2003年版。下文魏斐德的话均引自该书。

和法租界，致使人口从150万猛增到400万，数万无家可归者流落街头。在最寒冷的冬季，上海街头发现了1.01万具尸体。

自战事爆发后，杨树浦、闸北、沪西、南市一带均被日军占领，但黄浦江沿岸的公共租界和法租界却遭包围而还未被进占，市政之权仍操在租界的工部局手中。这一区域，对外交通保持畅通，对内交通也逐渐恢复，进出口完全自由，形成自由商业市场，遂成一特殊的"孤岛"，其范围包括东至黄浦江，西至法华路（今新华路）、大西路（今延安西路），北至苏州河，南至肇家浜路的地区。著名的民国记者陶菊隐记录道："苏州河一水之隔，一边是炮声震天，一边是笙歌达旦，每当夜幕降临，租界内彻夜通明的电炬，透过幽暗的夜空，与闸北的火光连成一片，映红了半边天。"[①] 这一状况维持了4年之久。

就这样，所有的人都被困在一个"孤岛"上。"岛"的面积只有机枪子弹的射程那么远，而危机却像东海般浩瀚可怖。整个上海城的日常生活都处于极其颓废的状态，即使是暂时掌握权力的那群人，也会感觉生活索

▲ 上海外白渡桥港口

---

① 陶菊隐著，《孤岛见闻：抗战时期的上海》，上海：上海人民出版社，1979年版。

然无味，根本不值得期待。所有的理想都显得那么的虚妄，只有绝望才是真实的。

在这么一个充满末世感的怪乱世界，每个人——包括企业家们却还不得不展开自己的生涯。

出乎很多人的猜想，"孤岛"时期的上海工商经济并不是一片萧条、满目疮痍，而竟有过一段空前的畸形繁荣时期。

就在炮火的硝烟还没有散尽的时候，繁荣的幽灵居然在废墟和尸体上很快复活。到1938年年底，租界内恢复生产和新建的工厂总数达4 700多家，超过战前两倍以上，在1939年，又新设工厂1 705家。其中，传统的纺织业复苏最为迅猛。据布厂同业公会调查，至1939年，租界内新设织布、染织及手织厂823家，新增布机2.32万台，日夜运转每月可产棉布142万匹，而工厂的利润是战前的2~3倍。

这主要是源于下述原因：其一，人口激增，生活资料需求加大，消费品市场也就相应扩大；其二，人口集中又为租界工业提供了充足的廉价劳动力，从而有利于工业的复工生产，而生产规模的扩大，反过来又使原料市场得到刺激；其三，也是最特殊的一点，租界是中国东南沿海唯一的"非战争地带"，人流和商流自然向这里汹涌汇聚，从而激发出别样的热闹。

租界是弹丸之地，所有生产的原料需外来，而所有制成的商品需外出，因此其繁荣完全依赖亚洲乃至全球政局的变幻。

先看国民政府的态度。上海沦陷后，国民政府当即颁布了《禁运资敌物品条例》，将沦陷区货物出口"概以仇货论"，对国统区物资运沪也予以严格限制。但是，这一政策很快转向，因为大后方经济需要租界工商运作的支持。首先，这里是工业原料和设备进口的唯一合法通道。其次，大后方经济完全服务于战争，以重工业为主体，民生产业十分薄弱。张赛群在《上海"孤岛"贸易研究》一书中指出，到1941年前后，大后方人口已经由战前的 1.8 亿急增到 2.3 亿，所需棉纱须有 160 万枚纱锭开工生产，而实际运转的纱锭最多时也只有 17.5 万枚，每年缺少的棉纱和棉布分别为 12 万件和 400 万匹，这些物资大都依赖上海方面的供应。因而，国民政府不久便解释称，凡沦陷区内未受日方利用或控制之出品，如上海租界区域内各国货工厂之出品不能算作日货，仍应准其运销各地。偏据重庆之后，国民政府仍然在上海专设国货运输管理处，主持贸易事宜，并继续对租界供应外汇，继续维持"孤岛"的外汇交易，这使得进口商可以不受外汇配给的限制，自由进口紧缺物资以谋利。

　　日方对租界经济的放松也出于自己的需要。一方面，中日开战的时候，第二次世界大战还没有爆发，日本仍与英美维持着外交关系，所以对租界不敢公然攻击；另一方面，日本经济也需要上海"孤岛"的支援。日本是一个战争资源基本不能自给的国家，其重工业所需的石油、铁砂、铜等全数依赖进口，即使棉花、木浆、硫酸等工业原料也大多需要进口。在这种情形下，上海"孤岛"成为日本获取、转运战略物资以及套取外汇的中转市场。日军对租界实行的是"和平封锁"，即只禁止中国船舶的海上交通运输，对第三国船只虽时有阻拦，但并不完全禁止进出。在太平洋战争爆发前，进出上海港的轮船吨位中有将近六成属于中日以外的第三国。当然，日本人也知道其中有相当部分是挂着外国国旗的中国船只。

　　"孤岛"还成为欧美各国在远东地区的商品交易中心。进入 20 世纪 30 年代中期之后，随着欧洲局势的紧张，各国均在某种程度上对进出口贸易实行了统制政策，敌对国之间更是开展了经济战。特别是 1939 年第二次世界大战爆发后，德国对英国海上运输线处处加以破坏，而且对中立国船只进入英伦三岛进行严密封锁。相应地，英法集团及北欧诸国也对德国进行了贸易封锁或限制。在这种博弈中，英国将上海当成了原材料和动物产品的市场来源。而德国也通过各种渠道，将颜料药品、五金机械、化学产品等商品运送到沪，以换取其急需物资。

　　正是因为这种微妙而独特的因缘际会，"孤岛"被容忍存在。就在中日开战后的 1937 年年底，各欧美轮船已经恢复了南北洋和长江航线的航运，到第二年的 6 月，上海重开至伦敦、马赛等欧洲城市的直达班轮，至 10 月基本恢复至战前水平，国内航线也相继重新开通。上海很快恢复了全国贸易中心的地位。据朱斯煌主编的《民国经济史》记载：在进口方面，1937 年的进口总值为 5.08 亿元，1938 年因战争降至 3.76 亿元，但随即很快大幅度回升，其后三年分别达到 14 亿元、29.76 亿元和 34.1 亿元；出口的数字也类似，1937 年为 4.04 亿元，1938 年降至 2.22 亿元，其后三年上升为 3.92 亿元、13.67 亿元和 19.29 亿元。战后出口在全国所占比重已高于战前。在 1942 年之前，英美两国在上海租界区的投资占它们在华投资总额的 72.6% 和 64.9%。

"孤岛"经济的复苏速度是惊人的。1938 年 1 月，租界内各工厂的雇工为 3.19 万人，到 4 月就增到 13.07 万人，到年底更增到 23 万人。大大小小的针织厂、面粉厂日夜加班，仍不能满足市场的需求，利润因而高得吓人。以针织业为例，线袜的利润为 37.2%，丝袜为 43.4%，羊毛袜为 62.6%，卫生衫为 79.2%，羊毛衫为 54%。这种高额的工业利润为各企业带来了大量的盈余。以荣家为例，在租界内有申新二、九厂两家纺织厂和福新二、七、八厂三家面粉厂，其赢利远远超过战前，仅申新九厂一家在 1939 年的盈利就高达 1 000 万元，荣家一举偿清战前所有巨额积欠，荣德生还在 1939 年发起组织广新银公司，投入银行业务，成为沪上名副其实的巨富。当时的一项调查表明，由于"孤岛"时期各行业新设工厂增加，所需机器数量十分可观。加上外汇暴缩，外国机器价格太高，各厂不胜负担，于是原来向国外进口机器的企业无不改用国产机器。各机器厂出品有限，而需要日增，于是造成供不应求的局面，加上钢铁和机价步步暴涨不息，故各厂无不市利三倍，营业鼎盛，获利亦厚，成为机器工业发展史上的又一个"黄金时代"。

工业的繁荣自然带动商业和金融的兴旺。由于周边地区战火不断，江浙地区的商贾地主和银行家纷纷将公司和业务搬迁到租界内。整个 1938

年，租界内新增491家商号和160余家银行机构，年终结算，全市所有银行和钱庄除了一家之外，竟统统赢利。

由于租界与国外的海运通航无阻，加上与内地交通的恢复，各地的豪门富户携带大批钱财来沪避灾后，过着骄奢淫逸的寄生生活，更给市场造成了虚假繁荣的景象。上海的百货业主既供应中、低档适合广大市民日常生活需要的商品，又有适合"富豪避难者"所需要的高档奢侈品，所以整个零售商业空前兴旺。小百货业原集中在南京东路、广东路、金陵东路一带，这时发展到霞飞路（今淮海中路）、西藏路、静安寺路（今南京西路）、同孚路（今石门路）等。这些地段的小百货商店比战前增加了1~3倍。据估计，1939年零售同业共有千余户，比战前增加了1倍左右。租界内的几条商业街上新店林立，招牌如云，其中，金陵路商号277家，西藏路商号242家，静安寺路商号378家。零售的小百货市场，几乎天天早晚顾客盈门，人如潮涌。

当时上海的六大百货公司营业空前兴旺，商家为进一步招徕吸引顾客，大肆装修门面。金陵东路的小吕宋百货商店把商场的地面全部翻新，采用厚玻璃内装电灯，每晚灯火辉煌，进店堂宛如步入水晶宫。著名的永安公司在1939年前后每天平均营业额达

▲ 20世纪30年代，上海时尚女性的打扮

百万元以上。据商店老职工回忆，当时天天生意兴隆，"每天从开门到打烊，顾客始终络绎不绝。下午更是拥挤，商场内人如潮涌，柜台旁挤满了顾客。平均每个职工一天内要接待顾客五六十人，忙得连吃饭的时间都没有，还经常要加晚班"。永安公司1941年的营业额较1938年增长了5倍半，利润额更增长11倍以上。

据魏斐德的记录，"至1941年年初，上海出现了奇特的繁荣，人们几乎无法预订到一个房间，以至若要看一场周末电影也得预先订票，夜总会则鳞次栉比"。一个名叫瓦尼娅·奥克斯（Vanya Oakes）的旅行家描述了当时租界内外国人的生活："美国人与英国人的生活似乎与1937年以前的模式完全相同，而且其饭局、跳舞以及饮酒的次数均比以前更多了。大部分人受雇于大公司，其薪水则用美元或英镑结算，所以随着中国货币的贬值，他们的美满生活又回来了，至少当时是如此。"① 不过，这位作家接下来写道："然而，上海人在暗中却饱受着不断蔓延的毒气之害，正如一个家庭中有人生了病，便预示着整个家庭的大混乱一样。"

奥克斯的观察是准确的，"孤岛"的所有繁荣都是畸形和糜烂的，甚至是令人绝望的。财富只与极少数人有关，其余的都是待宰的羔羊。"孤岛"时期，物价长期上涨，投机活动猖獗。1939年前后，尽管生产迅速恢复，效益好于战前，但是很多工厂还是借种种理由将工人工资按战前的70%~80%发放，劳工阶层的境况实际上趋于恶化。② 据日本学者岩间一弘在《1940年前后上海职员阶层的生活情况》一文中披露，在战前，上海工人生活费支出中，食物和房租分别占53.2%和8.3%，而到1940年，由于物价高涨而实际收入停滞，食住开支占到了总支出的82%以上。如果

---

① 转引自[美]魏斐德著，芮传明译，《上海歹土》，上海：上海古籍出版社，2003年版。下文奥克斯的言论均引自该书。

② 这样的状况在日占区和国统区同时存在。据张公权在《中国通货膨胀史》中记载，1944年重庆的香烟和玻璃制造业劳动者的实际工资约为战前的57%，而公用事业、机器设备制造业和印刷业劳动者的工资尚不及战前的40%。

▲ 1939年苏州河两岸的高楼

说，1936年上海工人的生活费用指数是100，那么到1941年3月，食品价格是774，房租是385，燃料是636，日用杂品则是599。奥克斯说："以前花100元买的物品，如今得花365元，与物价的上涨相比，工资的涨幅是极为微小的。"钱锺书的《围城》写道："物价像吹断了线的风筝，又像得道成仙，平地飞升。公用事业的工人一再罢工，电车和汽车只恨不能像戏院子和旅馆挂牌客满。铜元镍币全搜刮完了，邮票有了新用处，暂作辅币，可惜人不能当信寄，否则挤车的困难可以避免。生存竞争渐渐脱去文饰和面具，露出原始的狠毒。廉耻并不廉，许多人维持它不起……"[①]

因为是唯一的"和平区"，又缺乏适当的管制，租界内的投机活动到了近乎疯狂的地步。从1939年起，上海的股市就失去了控制，投机者们将战争概念股炒到不可思议的高价，货币兑换率随着每一个谣言而上蹿下跳。沪上流行一句顺口溜："工不如商，商不如囤。"1939年9月，纳粹德国悍然进攻波兰，第二次世界大战爆发。1940年5月，德国全面进攻荷兰、比利时与法国，欧洲时局大震，上海投机客乘机以每大包1 000元的价格

---

① 钱锺书著，《围城》，北京：人民文学出版社，2007年版。

购买了大量棉花，储存在仓库里，以致阻滞了国内市场以及正想将棉花运往欧洲的外国贸易公司，当月底，价格上涨到2 000元一大包。然而，投机客没有料到德法交战那么快就有了结局，他们仍然持货不放。6月25日，法国被迫与德国签署停战协议，日本迅速迫使法国维希当局向中国船舶关闭口岸，人为上涨的棉花市场应声崩溃，50多家进出口公司一夜破产，股市行情更是一落千丈，前几日还在外滩的楼顶花园举杯狂欢的商人，现在则从那里跳楼自杀。

奥克斯很感慨地评论说："骗局！大骗、小骗、巨骗，犹如棉纱事件一样，剥夺了人们的必需品，危及了整个城市的生活。"而左翼作家夏衍描述的情形则更残酷，在他看来，上海的情况是"24层的高楼底下还有48层的地狱"[①]。

接下来讲"孤岛"上的政商恩仇，那是另一部更精彩、更血腥的黑色电影。

日本入侵中国后，分别在北京和上海扶植了两个傀儡政府。1938年12月，国民党的二号领袖人物汪精卫出走重庆，发表"艳电"公开投敌，接着在南京成立了"维新政府"。从此，重庆的蒋介石政府、南京的汪精卫伪政府以及西北的共产党武装，遂成为中国政坛的三大势力。表面中立的上海租界就成了各种政治势力角逐斗力的主战场——日本人、重庆国民党人、共产党人、汪精卫伪政权以及欧美各国混杂一堂，局面交错复杂，宛如一个"间谍公园"。在这个远东最大的冒险场上，企业家则是一个摇摆不定和面目模糊的群体。在今后的十多年里——1938—1949年——即将发生的事实证明了一个简单的道理：在国家政权不稳定的前提下，财富的持续性积累是不可能的，工商经济成为一种被动性工具，企业家将从此"隐身"为一个不再重要、缺乏话语能力的群体。

---

① 夏衍著，《包身工》，北京：人民文学出版社，1978年版。此语并非夏衍自己所言，而是转引《立报》上刊载的一个读者给编者的报告上的话。

在"孤岛"时期，绝大多数企业家对日本占领者采取的是消极和冷漠的不合作态度，他们为此甘冒财产和生命危险。穆易是上海一家中型造船企业——兴中机器造船厂的总经理，毕业于东京帝国大学的船舶工学科。早在1932年淞沪战役时，穆易就加入了由商人和文人组成的抗日救国会，并是执行委员之一。抗战爆发后，日本占领了江南造船所，欲请技术出众的穆易出任所长，遭到他的拒绝。穆易的大学学长、日本造船局局长重光亲自登门劝说，他很不解地问："为什么在日本留过学的中国学生回国后总是要抗日？你看抗日救国会的委员中，除了一人是留学英国之外，其余都是日本帝国大学毕业生。"穆易正色答道："日本精神教育向以忠君爱国为中心，中国民犹存，国犹在，你是大学教授，教本国学生要忠君爱国，如果要我做汉奸，也是你们的耻辱。"重光一时结舌，无言以对。

1937年12月初，日本人找到了一个名不见经传的苏锡文，在浦东成立"上海大道市政府"。此外，日军还物色一批商人，在外滩正金银行楼上成立了"上海市民协会"，委员名单中有当时滞留沪上的21个知名企业家，包括纺织大王荣宗敬、南市水电公司总经理陆伯鸿、杂粮业同业公会主席顾馨一、南京自来水公司总经理姚慕莲、知名商人尚慕姜等。据《大美晚报晨刊》报道，12月24日，"上海市民协会"的第一次准备会议召开，会后，委员们"将其宣言及协会章程，送达日本驻沪陆海军当局，请求谅解"。

这一消息发布后，当即震动沪上，很多人视之为汉奸行为。有记者问荣宗敬，市民协会为什么不报备国民政府，却向日军当局呈送，荣宗敬答："此事如呈请中国政府当局，势必不能成立，吾人必须勇往直前，做减少人民痛苦之举，无须惧怕，只需宗旨纯正，可不问其结果如何。"荣宗敬的解释是软弱的。在"市民协会"成立后，上海市商会、总工会、教育会、农会等20多个团体联合集会并发表声明，宣布该协会为"非法组织"，并"劝告全市同胞，勿与该组织合作。忠告报载之参加分子，切莫自绝国人，自毁人格"。

紧接着，更激烈的惩罚行动出现了。12月30日，陆伯鸿由吕班路（今重庆南路）寓所外出，被一个化装成水果小贩的国民党特务开枪打死，顾馨一的家中则被投掷了一颗手榴弹，荣宗敬也遭到死亡威胁，后被迫在报纸上公开声明退出"市民协会"，接着避走香港。1938年4月15日，"大道市长"苏锡文乘车外出，被人投弹未中，有五名路人遭池鱼之殃。

暗杀仍在进行中，但汉奸还是屡出不绝。

1938年10月16日，前中国通商银行董事长、当过上海总商会会长的傅宗耀接受日本人的委任，出任"上海特别市市长"。如果说顾馨一、荣宗敬等人的委曲求全都是为了保全自己的家业，那么，傅宗耀的行为则令人不齿。早在11年前，他曾经因为不愿借钱给蒋介石而遭到通缉，后来他长期避难于日本人控制的伪满洲国，与日本人走动密切。他曾咬牙切齿地说："我的身价5 000万元，但是我要把每一元都花在反蒋上。"此时，他投靠"敌人的敌人"，甘愿当一个汉奸。

▲ 傅宗耀

傅宗耀是"晚清商父"盛宣怀的义子，随着他的投敌，盛家子弟也相继投靠日本人。早在这一年的1月1日，日军就任命盛宣怀的外孙邵式军为"苏浙皖税务总局"局长，接收了国民党财政部税务署和江苏省税务局，接印视事。在陆伯鸿被杀、荣宗敬出走之后，盛宣怀的孙婿、台湾银行买办周文瑞成了"上海市民协会"的头脑，周文瑞的亲家尤菊荪则是"协会"的活跃分子。

作为清末民初最显赫的商业世家，盛门附逆，成为一件百死难赎的恨事。在八年抗战期间，邵式军成了上海首富。时人记载："邵逆式军，在伪组织中，由统税局而税务署，联任首长，前后八年，缺最肥，时最久，

第四部　1938—1948　抗战与挣扎　　013

故拥资亦最富。"[1] 盛门仅有的抗日者,是被视为"花花公子"的邵式军胞弟邵洵美。在"孤岛"时期,他以美国情人项美丽的名义出版了两份宣传抗日的杂志《自由谭》(中文)和《公正评论》(英文),他还秘密翻译出版了毛泽东的《论持久战》(*Prolonged War*)。

与盛家子弟一起为日本人效力的还有沪上黑社会"三巨头"之一的张啸林。

上海沦陷后,青帮老大黄金荣闭门不出,拒绝为日本人做事。杜月笙则公开反日,他在"马当沉船"中表现勇敢,避居香港后,担任中国红十字会副会长、赈济委员会常务委员和上海党政统一工作委员会主任委员,从事收集情报和策划暗杀汉奸等活动。1940年,他在重庆国民政府的支持下,组织人民行动委员会,实际上成为中国帮会的总龙头。"三巨头"中只有张啸林媚日投敌。他主办了一个名为"新亚和平促进会"的汉奸组织,公开投靠日本。他用日本人拨给的武器弹药,装备手下门徒,专门为日军强征粮食、棉花、煤炭等物资。他仗着关系多、地理熟,因而起了日本人所不能起的作用。他搜集物资的范围日益扩大,甚至从安南(越南)采购煤炭,运到上海,再转销华中一带,从中牟利。

投靠日本人,盛家子弟和张啸林得到的最大好处是全面接管了杜月笙原来的鸦片买卖和赌博业。美国财政代表尼科尔森早在1938年12月底就报告说:"日本人方面,始终要求保证与黑社会势力的长期合作。他们相信,这是保证控制上海外国人地区,即租界地区的最好办法,因为一旦他们得以调动这些黑社会力量,就能制造动乱、逮捕抗日分子和中国政府的代表、攻击中国政府的银行,以及破坏中国货币的稳定……而日本人保障黑社会分子与其合作的唯一武器,便是鸦片和赌博业。"[2]

---

[1] 佚名著,《汉奸丑史》,上海:大同出版公司,1945年版。
[2] 转引自[美]魏斐德著,芮传明译,《上海歹土》,上海:上海古籍出版社,2003年版。

苏锡文的"大道市政府"成立后的第一号布告就是公开征收鸦片烟税，烟民必须领取执照，执照分为三等，甲等纳税5元，乙等3元，丙等0.6元。傅宗耀当了"上海特别市市长"后，依然如法炮制。邵式军的父亲邵月如与盛宣怀的侄子、苏民银行董事长盛文颐合伙，组建了一个"宏济善堂"，它的职责就是控制上海市场上的鸦片进口和分配，厉行鸦片行和烟民的许可证管理以及负责征收烟税。"宏济善堂"在上海地区直接管辖的鸦片行就有58个，盛文颐还公然在南京的郊外购地种植罂粟。盛门和张啸林贩毒得到了日本人的公开支持，"宏济善堂"内有三名日本人为最高顾问，一个叫北冈的日军上尉甚至直接担任了一个"禁烟分局"的局长。

抗战时期，鸦片的产销以及税收成为日占区最大的经济收入。日本在东京成立了"亚洲发展会"，统一领导全亚洲的贩毒行动。日军在"满洲"的长春、奉天（沈阳）、旅顺以及哈尔滨都建立了工厂，日夜生产吗啡、海洛因及可卡因。它还控制了两条国际贩毒通道，一是从土耳其到"满洲"的陆路，二是从日本本土到大连的海路。在整个贩毒体系中，上海"孤岛"是最重要的消费和贸易集散地。

1939年，在重庆国民政府向国际联盟递交的一份报告中，记录了日占区内毒品产业的繁荣：在苏州，鸦片业是税收的主要来源，据报有500家烟馆；在北平则有314家官方认可的公共鸦片馆；汉口有32家鸦片批发铺、340家鸦片馆以及120家经营鸦片的旅馆，每天向5.5万个烟民销售4 000盎司的鸦片；整个南京城内，注册从事毒品销售的贩子多达2 400人，其中许多是警察，他们将毒品卖给6万成年人乃至儿童，而这占到南京总人口的1/8。而在广东的某些地区，据说米贩子和毒品贩子的人数比例为1∶3或1∶4。汪精卫伪政府每月可从安徽、浙江和江苏的鸦片销售中征得300万元的税收，占据总税负的1/3，而日本宪兵队和特务机构还可得到300万元的销售分成。据魏斐德的计算，"在1938年，日占区的鸦片销售额占了日本政府总预算收入的28%，足以支付整支侵华军队的军饷"。

▲ 抽鸦片的上海女子

自陆伯鸿事件后,政治暗杀一直是"孤岛"上的一种生死方式。那是无比黑暗的岁月,没有一个人的明天是确定会到来的。

1939年2月被称为"恐怖月",短短一个月中,租界内发生18件政治凶杀案,死者21人,被打伤10人。2月19日为春节,汪精卫伪政府"外交部长"陈箓被军统特务射杀,两天后,李鸿章的孙子、曾当过轮船招商局董事长的"安徽首富"李国杰也在新闸路寓所被打死。

1940年8月,投靠日本人的张啸林被杀。8月11日,张啸林公开接受汪精卫伪政权与日本特务机关联合颁发的"浙江省省长"委任状。三天后,张啸林在华格臬路(今宁海西路)张公馆接待客人,正谈得十分热闹时,院子里突然传来贴身保镖林怀部和司机的吵架声,张啸林把身子探出窗口,训斥道:"吵什么!你们活得不耐烦了!"就在这时,林怀部突然抬手就是一枪,子弹从张啸林的嘴里打了进去,又从后脑勺钻出。林怀部打死张啸林后,将手枪往旁边一放,点起一支烟吸着,从容地坐在大门口的一条板凳上,等着法国巡捕房来抓他。

张啸林被杀两个月后，10月10日晚上，"上海特别市市长"傅宗耀在熟睡之际，被人用菜刀砍下头颅。

在过去几年里，傅宗耀一直是国民党特务追杀的第一目标，而主其事者就是杜月笙。日本军部为了保护傅宗耀，专门在虹口圈了一所花园洋房作为他的官邸，家中仆从如云，雇有23名心腹保镖，层层守卫，戒备森严。击杀傅宗耀的，是他最亲信的"两代义仆"朱升源。朱升源是傅宗耀的专职炊事员，从他的父亲开始跟随傅家达数十年之久。杜月笙将之成功策反。10月10日是"双十节"，傅宗耀在虹口"六三花园"设置盛大筵席，招待日本驻沪军政头目、伪市府官员。傅宗耀喝得酩酊大醉，朱升源把他扶回官邸卧室后，用菜刀将之劈死，然后像往常一样，拿了买菜的篮子，从走廊推了自行车，在岗哨的眼皮底下缓缓走出官邸。①

如果说，刺杀傅宗耀、张啸林是对汉奸集团的政治震撼，那么，接下来发生的银行互杀案就是一种妄杀无辜的政治恐怖活动了。

上海沦陷后，国民政府虽退到重庆，但仍在上海留有办事处，对上海的工商金融等业尽其所能地加以管理。1938年，日商与法、意商人均拟在沪设立证券交易所，以图操纵市面。国民政府经济部与财政部电饬上海各同业公会，严厉禁止他们参与其事，同时，会函上海特区法院，指摘这是一种违法行为。在国民政府的干预下，整个"孤岛"时期，上海的各类交易所均未正式恢复营业。重庆国民政府一直没有放弃对上海租界的金融管制和渗透，中国银行、交通银行、农民银行等坚守上海，法币是最重要的流通货币。

1941年1月5日，南京汪精卫伪政府成立带有中央银行性质的"中央储备银行"，发行的钞票被称为中储券。汪伪政府限令，江浙沪等八省

---

① 刺杀汉奸的林怀部和朱升源居然都得生还。林怀部被租界法院判有期徒刑15年，抗战胜利后，国民党政府奖励给他1万元，新中国成立后，他在上海市房管局工作，一直到年迈退休。朱升源则在军统安排下辗转到了重庆，在那里，他领到了5.2万元奖金。

▲ 中储券

居民必须在三个月内将法币全部兑换成中储券，其兑换币值为 2∶1。这意味着法币一下子被人为贬值了一半，并在沿海诸省彻底出局。1月20日，汪伪政府在外滩15号——原国民党中央银行的旧址成立中储行上海分行。

中储券的出现让重庆方面万分恼怒，一个叫谢芝庭的银行家据传将出任中储行上海分行行长，军统特务当即把他枪杀在热闹的大都会舞厅，制造了一起轰动一时的血案。国民政府财政部还专门在上海设立"中央特种宣传处"，举办"拒用中储券宣传周"活动。租界当局也支持国民政府，巡捕房出面召集商界开会，如发现使用中储券者，将立即送法院惩处。汪精卫方面当然不甘示弱，派人到中国银行强迫存储，然后与租界方强势交涉。中储券渐渐在市面上开始流通，这时候，重庆方面决定采用更为极端的做法。

2月20日上午10点半，6名穿着中式长衫的男子走进外滩15号，其中1人直奔2楼的经理办公室。这些人拔出手枪四处乱射，随后扔出4颗自制炸弹，其中两颗爆炸，把大厅的玻璃震碎一大片。1名警卫前来阻击，被当场击毙。双方枪击，从大厅打到门外。下午，军统特务在街头、医院接连打死5个中储行的科长和职员。如此一来，中储行的职员吓得不敢上班，外滩15号前门可罗雀。3月21日，又一名中储行的科长被打死。担任汪伪政权"行政院副院长"、中储行行长的周佛海气急败坏地从南京赶到上海，写下手令："中、中、交、农（即中国、中央、交通和农民四大银行），一律枪毙。"

22日凌晨，8名汪系特务冲到霞飞路（今淮海中路）1412弄10号的农民银行职员宿舍，敲门谎称是巡捕房查户口，房门一开就冲进屋子，先是打灭电灯，然后对准正在熟睡的人一阵扫射，当场打死7人，重伤5人，然后扬长而去。几乎同时，另一批特务冲进极司菲尔路（今万航渡路）96号的中国银行宿舍区，持枪挨家挨户把人们唤起，掳去128人，几小时后再次扑来，又绑走70人。到了一个关押地后，以抽签方式拉出3人，当场枪毙。24日，汪系特务又绑走交通和农民银行的3名职员，再用炸弹袭击中央银行的两个办事处，炸死8人，炸伤36人。这样一来，四大行只好宣布暂停营业。

4月22日，蒋系特务以牙还牙，派出3名特务冲进大华医院的病房，用利刀劈死1名在那儿看病的中储行业务科长。汪系当即报复，医院血案发生一个半小时后，特务就再次到极司菲尔路抓走9人，枪杀其中3人（其中1人重伤未死），其控制的《中华日报》在第二天报纸的头版标出大字标题——"以三抵一，信守诺言"。

汪蒋双方如此滥杀无辜，沪上顿时风声鹤唳。3个月间，社会秩序大乱，银行不敢开门，职员不敢上班，富人争相转移财产，穷人疯抢粮米油盐，连花旗、大通等外资银行也停止开立美元支票存款户头，随时准备撤离上海。证券公债的行情更是剧烈动荡，狂跌狂涨，一日之间的高低价差之大前所未有。后来，在一些老银行家的居中斡旋下，上海总商会和上海银行公会分别上书重庆和南京，双方才勉强答应停火。

发生在1941年春天的银行互杀案，充满了末日的血腥气息。正是在这样的恐怖中，"孤岛"走进了它最后的时光。那是一连串的暗杀、绑架与抢劫的混响。

自开年以后，不负责任的、荒唐的政治暗杀或经济犯罪就此起彼伏。

春节那天，沪上最大的8家歌舞厅遭到炸弹袭击，其中5家是在夜间的一个小时内同时发生的。1月27日，10名劫匪公然登上闹市区的一辆公共汽车，强迫乘客们交出外套和节日礼服。在3月份，多名商人被绑架，其中包括上海金业交易所的副总裁、崇美化工厂总经理、义泰兴煤号老板以及华商纱厂联合会的一个负责人，"古怪和外国类型的恐怖活动成了本市的时尚"。在4月的最后一周，"歹徒暗杀了4个银行雇员，日本宪兵试图接管纳税人华人协会，警察向他们开枪，结果误杀了上海警察局局长的保镖，暴徒还向江苏高等法院的法官家里扔了炸弹……虹口'小东京'地区最大的两家戏院引爆了定时炸弹，伤了16个日本人"。5~6月，租界内发生3件轰动的暗杀案，一个名叫印占卿的华籍探长、上海年纪最大的法国籍律师达商男爵和名叫赤木亲之的日本警务处长被杀死。7月，两枚威力惊人的定时炸弹分别炸毁了沪宁线的铁轨和静安寺路上的《国报》报社。8月，又是一个恐怖的月份。汪精卫控制的《中央日报》大楼发生了爆炸和火灾，一名叫稽鲲生的银行家在一家夜总会门口被杀死，黄浦江渡轮"潮州丸"在外滩码头发生大爆炸，沪光大戏院和金城大戏院被炸，煤炭进口公司和中一信托公司的总经理分别在家门口被绑架，大舞台剧院的老板差点被刺客打死，日本三菱公司的一个仓库被烧毁。9月，《申报》图书馆的工人从书架上拿下一本书，却发现竟是一颗炸弹，它被粘在3本书的空心封面里，幸好打开的时候引爆电池已经没电了。

  1941年的整个秋冬，上海仍然在绝望中沉沦。对普通人来说，自1937年抗战以来，物价已经上涨了10倍，生活像一个空气日渐稀薄让人窒息的死屋。连最起码的秩序也不存在了，乞丐和小偷肆无忌惮地从大街的货摊上盗窃食品，直至摊主无货可卖为止，警察却熟视无睹。瓦尼娅·奥克斯在游记中以厌倦的口吻写道："上海是邪恶与暴力的城市，是富裕和令人难以置信的贫困并存的城市，是轮盘赌的轮子飞旋、枪声频频和乞讨声充斥各处的城市。它如今生活在永久性的恐慌和飘忽不定之中，爆炸和破坏、不正常的贸易、通货的混乱、日本狡猾的渗透、难民的涌入、物价无休止的上涨、欧洲战争的爆发以及它在静安寺路上的反响使上海成了难民与歹徒的俗气之城。"

1941年12月8日,日军偷袭珍珠港美军基地,炸沉炸伤战舰40余艘,击毁飞机260架,美军死伤3 600人。美国随即对日宣战,太平洋战争爆发。几乎同时,日军进攻中国当时最重要的两个商业中心,上海与香港。是日凌晨,驻沪日本海军向黄浦江中仅剩的两艘英、美炮舰发出最后通牒,勒令它们在两小时内投降。美舰"韦克"号很快就挂出了白旗,英舰"彼得烈尔"号则在日机的轰炸中沉没。

破晓时分,日本陆军在细雨中从苏州河各桥开进公共租界,中午即占领整个租界。上海海关,英商汇丰、麦加利、沙逊、有利等6家银行,美商大通、花旗等5家银行及大批企业全被日军看管。英、美领事馆人员被迫集中于英国领事馆和华懋饭店(今和平饭店),几同囚禁。1942年1月6日,日本对租界的工部局董事会进行改组,由日本大使馆参事冈崎胜男任总董,汉奸袁履登为副总董。董事中只有两名欧洲人,其余不是日本人就是汉奸。万国商团被解散,158名军官和1 491名士兵全部自谋生路。就这样,开始于1845年的上海租界历史,十分讽刺性地在日本刺刀下终结了。日军在上海实行了严格的保甲制度,从此结束了混乱不堪的"孤岛"时期。

日后的"孤岛"研究者常常被这个命题所困扰:当日本军队冲进租界的时候,为什么没有引起人们的反抗?上海这座具有革命传统的中国最大城市,为什么如此"温顺"地接受了屈辱的统治?瓦尼娅·奥克斯也注意到了这个细节,她在1939年的报道中记录了上海人与侵略者决一死战的决心,但是当她于1941年年底回到上海时,却感觉到了"中国精神的崩溃"。她疑惑地问中国朋友,为什么他们变得如此消极,竟接受了日本人的占领?

部分事实可能是,在过去的4年里,人们已经绝望于现有的境况,特别是恐怖活动的随意性和失控性,导致了人们对于秩序的极度渴望——不管这种秩序以何种方式进行,以及来自何方。

企业史人物 | 江村经济 |

1938年春,一个28岁的中国学生费孝通(1910—2005)在英国伦敦政治经济学院完成了他的博士论文,并在第二年以"江村经济"为名出版。此书日后被奉为中国人类学的奠基之作,费孝通还是世界上第一个指出乡村也能发展工业经济的经济学家。

其实没有"江村"这么一个村庄,它的原型叫开弦弓村,在距离"孤岛"上海100公里的江苏省吴江县震泽区(现在的吴江市七都镇)。

这本书的诱因是一个让人心碎的青春悲剧。就在几年前的1935年秋天,燕京大学社会系学生费孝通与新婚妻子王同惠前往广西大瑶山做瑶寨实地调查。在翻山越岭中,费孝通误入瑶族猎户为捕捉野兽而设的陷阱,王同惠为了救他独身离去寻援,不慎坠渊身亡。第二年开春,为了疗伤和平抚丧妻之痛,费孝通来到他姐姐费达生居住的开弦弓村。在这里,他拄着双拐,带着一颗破碎的年轻的心,开始了一次细致的田野调查,《江村经济》就是这次调查的成果。

苏南的苏州、常州一带自明清以来就是江南蚕织业最发达的地区之一,晚清,欧洲的机织技术引进中国后,这里的纺织工业就开始萌芽,费孝通无意中找到了观察中国乡村工业的最佳试验点。当时流行的经济观点认为,工业的发展必须集中于城市,乡村最多是原料和劳工的来源地。费孝通则不这样认为,他说:"若都市靠了它的技术的方便,代替农村来经营丝业,使本来可以维持生活的农民成了饥民,成了负债的人,结果是农民守不住耕地,都向都市集中。在农村方面,是经济的破产,在都市方面是劳动后备队伍的陡增,影响到都市劳动者的生机……所以,我们想达到的就是把丝业留在农村,使它成为繁荣农村的一种副业。在农村设厂,规模就要受到人口的限制,所以我们寻求最小规模、最大效率的工厂单位。"[1] 费孝通的这种观察超出了同时代的所有人,不独在中国,即便在

---

[1] 费孝通著,《江村经济》,北京:商务印书馆,2001年版。

全球学界也是独步一时。它完全不同于亚当·斯密和大卫·李嘉图的大工业设想，而是一种来自中国的经济思想灵光。事实上，开始于1978年的中国经济大改革，由乡镇企业为"预料之外"的突破口，正是从这里发芽的。

开弦弓村在1929年1月就购进了先进的缫丝机，办起了生丝精制运销合作社丝厂，它被认为是现代企业史上第一个农民自己办的丝厂。村里还成立了民间银行性质的信用合作社，费孝通的姐姐、毕业于东京高等蚕茧学校制丝科的费达生正是这一事业的重要倡导者。这些新事物的出现让费孝通好奇不已。他把开弦弓村当成"中国工业变迁过程中有代表性的例子，主要变化是工厂代替了家庭手工业系统，并从而产生社会问题"。而他最终得出的调查结论是这样的："由于家庭工业的衰落，农民只能在改进产品或放弃手工业这两者之间进行选择，改进产品不仅是一个技术问题，也是一个社会再组织的问题……因此，仅仅实行土地改革、减收地租、平均地权并不能最终解决中国的土地问题。最终解决的办法，不在于紧缩农民的开支，而应该增加农民的收入。因此，让我再重申一遍，恢复

▲ 开弦弓村的工厂

第四部　1938—1948　抗战与挣扎

农村企业是根本措施。"

1938年春,费孝通在伦敦政治经济学院完成了博士论文并出版《江村经济》——这本书一直到1986年才被翻译成中文在中国出版,它被看作人类学中国学派的代表作,是人类学的研究对象从"异域"转向"本土",从"原始文化"转向"经济生活"的崭新尝试。不过,它的经济学意义从未被发现。因为从20世纪40年代到70年代,从来没有一个国家尝试在农村培植自己的工业基础,因为这是反大工业的,是可笑的。

费孝通一直以来被看作一个社会学家,他当过中国社会科学院社会学研究所所长和中国社会学学会会长,而他的观点在经济学界受到关注是从批判开始的。1957年,他重返20多年未归的开弦弓村做调研。在那里,他又从田野里拾回了30年前长出来的那个疑惑:"农民为什么还是那么穷?"他在《重返江村》一文中大胆地设问:"现在土地制度变了,每个农户都拥有了土地,怎么还是缺粮食呢?"他走村串户,盘账计算,得出的结论是:"问题出在副业上。"①

他写道:"我提出这个主张和当前的趋势是不合的。至少过去几年里,似乎农业社只搞农业,所以加工性质的生产活动,都要交到其他系统的部门,集中到城镇去做,甚至像砻糠加工这样的事都不准在农业社里进行。在开弦弓村我就看到有个砻谷机,可以把砻糠加工成为养猪的饲料。但是镇上的砻谷厂不准他们这样做,宁可让村里大批砻糠当燃料烧掉。以蚕茧说,烘茧过程也要划归商业部门去做,结果实在不很妙。但是看来国家遭受损失事小,逾越清规却事大。"

费孝通重申了他在年轻时得出的那个结论:"在我们国内有许多轻工业,并不一定要集中到少数都市中去才能提高技术。以丝绸而论,我请教过不少专家,他们都承认,一定规模的小工厂,可以制出品质很高的生丝,在经济上打算,把加工业放到原料生产地,有着很多便宜。"他更

---

① 费孝通著,《重返江村》,载《新观察》,1957年,连载未结束便被中断。

大胆地用数据说明乡村工业的倒退:"总的看来,副业方面现有的水平是没有21年前高了。做一个大约的估计,1936年,副业占农副业总收入的40%多,而1956年,却不到20%。"

这样的观点理所当然地受到了猛烈的批判,费孝通被指责"在副业上大做攻击共产党的文章""反对社会主义工业化"。在随后开展的"反右"运动中,他被划为著名的大"右派",在其后的20年中凄惨度日,自称"连一张书桌都没有"。

1978年,费孝通始得平反。谁也没有料到的是,他在1935年所期望的"农村企业"竟成了日后中国经济改革的突破口。1981年,费孝通第三次访问开弦弓村,他看到家庭工业开始复苏,家庭副业的收入占到了个人平均总收入的一半,而在吴江一带,乡镇工业遍地开花,甚至跟城里的大工厂争原料、争能源和争市场。1983年年底,费孝通写出《小城镇再探索》一文,认为"农民充分利用原有的农村生活设施,进镇从事工商业活动,在当前不失为最经济、最有效的办法"①。正是在这篇文章中,他第一次提出了"苏南模式"。他写道:"从西方工业革命发展的历史经验看,苏南的乡镇工业是不伦不类、难以理解的东西,而从中国农村的家庭经济结构上看去,乡镇工业却是顺乎自然的事情……与西方工业革命的历史相对照,草根工业无疑是中国农民的一个了不起的创举。"

1986年,已经是全国政协副主席的

▲ 青年费孝通与开弦弓村儿童

---

① 费孝通著,《小城镇再探索》,载《新华日报》1984年5月2日第四版。

第四部　1938—1948　抗战与挣扎

费孝通在一篇新闻报道中看到，在浙江南部的温州出现了一种有别于苏南模式的民间工业，他当即以76岁的高龄亲赴温州考察。陪同者描述："在乡镇政府的接待室里听介绍，四周窗子的玻璃是残缺不全的，冷风丝丝吹进，我虽然穿着呢大衣，可清鼻涕仍不由自主地淌下来，双脚也冻得难受，有点坐不住。"①不过，在温州看到的景象还是让这个睿智的老人很兴奋。在当时，国内对温州私人经济的批判和讨伐之声不绝于耳，而开明的费孝通则认为，"用'割'的方法是不能奏效的，割了还会长出来"②。他撰写的长篇调研报告《温州行》被广为传播，后来他又提出了"温州模式"的概念。苏南模式和温州模式成为中国民营经济最引人注目的两大成长模式，竟然都出自费孝通之观察，斯人贡献，以此为大。1990年之前，每逢宏观调控，乡镇企业都成了被整顿的对象，费孝通一直是最坚定和大声的捍卫者。

费孝通长寿，逝于2005年，晚年名满天下。他年轻时英俊清瘦，入中年后则胖硕开朗，能写一手好律诗，做起学术文章来却是妇孺能懂，举重若轻。面对后辈小生，他总是不厌其烦，耐心以对，反复说的一句话正是："农民和农村的问题解决了，中国的问题就解决了。"

遥想1936年的那个开春，从青年费孝通挂着拐杖，好奇地走进开弦弓村的那一天起，他就是一个小心翼翼的改良主义者。在他看来，"社会是多么灵巧的一个组织，哪里经得起硬手硬脚的尝试？如果一般人民的知识不足以维持一种新制度，这种制度迟早会蜕形的"③。

---

① 朱通华著，《费孝通先生提出"温州模式"的前前后后》，载《南京医科大学学报》，2005年5月。
② 费孝通著，《温州行》，载《瞭望》1986年第20~22期。
③ 费孝通著，《复兴丝业的先声》，载《大公报》第9期，1934年5月10日。

1941 / 大后方

让无聊的敌机来肆扰吧！我们还是在割稻子，
因为这是我们的第一等大事。
食足了，兵也足；有了粮食，就能战斗，
就能战斗到敌寇彻底失败的那一天！

——王芸生：《我们在割稻子》，1941年

1941年8月中旬，中国最重要的新闻评论家、《大公报》主笔张季鸾病重弥留，接替他主持笔政的王芸生在重庆郊区的张宅日夜相陪。在过去的两年多里，陪都重庆几乎都是在空袭的惊恐中度过的。从1939年到1941年，这座山城被日军飞机轰炸了268次，几乎每周平均两次，城市大部被毁，其中1939年5月的两次大轰炸就造成了4 400人死于非命。然而，炸弹并没有把中国人炸垮。

当日，日机再次对重庆实施日夜不息的"疲劳轰炸"，已奄奄一息的张季鸾对王芸生说："我们应该想个说法打击敌人。"王芸生说："敌机来了毫无

▲ 重庆轰炸

抵抗,我们怎么可以用空言慰国人打击敌人呢?"言及此处,萎靡弥留中的张季鸾忽然拥被而起,呼道:"今天就写文章,题目叫'我们在割稻子'。"

下面就是王芸生发表于1941年8月19日的新闻名篇《我们在割稻子》:"就在最近的十天晴明而敌机连连来袭之际,我们的农人,在万里田畴间,割下了黄金之稻……所以我们还是希望天气晴朗,敌机尽管来吧,请你来看我们割稻子!抗战至于今日,割稻子实是我们的第一等大事,有了粮食,就能战斗……3年来的经验,已使重庆人学会怎样在敌机空袭中生活,人们既不曾因空袭而停止呼吸,而许多工业照样在防空洞中从事生产。就拿本报的情形来说,在我们的防空洞内,编辑照常挥笔,工友照常排版,机器照样印报,我们何尝少卖了一份报?话说回来,让无聊的敌机来肆扰吧!我们还是在割稻子,因为这是我们的第一等大事。食足了,兵也足;有了粮食,就能战斗,就能战斗到敌寇彻底失败的那一天!"[1]

此文流传大江南北,大大鼓励了国人斗志。半个多月后的9月6日,张季鸾离开了这个苦多乐少的世界。

正是凭着这股"割稻子"的精神,中国人开始了艰苦卓绝的抗战。其

---

[1] 原文刊载于《大公报》。

中，企业家群体不甘人后。

范旭东的精盐、纯碱和铔厂相继落入敌手，但是，他还是和同事们把部分设备搬迁到了四川。1938年9月18日，也就是"九一八"纪念日当天，新的久大盐厂在自贡宣告成立。次年，永利和黄海也在五通桥重新建成。为纪念天津塘沽本部，范旭东将五通桥改名为"新塘沽"。70多年后的今天，五通桥山崖的陡壁上还刻着"新塘沽"3个大字。在重庆久大、永利联合办事处的墙上，挂着一张塘沽碱厂的照片，范旭东亲自在上面写了"燕云在望，以志不忘"8个字。他常常在照片前伫立，并对同事说："我们一定要打回去的。"

然而，范旭东的事业终于没有重现战前的面貌，他的盐碱公司历经诸多困难和阻挠，一直没有真正打开局面。

几乎所有内迁到西部的民营企业都不复当日风光。刘鸿生是当时的著名企业家，他的大中华火柴公司占据火柴市场的大半壁天下，此外还涉足水泥、煤炭、纺织等多个产业。他在上海滩上叱咤风云，曾经与虞洽卿一起被选为租界工部局的五位华董之一。抗战爆发后，日本军部胁迫刘鸿生出任上海商会会长之职，他拒绝接受委任，漏夜乔装出走，在沪的十多家工厂被日军以"敌产"没收，财产损失1 000万元以上。刘鸿生辗转到重庆后，当即受到蒋介石的宴请，并承诺只要刘鸿生在大后方发展工业，国民政府将给予原料和资金的极大扶助，刘鸿生大受激励。

刘鸿生决定筹建中国毛纺织厂和中国火柴原料厂。办厂需要机器设备，他派儿子刘念智潜回上海，拆迁浦东章华毛纺织厂的机器，其前后经历宛若一部惊险电影。刘念智重金雇用一个瑞士籍的犹太

▲ 刘鸿生

第四部　1938—1948　抗战与挣扎

人，先是买通了一个日军少将，将机器从浦东偷运至浦西，再运进租界。接着他花了50万元代价，把500吨纺织、印染设备及器材陆续运抵缅甸仰光。与此同时，刘氏企业内的数百纺织工、挡车工和机修工等也出于爱国热诚，千里跋涉，来到大后方。可是，机器设备到了仰光后，就再也无法运到重庆。刘鸿生通过蒋介石侍从室弄到"予以紧急启运"的委员长手谕，可是孔祥熙和宋子文家族控制的西南运输公司忙着发国难财，就是腾不出手来。刘念智只好购买了12辆美国道奇卡车，自行搬运。从仰光到重庆路途艰险，关卡林立，车队日夜兼程总算到了中缅边境的战略要地腊戍，云南边城保山已是遥遥在望，可是西南运输公司以私运物资为由，就是不让进境。这一拉锯交涉，竟然就过了两年，到1943年4月，日军进击缅甸，占领腊戍，数百吨设备顿时成了炮灰。随车的刘念智逃进野人山原始森林，九死一生才逃回重庆。

刘鸿生惊魂一场，落得个财亡人疲，无奈之下，只好投靠孔祥熙，当了官办火柴烟草专卖局的局长。据《实业家刘鸿生传略》记载，过惯了洋派生活的刘鸿生在重庆已与常人无异，"他当时住的已经不是豪华的洋楼，而是简朴的普通宿舍。他住在长江南岸的弹子石，每天要到北岸重庆市区办公。两岸崖峭坡陡，上下石阶约达三百级之多。他步行往来，从不坐滑竿……他经常在小食店里吃碗阳春面和一碟生煎馒头，有时只吃几块糕点，当作一顿午餐"[①]。后来，刘鸿生在西南和西北诸地办起了毛纺织厂、洗毛厂、火柴厂以及氯酸钾厂，但是其个人股本都只有20%左右，其余皆为国营或官僚资本，而重要决策均须仰人鼻息。因此，这位当年上海滩的风云大亨曾经十分沮丧地抱怨说："在上海，我是大老板，到重庆，变成小伙计了。"

杨小凯在《百年中国经济史笔记》中以1937年的抗战爆发作为中国

---

① 刘念智著，《实业家刘鸿生传略》，北京：文史资料出版社，1982年版。

近代经济的转折点，把其后的12年称为"经济的崩溃时期"：本来就发育不良的中国民族资本在战争中饱受摧残，而国营资本以及官僚资本的地位都得到空前的强化，这种结构性的变化使中国经济过早地结束了自由竞争时代而加速步入以国家资本为主体的垄断时代。

战前的中国西部基本上没有什么近代工业，用蒋介石的话说，"欲于此广大区域，为工业建设，即不啻要无中生有"。随着工厂的西迁，西部经济进入了一个发展期，至1941年，各地内迁企业数增至639家，涉及机械、纺织、化学、教育用具、电器、食品、矿业、钢铁等行业，分别迁入四川254家、湖南121家、陕西27家、广西23家，其他省份有214家。而其产业及资本格局呈现出如下特征：一是为战争服务的重工业成为投资重点，民生产业几乎被完全忽略，二是国营资本的分量持续加重。1938年3月，国民政府重申："实行计划经济，凡事业之宜于国营者，由国家筹集资本，从事兴办。"在第二次世界大战期间，由英国经济学家约翰·梅纳德·凯恩斯提出的经济理论统治了全球经济界，他于1936年出版的《就业、利息和货币通论》一书几乎成为当时各国政府的教科书。凯恩斯主义反对"自由放任"和"无为而治"的传统做法，主张国家通过财政政策和货币政策对经济生活进行积极干预和调节。蒋介石政权的经济政策是凯恩斯主义与德苏集权模式的"混合体"，

▲ 战后重庆卖布商贩

并将国家控制的成分推到了极致。这在战争状态下，固然有一定的必然性，但是，由于政策设计和执行能力的低下以及官僚资本的乘机强大，使得国民经济越来越畸形，而富有活力的民营资本力量则被完全放弃。

1941年12月，英国《经济学人》杂志在评论中国的经济体制时就认为：“政府事业的章鱼状势力结构，正在变得自我固化并富有扩张性。”颇有自由主义经济思想的章乃器——请记住这个名字，他将在以后的一个章节中担任主角——曾经在战时一再批评说：“不要盲目地借用凯恩斯理论，凯氏理论是死板和机械的，用在产业落后的中国更加是时地不宜，应尽量鼓励民营而避免政府直接经营。”① 但这些声音，在隆隆的炮火声中显得非常微弱。陈真主编的《中国近代工业史资料》显示，到1942年，不包括军工生产和国营与民营合资的企业，仅以国营、公营、省营等方式存在的国有资本，大致已占到国民党统治区内工业资本总额的69.58%。

基于上述事实，便很自然地衍生出了另外两个现象：一是国家资本与官僚资本的勾结达到前所未见的程度，最终形成了独立于一切社会阶层之上的特权阶级，他们成为妨碍工商进步的最反动的势力；二是因民生物资短缺和金融政策的失控，通货膨胀空前恶化，民不聊生，国民经济呈现为"最坏的状况"。

正如我们在1934年的"孔张之役"中看到的，国营资本对国家经济的渗透及最终控制，始于金融，并终于金融。一国经济的市场化程度，完全可以从这个国家的金融市场化来进行评估，此律百年不爽，迄今有效。抗日战争爆发后，国民政府对金融的控制进一步增强。1939年9月，蒋介石签署法令，"特派中国农民银行理事长蒋中正为中央、中国、交通、中国农民银行联合办事处总办主任"；同时发布《巩固金融办法纲要》，规定"四行办事总处，负责办理政府战时金融财政有关各特种业务"。从此，

---

① 转引自赵兴胜著，《传统经验与现代理想：南京国民政府时期的国营工业研究》，济南：齐鲁书社，2004年版。

国营的四大行再次强化垄断,"四联总处"成为国家金融的唯一权力机构,蒋介石拍着胸脯把自己任命为主任,而常务理事、副主任就是孔祥熙。

此时的孔祥熙正处在一生最风光的时刻。自国府迁至重庆之后,他相继当上了行政院院长、财政部部长、中央银行总裁,权势熏天,仅在蒋某一人之下,现在又一举统领四大银行,做起任何事情来自然是得心应手。

先说他理财治国的表现。

自太平洋战争爆发后,大后方的国民经济就日渐滑向崩溃的边缘。由于日军对重庆进行了严密的封锁,物资极端短缺,据张公权的记录,"连正常的工业生产也维持不了,由于五金、金属制品、化学原材料的供应短缺,绝大多数工厂减产,其余少数工厂竟关闭停工。1940—1944年间,各种基本粮食的供给量仅及1939年的10%,衣着类物品的供给量在整个中国都低于战前的水平。工业生产的消费品,1944年的供给量低于1938年的10%。而与此同时,大量人口涌进大后方,更是加剧了总需求的不断扩张"[1]。

一方面是需求远远大于供应,另一方面则是政府治理的无能。孔祥熙的治国水平并没有随着时间的延续而有任何提高,他唯一的办法还是印钞票,反正四大银行的印章全部在他手上。国民政府的战时支出中,约75%是靠印制新纸币来弥补的,一度因为用钞量实在太大,中央银行只好委托中华书局、商务印书馆和大东书局来帮忙印钞票。就这样,空前恶化的通货膨胀不可避免地爆发了。据杨格、张公权等人的研究,零售价格的年上涨率分别为:1938年49%、1939年83%、1940年124%、1941年173%、1942年235%、1944年231%、1945年8月前(抗日战争结束前)251%。美国学者费维恺(Albert Feuerwerker)的计算是,从1940年至1946年,中国大后方的物价每年平均上涨300%以上。《剑桥中国史》认定,通货

---

[1] 张公权著,杨志信译,《中国通货膨胀史》,北京:文史资料出版社,1986年版。

膨胀的基本起因是金融性的，8年抗战期间，平均零售物价指数上涨了2 600倍。

除了高高在上的特权阶层之外，全国几乎所有国民都是通货膨胀的受害者。以两个中产阶层——公务员和大学教师的境况为例，到1943年，政府公务员的实际工资只有1937年的1/10，公务员几乎处在"赤贫"之中。大学教师则生活在"饿死的边缘"，当时国内教授中，薪资最高的是历史学家陈寅恪。在战前，他的月薪是460元，这笔钱可以在北京购置一座四合院，而在1942年，他的月薪涨到1 360元，由大学和教育部同时支薪，却只能买320斤大米，陈氏因此有诗云："淮南米价惊心问，中统钱钞入手空"，"日食万钱难下箸，月支双俸尚忧贫"。用张公权的话说，"劳动者从国民总值中所取得的份额是减的，而对不断膨胀的国防费用的负担却超越了其应负担的份额。公务员、教师在战争时期竟成了一个被压迫阶层"。

接着再看孔祥熙理财治家的表现。在这方面，这位山西票商的后代充分展现了他惊人的才干。史料证明，在抗战期间，孔家赚到了比之前更多的钱。

孔氏在统管四大国营银行的同时，一直没有忘记经略自己的钱库——裕华银行。它是大后方最活跃的私人金融机构，在重庆黄金市场上，它是实力最强的交易客，被尊称为"西帮老大"。有媒体记载："西帮是黄金最大的买主，它要买就是整砖（400两），资本大，势力厚，买来之后转运西安，再用牲口驮到沦陷区出售。西帮要买，金价就涨，西帮要放，金价就跌。"孔祥熙专门在中央银行为裕华开了透支户，到1941年透支额就达3 000万元。战前裕华的注册资本是200万元，迁到重庆后增为2 000万元，到1945年，已增资到1亿元。

以裕华为龙头，孔祥熙的生意做到了无数产业。据信，列在他名下的公司不少于28家，仅出名的商号就有祥记（综合性贸易和投资公司）、庆记纱号（专营棉纱买卖）、强华公司（从事运输贸易）、大元公司（专营五金电料）、恒义公司与升和公司（这两家是做洋杂百货的）、广茂兴公司

(经营参茸药材)等,此外,他投资办过《时事新报》、《大晚报》、英文《大陆报》及申时通讯社,俨然大后方的一个"报业大亨"。1941年,当时国内第二大出版机构中华书局发生危机,他乘机将之揽入怀内。

孔祥熙还把手伸到了实业界,他采取的办法是暗抢明夺,其中最著名的是染指民生和控制华西两个案例。

抗战初期,卢作孚的民生轮船公司承担了转运战略物资的主要任务。在这一过程中,善于经营的卢作孚通过兼并及"以运费投资"等办法,迅速扩大了自己的产业。民生的大小客轮从战前的48艘,最多时增加到115艘,旗下还有了纺织印染、机器和钢铁工厂,成为大后方最显赫的民营企业。孔祥熙对民生颇为眼热,在一次邀约去民生演讲的时候,他向卢作孚提出,希望由中央信托局对民生投资200万元。当时民生的总股本为700万元,孔祥熙一旦进入,无疑将成一个不小的股东。卢作孚大骇,急忙求救时任交通部长的张公权,后者又转托交通银行董事长钱新之,婉转向孔祥熙陈情:"民生是一个纯粹的民营企业,由纯粹官办的中央信托局大量投资似非所宜。如果民生需要财务上的帮助,也应有商股性质的中国银行及交通银行适当投资为宜。"孔祥熙知道这是婉拒之词,卢作孚在四川的人脉很深,民望甚高,他

▲ 战后从重庆开往上海的货船

第四部 1938—1948 抗战与挣扎

也不敢强弓硬上马,只好暂时作罢。

不过,从此之后,民生要到银行贷款却变得很难。据当过民生总公司财务处襄理的王世均回忆,当他去各行"跑头寸"的时候,每每有人暗示,"如果要彻底解决民生财务上的困难,最好找孔先生投资和出任董事长"。有一次,孔祥熙设法弄到了民生主要股东的名录及占股表,便暗中派人去上门收购,卢作孚得悉后,马上通知财务处对股票过户严加注意,此计又没有得逞。孔祥熙没法从民生那里得到好处,总是心有不甘,重庆中央银行的隔壁是民生总公司财务处的办公地,为一栋四层大楼,建筑很是气派。孔祥熙便要求卢作孚把大楼让给央行,卢作孚提出能否给予适当的代价,让民生另选一地造楼。孔祥熙大大地不高兴,下令财政部和央行将到期应付民生的差运费及拨款全数扣下,还四处对人说"卢作孚太不够朋友"。卢作孚百般无奈,只好将大楼拱手让给了孔祥熙。这一回合下来,孔祥熙才算赚到了一点面子钱。

如果说卢作孚从孔祥熙的铁爪下侥幸逃生,那么,四川的另外一个民营大企业华西兴业公司则没有这样的好运气了。

华西兴业由胡仲实、胡叔潜两兄弟于1932年创办,旗下有机器厂、炼钢厂、木厂、砖瓦厂、汽车修理厂等多家企业,并有自营铁矿、煤矿、耐火材料矿和一家专科学校。在战前,华西承建了西部众多的电力厂、水泥厂和自来水厂,是西部规模最大的重型工业联合体,其中的华联炼钢厂是西部最大的钢铁企业。国府入川后,拟定了优先发展重工业的国策,提出"群策群力,建设大西南"。胡氏兄弟很想借此东风,依赖政府的"扶植与奖励西南实业"政策,把华联炼钢厂进一步扩建。他们想尽办法与孔祥熙搭上了线,后者亲率众多亲信到华西视察。接下来发生的故事就是一个如假包换的"引狼入室"。

胡氏兄弟的想法是将华联扩建成日产30吨钢的炼钢厂,全部建厂资金为300万元,胡氏可筹一半,另外一半希望得到政府的贷款。孔祥熙派人前去试探,希望投资合办,胡氏担心后患,坚持申请贷款,与官僚资本建立"企业外部关系"。孔祥熙表示同意，不过，中央信托局给出的第一期贷款额只有60万元。胡氏以到账的200多万元启动了扩建工程。当基建动工及国外订购设备相继到来的时候，中信局却以种种借口再不肯贷款，华西顿时陷入进退维谷的境地。当胡氏兄弟再度找到孔祥熙的时候，他明确提出官商合办的办法。他更威胁利诱，如果胡氏顺从，投资以及未来的政府采购订单毋庸担心，如果不从，后果将不堪设想。最后，他很有深意地说："钢铁、电业、矿业均属重工业，与抗战建国息息相关……（合组）此举深荷总裁（指蒋介石）赞许。"

话语至此，胡氏兄弟除了极度惊恐之外，已别无选择。然而，当谈及具体的入股条款时，孔祥熙的居心还是让他们大感意外。他提出的股本总额一下子提高为1 200万元，胡氏把华西体系内所有的工厂、矿场和现金折合起来，也不过200多万元。而孔祥熙最不愁的就是资本，他以"西南经济建设为中央急需进行之政策"为由，由行政院指示财政部命令四大行联合投资，他自己的裕华、祥记也顺搭入股，双方资本得以合并。1939年7月，一家"中国兴业实业股份有限公司"成立了，国营及官僚资本占到了81%，胡氏股本仅19%。到1942年春，孔祥熙再出新招，提出将资本额再增至6 000万元，商股表示反对，认为扩建工程大体快告完成，已没有必要增资。孔祥熙亲自主持股东大会，以绝对大股东的身份通过了增资决议案，并要求在10天内所摊认的资金都要到位。胡氏兄弟当然无法一下子拿出数百万元的现金，只好放弃，至此，商股比例下降到了11%。又过了一年半，孔祥熙第三次提出增资要求，中兴资本额翻倍为1.2亿元，情景再度重演，商股放弃，官股增持，股权比例调整为5∶95。胡氏近乎出局，兄弟两人先后黯然离开了企业。

官僚资本控制中兴后，如果真能把企业搞好，倒也是一件利国之事，然而，情况正好相反。中兴公司的董事会阵容可谓空前强大，孔祥熙亲自出马担任董事长，常务董事10人，其中包括经济部部长、财政部次长、央行副总裁、中国银行经理、交通银行经理、中央信托局理事长、大学校长等。可是到了具体的经营层面,却是一团乱麻,用一个叫宁芷村的见证人的话形容,是"既垄断又虚弱,在企业管理上十足衙门化,腐朽透顶,在企业内部争权夺利,相互倾轧"①。钢厂的扩建工程拖拖拉拉,到1943年才告完成,开炉炼出了几百吨的低碳工具钢,却因质量不佳没有销路,孔祥熙只好下令由他儿子孔令侃担任理事长的中央信托局全部购下。从此以后,中兴再没有炼出新钢,到1945年11月遣散工人,宣告停工。"重工业之霸"的梦想就此鸡飞蛋打。

在孔祥熙等人的治理下,大后方的工业一直萎靡不振,不但没有建成新的、值得称道的大企业,连内迁工厂的生产都让人沮丧。易劳逸教授在《剑桥中国史》中评论说:"迁移机器总共约12万吨,相对于当时拥有的工业设备和国民党中国的战时需要,实际上都是无足轻重的。更为重要的,假如政府事先就筹划了这次工业内迁——因为政府早已预料到要发生这场战争,它本可轻而易举地做到——这项工作或许会更加安全和更加广泛地完成。实际上,工业内迁非但不能作为中国人民爱国主义的丰碑,反而十足暴露谋图私利达到令人痛心的程度。"②

孔氏贪腐跋扈,耽误国政,到1941年年底终于因为一起"飞狗事件"③而成举国皆曰可杀的国贼。

这一年的12月7日,日军偷袭珍珠港,随即进击上海和香港,18日,驻港英军1.5万人宣布投降。当天,国民政府派出最后一班飞机抵达

---

① 转引自寿充一编,《孔祥熙其人其事》,北京:中国文史出版社,1987年版。

② [美]费正清等编,杨品泉等译,《剑桥中华民国史》(下卷),北京:中国社会科学出版社,1994年版。

③ 后有研究者称有资料证明《大公报》总编王芸生在之后的1942年1月的社论中言明,"飞机载狗之事,已经交通部张部长来函声述,据确切查明系外籍机师所为,已严予申儆,箱笼等件是中央银行的公物"。指出此事为报载谣传,虽经肇事报媒迅速澄清,但仍被强悍地写进了历史,成了定案。

香港机场，困等在机坪上的有众多政府要员和文化名人，其中包括国民党中常委和一级陆军上将陈济棠、国民党元老廖仲恺遗孀何香凝、国民政府检察院副院长许崇智以及郭沫若、茅盾、陈寅恪等。然而，这架飞机却被孔祥熙的二女儿孔令俊和她的十多个保姆、保镖、宠物狗和随带的马桶塞满了。陈济棠登机，孔二小姐把宠物狗放在座位上，不让他落座。陈上将大怒叱责，谁料孔二小姐竟拔出一支左轮手枪，顶着陈济棠的额头喝令他下机。当这架飞机降落重庆的时候，国民党中央正在召开五届九中全会，会议鼓掌通过了《增进行政职能，厉行法制制度以修明政治》决议案。与会要员前往机场迎接陈济棠、何香凝等人，谁知从机舱里钻出来的却是孔二小姐和她的宠物狗、保镖及保姆，在场诸人目瞪口呆。4天后，《大公报》披露了这条新闻，举国哗然。西迁到重庆、昆明的大学生上街游行，西南联大学生在"讨孔宣言"中写道："今日，我国贪污官吏有如恒河沙数，而其罪大恶极者莫如国贼孔祥熙……嗟夫，铜臭冲天，阿堵通神，用全一己之私，足贻举国之害。此贼不除，贻害无穷，国事危急，奚容缄默。"

在声讨怒吼中，声音最响的人是历史学家、时任政府参议员、后来当过北京大学代理校长的傅斯年教授。此人五短身材、体壮如牛、脾气暴烈，人称"傅大炮"，在20多年前的五四运动中，是北大学生的总指挥，至今尚留存一张当年照片，他手擎一面大旗带队冲在游行队伍第一列。"飞狗事件"曝光后，他大呼"杀飞狗院长以谢天下"。

▲ 傅斯年

第四部　1938—1948　抗战与挣扎

其实，早在几年前，他就千方百计搜集孔氏贪赃枉法的罪证，把所有材料装在一个箱子里，藏在枕头底下，寸步不离。他给自己的老师胡适写信说："我一读书人，既不能上阵，则读圣贤书所学何事哉？我于此事，行之至今，自分无惭于前贤典型……至少可以说，他（指孔祥熙）以前是个taboo（禁忌），无人敢指名，近则成一溺桶，人人加以触侮耳。"有一次，蒋介石为了替孔祥熙缓颊，专门请傅斯年吃饭，席间，蒋介石问："孟真（傅斯年的字）先生，你信任我吗？"傅斯年答："我绝对信任。"蒋介石说："你既然信任我，那么，就应该信任我所用的人。"傅斯年闻言当即脸涨得通红，说："委员长我是信任的。至于说因为信任你也就该信任你所用的人，那么，砍掉我的脑袋，我也不能这样说。"见傅斯年欲作拼命状，蒋介石一时默然。

1943年，重庆召开献金大会，孔祥熙担当主持，在发表了言辞堂皇的演讲后，当场有商绅高呼："请孔院长先拿出来点，给我们做做样子。"孔祥熙笑嘻嘻地说："我哪里有钱，我是一个穷公务员，财政部长的薪水才800元，我捐一点，也超不过800元。"满场众人哄笑。

尽管孔祥熙因"飞狗事件"而弄得声名狼藉，但是扳倒孔祥熙还是花了两年多时间。

1944年，傅斯年披露了孔祥熙倒卖美金公债的丑闻。1942年，美国国会宣布将贷款给民国政府5亿美元，孔祥熙随即宣布提取1亿美元为准备金，发行"同盟胜利美金储蓄券"，规定20元购买1美元储蓄券，抗战胜利后凭券兑换美金。当时，美元的黑市价为110元兑换1美元，因此，储蓄券一出，就受到黑市的追捧。后来随着通货膨胀的严重，储蓄券的保值性更是凸显，到1944年年初，市场的公债价格为每美元兑换273元。孔祥熙私令手下将350万美元的储蓄券按官价购进，然后在黑市以10倍价格抛出套利，另外还有799.5万美元则由中央银行的其他大小官员购进私分。这起贪污案，呈现出了系统作案的特征：首先，中央银行的相关机构在处理账务时，不按常规的会计准则和责任程序操作，在各个环节都做了手脚；其次，购买储蓄券的价格已是极低，而即使如此，也是由中央银行垫支，而不是孔祥熙等高官们自己拿出来的。这一化公为私的官僚行为模式具有很强的典型性。

傅斯年在参政会上公开揭发此事，引起举国公愤。1944年年底，孔祥熙被迫辞去行政院院长、财政部部长及央行行长等职务。

▲ 蒋介石和他的美国顾问

孔祥熙祸国，难以例数，其罪之大，要在两则：其一，他以山西票商后人的娴熟财技，一手掐断了民营金融业的千年血脉，中国自先秦以降就有民间经略钱庄的传统，孔氏断脉，遗祸百年；其二，他把官商模式运作到了极致，以至于在乱世中形成了一个游离于一切社会阶层之外的特权集团，它让国民经济陷入低迷，更令民众对政府丧失信任、无比厌恶。

被免职后的孔祥熙退出了政坛，开始专心打理自己的财产，把能带走的东西尽量转移到香港和国外。1947年夏天，他回了一次老家山西太谷，在那里大宴各路亲戚本家，然后与他们揖手告别。到了秋天，他让夫人宋霭龄先赴美，几天后，向蒋介石及国民党中央发出一电，以"忽接家人自美来电，谓夫人染患恶病，情况严重"为由，不等批准，就飞往美国，从此不归。1962年，思乡心切的他到台湾住了三年多，随后又回到了美国。1967年8月，孔祥熙病逝于纽约，时年88岁。此人到底从中国带走多少

第四部　1938—1948　抗战与挣扎

财产,一直是个谜,1951年,他对人说:"我在中国大陆丢掉的,比我在这里有的,多了千倍以上。"

话说傅斯年掀翻孔祥熙之后,蒋介石只好放眼全国,重新寻找"经济舵手"。他找到的那个人,大家既不意外,也不陌生。

企业史人物 | 李氏难题 |

1942年11月,李约瑟(Joseph Needham,1900—1995)从伦敦出发,长途旅行4个月,由昆明辗转抵达陪都重庆,他的身份是"中英科学合作馆"馆长。这是一个四肢发达、长得十分英俊的英国剑桥大学的生化学家,他对中国的兴趣以及一口生硬的、"带南京普通话腔"的中文,来自他的学生兼中国情人鲁桂珍小姐的培育——他们在1989年才结为夫妻,当时,李约瑟89岁,鲁小姐85岁。

年轻的生化学家李约瑟还是英国工党党员,热衷于参加各类政治活动,是一个热血沸腾的左翼青年。他很向往东方的革命,同时又对中国的文化十分好奇。有一次,他问三位在英国留学的中国学生:"我只见中国人来英国留学,没听说欧洲人去东方学习,是不是你们中国没有科学?"被问及的学生告诉他,中国的天文学家张衡观测气象的"相风铜鸟"比欧洲的"候风鸟"早了1 000年,中国医生华佗早在1 700年前就发

▲ 李约瑟

明了"麻沸散"和懂得如何切除阑尾来治疗阑尾炎,而1 400年前数学家祖冲之就把圆周率的值计算了出来,这又比欧洲人早了整整1 000年。这次对话是李约瑟对中国真正产生兴趣的开始。1940年,李约瑟起草了一份《剑桥宣言》,表达了对中国抗战的支持,以及希望促进欧洲与中国的文化和科技交流,这篇《宣言》寄达中国后,很是鼓舞了战时的中国政府和知识界。这也最终促成了他的中国之行。

从1943年到1946年,李约瑟先后在中国做了11次长途考察,路程长达3万里左右。他在一篇以第三人称撰写的自传性文章《一个名誉道家

的成长》中写道:"在那个十分混乱的时期,中国人十分忙碌、贫困及散漫,无暇注意闲逛的外国人。因此他能独自闯入往往是废弃的孔庙、僧院、道观,充分欣赏古树丛中和荒园里传统建筑的壮丽景色。他自由地体验了中国家庭和市集的生活,亲眼看到了一个社会在崩溃中等待即将来临的黎明时所经受的苦难。"①李约瑟形容自己是一个"圣诞老人",一次次把试管、放大镜、小型发电机、望远镜及科学实验用的各种化学药物分送给隐蔽在西部的、工作条件十分恶劣的中国科学家们。他还在敦煌发现了第一本印刷的《金刚经》,在地震后的都江堰见识了中国古代水利工程的精妙先进。就是在这个过程中,他提出了日后十分著名的"李约瑟难题"(Needham's Grand Question)。

据他的观察,16世纪之前的中国是世界上科技最先进的国家:中国人在公元868年印刷出了第一本标明出版日期的图书,在公元1088年,发明了"磁力导向"的指南针,在公元1161年发明了能够抛出炸弹的投石机,管子对月亮周期的潮汐现象与亚里士多德的观察完全一致。可是,李约瑟的疑惑是:"为何中国在科技发展上长期领先西方,而现代科学竟出现于西方而不是中国?在最近的数百年里,中国的科技为何停滞不前,以至于成了一个备受欺辱的衰老帝国?"

这个"难题"改变了李约瑟此后的人生,他从一个生化学家成了举世闻名的中国科学史专家。他在1954年出版了《中国科学技术史》第一卷,到去世前的1995年共出版了七卷。在西方的学术世界,他与美国人费正清是研究中国问题的两座让人仰止的高峰。

李约瑟在研究中发现,由于中国关于技术的发明主要起于实用,往往知其然而不深究其所以然。若与西方相较,中国这许多技术发明的后面,缺少了西方科学史上那个特殊精神,即长期而系统地通过数学化来探求宇宙的奥秘。所以中国史上虽有不少合乎科学原理的技术发明,但并未发展

---

① 李约瑟著,《李约瑟文录》,杭州:浙江文艺出版社,2004年版。

出一套体用兼备的系统科学。

李约瑟把西方科学界所形成的"现代科学"看作大海，一切民族和文化在古代和中古所发展出来的"科学"则像众多河流，最后都归宿于此大海，他还引用"百川朝宗于海"这一生动成语来比喻此现象。很显然，他将"科学"从文化的整体脉络中抽离了出来，作为一种特殊的事象来处理。不但如此，他基本上认为中国和西方的科学传统走的是同一条路，今天已会聚在"现代科学"之中。李约瑟相信，中国科学的"殊途"并不妨碍将来"同归"于"现代科学"。

李约瑟还从政治制度的层面对中国科学的落后进行了审视。他认为，中国是世界上仅有的中央集权超过2 000年的国家。自秦统一六国之后，就形成了一套严密的"封建官僚制度"，这种制度的正面效应是，使中国非常有效地集中了大批聪明的、受过良好教育的人，他们的管理使得中国井然有序。而这种制度的负面效应是，新观念很难被社会接受，新技术开发领域几乎没有竞争。在中国，商业阶层从未获得欧洲商人所获得的那种权利，历代的"重农抑商"政策造成商业活动的压抑与滞后。

"李约瑟难题"跟所有历史难题一样，其实是一个没有结论的开放性假设。它的提出，既让人们从一个崭新角度审视中国文明的价值，同时也"意外"地产生了两种效应。一是激发了"老子祖上很厉害"的民族自恋情结，二是为本轮现代化的滞后找到了一个历史性借口。这一代人犯了错误，却总喜欢从前人的"遗传"中去寻找理由，这往往是历史悠久民族的一个通病。

此外，"李约瑟难题"的命题本身还遭到了不少学者的质疑。华裔文化学者余英时便指出，所谓"李约瑟难题"只能是一个"假问题"。他认为，中西对自然现象的探究自始便"道不同，不相为谋"。我们可以用"科学"一词指所有关于自然现象的探究，但事实上，中、西这两种"科学"同名而异实，二者并不能用同一标准加以衡量或比较。余英时还打比方说，这好像围棋和象棋虽同属于"棋"类，却是完全不同的两套游戏，中、西"科学"之间无从发生"领先"与"落后"的问题。"中国科学"如果沿着自己原有的轨道前进，无论如何加速，也不可能脱胎换骨，最后和以"数学化"为特征的西方"现代科学"融合成一体。

美国宾夕法尼亚大学的中国科学史教授席文（Nathan Sivin）的观点与余英时相似。他认为，关于历史上未曾发生的问题，我们恐怕很难找出其原因来，因此我们与其追究"现代科学为何未出现在中国"，不如去研究"现代科学为何出现在西方"。

事实上，进入 20 世纪之后，对"科学"的认识与反思正是中国现代化的主要命题之一。在 1919 年的五四运动中，青年学生高举的两面"大旗"，一是德先生（民主，Democracy），一是赛先生（科学，Science）。1923 年，胡适说："近 30 年来，有一个名词在国内几乎做到了无上尊严的地位；无论懂与不懂的人，无论守旧维新的人，都不敢公然对它表示轻视或戏侮的态度。那个名词就是'科学'。"① 而林语堂则在《吾国与吾民》中写道："希腊人奠定了自然科学的基础，埃及人发展了几何学与天文学，连印度人都发明了自己的语法学，这都以分析性思维为基础，但中国人却未能发展自己的语法学，数学与天文学的知识大多是由国外引进的……他们只喜欢道德上的陈词滥调……缺乏的正是这样一种科学的世界观。"② 李约瑟的工作正是对这些思考的历史性延续，他给出的结论也许并不重要，重要的正是问题本身。

李约瑟一生勤勉，获誉无数，他创建了剑桥大学李约瑟研究所，英国女王授予他"御前顾问"（CH）的称号，1990 年，中国紫金山天文台将一颗小行星命名为"李约瑟号"，1994 年，他成为中国科学院的首批外籍院士之一。在去世前的大半年里，他的一只眼睛已失明，另一只也几乎不能

---

① 引自胡适 1923 年 11 月 29 日为《科学与人生观》（上海亚东图书馆）一书所写的序言。

② 林语堂著，《吾国与吾民》，北京：外语教学与研究出版社，2000 年版。

视物，但他的思维仍然十分清晰，每天清晨，仍象征性地坚持去研究所上班。他最后一次离开办公室是 1995 年 3 月 23 日傍晚，第二天，他在宁静中告别人世。

在 37 岁之前，李约瑟不认得一个汉字，是一个顶级的生化专家，甚至被称为"化学胚胎之父"，而后来的经历则让他成了中国科技史的权威。正是 1942 年的中国之行，让他真正走进了中国。他不喜欢别人叫他 Joseph Needham，或是叫他"倪德汉"，而坚持"李约瑟"的叫法。他睡前与早起时，不穿西式睡衣，而是蓝布长衫，一位听过他讲演的学生回忆说，他是"一个结实的人，个性非常活泼，穿着咔叽布料的长衫，上装戴着中央研究院和北平研究院蓝白的牌子……他喜欢别人叫他李先生，谈话明白而快捷"。

1944 / 此消彼长的中国

> 时代的车轰轰地往前开,我们坐在车上,经过的也许不过是几条熟悉的街衢,可是在漫天的火光中也自惊心动魄。
>
> ——张爱玲:《烬余录》,1944年

1944年12月18日,最新一期的美国《时代周刊》以宋子文为封面人物,他的照片下的文字是:"中国的宋子文:通往胜利的道路在峭壁之上。"宋子文的个人声望在此时达到顶峰。

在两周前,他刚刚被蒋介石任命为行政院代理院长,此外,他还同时兼任财政部部长、外交部部长,权力更大于他下台的大姐夫。傅斯年对此的评论是:"与其说是宋的人望,毋宁说是对孔的憎恨。"①

---

① 傅斯年,《这个样子的宋子文非走开不可》,载《世纪评论》,1947年2月15日。

傅斯年说得一点也不错,人们将很快发现孔宋原来真是同路人。

自抗战爆发之后,宋子文一直以蒋介石私人代表的身份争取美国人的援助,与他并肩努力的是中国知名度最高的知识分子胡适和最杰出的银行家——上海储蓄银行的陈光甫。胡适时任驻美大使,陈光甫则被委任为国府贸易委员会中将衔主任委员。他们竭尽所能,奔走斡旋,为国家争取了最宝贵的金援。胡适当时自比是一个"过河的卒子",唯有为国拼命往前。1938年10月,他将一张自己的照片送给陈光甫,背面附有自题诗,诗云:"偶有几茎白发,心情微近中年。做了过河卒子,只能拼命向前。"

陈光甫是1934年之后硕果仅存的大银行家,他之所以"存活"下来,很大的原因是他在美国政经界的亲密人缘。他与美国财政部长摩根索私交甚好,被后者认为是唯一值得谈判的中方专业人士。早在1936年5月,陈光甫就受国民政府委托,赴美签署了《中美白银协定》,确定了中美两国在国际银价上的价格同盟,这为控制白银外流以及巩固法币的地位起到了关键性的作用。1938年9月,他再赴华盛顿寻求支持,在半年后以中国桐油为交易物,获得了2 500万美元的贷款,这笔钱全部换购为军用车辆、汽油和无线电材料等战备物资。当时美日还未断交,所以,罗斯福总统对华援助很是谨慎。"桐油计划"名为商业贷款,实际上几乎全部用于抗日,因此很多外交家将之视为"罗斯福当局转变东亚政策,开始实施遏制日本的第一步"。日本果然向美方提出强烈的抗议,并封锁桐油运输干线,陈光甫的工作变得更加困难。1939年12月6日,他再访摩根索苦恳长谈,后者表示十分为难。这时,陈光甫告诉摩根索,那天是他59岁的生日,如果能够得到些许的允诺,实在是最好的生日礼物,摩根索听后大为感动。1940年4月,美国终于答应再给2 000万美元贷款,中方以云南锡矿为代价。陈光甫为了桐油和滇锡能按期运抵美国,还顶着日军轰炸危险亲自赴前线考察中缅公路。

弱国无外交。陈光甫以银行家的身份为国周旋,其艰难辛酸可以想见。他曾在日记中记录了当时的心境:"余在此接洽事宜,几如赌徒场中掷注。日日揣度对方人士之心理，恭候其喜怒闲忙之情境，窥伺良久，揣度机会已到，乃拟就彼方所中听之语词，迅速进言，藉以维持好感。自1938年9月以来，无日不研究如何投其所好，不敢有所疏忽。盖自知所掷之注，与国运有关。"①胡适也在1939年的一篇日记中评价他的这位好友："光甫办银行三十年，平日只有人求他，他不消看别人的脸孔，此次为国家的事，摆脱一切，天天仰面求人，事事总想不得罪美国财政部，这是他最大的忠诚，最苦的牺牲，我很佩服他这种忠心。"②

跟胡适、陈光甫一样，冲在最前面的宋子文自然也是使出了浑身解数。1940年6月，宋子文赴美接洽美国援华事宜。美国历史学家巴巴拉·塔奇曼对他当时在美国的游说活动这样评述："宋子文是他那个时代最不知难堪、不怕疲倦的游说家。他运用了一切可以想象的接近罗斯福总统的渠道……这些人被他令人难忘的说服力所打动，答应把他关于各种形势无可挽救的信件转交给罗斯福总统。"③1940年10月，中美签署2 500万美元的"钨砂借款"，1941年2月4日又签署5 000万美元的"金属借款"。在宋子文等人的奔走下，罗斯福正式发表军火《租借法案》适用于中国的声明，同时宣称："保卫中国即是保卫美国的关键。"宋子文与美方达成军事援华的三个重点：第一，由美国提供训练与技术援助，帮助中国建立现代化空军；第二，训练并装备中国陆军30个师；第三，帮助中

▲ 宋子文与胡适

---

① 陈光甫著，《陈光甫日记》，上海：上海书店出版社，2002年版。
② 胡适著，《胡适日记》，太原：山西教育出版社，1997年版。
③ 吴景平、郭岱君编著，《宋子文与他的时代》，上海：复旦大学出版社，2008年版。

国建设滇缅铁路和公路，并提供运输车辆等。宋子文的外交努力还大大提高了中国的国际地位，使英美列强把中国当成亚洲最重要的盟友和大国。1943年11月，蒋介石赴开罗出席美、英、中三国首脑会议，与罗斯福总统和丘吉尔首相并坐论政，因此被国际舆论视为世界级领袖。

整个8年抗战期间，中国获得美国借款8次，共7.478亿美元及大量物资援助——据《美国与中国的关系（白皮书）》显示，美国在战时约向中国提供了价值35亿美元的物资，这对抗日起到了很大的作用。宋子文、胡适及陈光甫的游说之功，实不可没。因此，《时代周刊》在那期封面报道中赞许说："亚洲人纷纷谈论起宋子文，说他是亚洲最有前途、最能干的，也是脾气最暴躁的政治家。"这家与宋子文私交甚密、影响巨大的刊物——《时代周刊》的创办人亨利·卢斯是宋子文最好的美国密友——甚至将他比作"中国的亚历山大·汉密尔顿"。它描述说："作为财政的监管者和对贿赂的坚决反对者，宋子文对众多衣着华贵的官员十分反感，气恼地打翻过数不清的茶杯。他对托人说情和当面吹捧的做法嗤之以鼻。他喜欢坦率交谈，尽量减少繁文缛节。他具有美国人讲究效率的理念。"

这一切，无疑为蒋介石"以宋替孔"创造了很好的舆论环境。

还有一个需要记录的细节，是宋子文在人格上对蒋介石的"投降"。自1932年辞任行政院副院长之后，蒋宋的个人关系一直很冷淡。1943年年底，宋子文的机要秘书邓勉仁因为走私被判处死刑。宋子文向蒋介石说情当场遭拒，场面十分尴尬。宋子文问计于外交部次长吴国桢，吴国桢推荐"才子"陈芷町代他写悔过书，这篇"陈情表"很有一点功夫，其中一句话是"文与钧座，情同骨肉，谊实君臣"，据说蒋介石读信至此，颇为愉悦，双方的龃龉一时烟消。

不过，《时代周刊》的赞叹之词，是正在发生的事实的阳光一面。宋子文还是过去十多年来我们所熟悉的那个大官商，在忙碌国事的同时，他一点也没有耽误自己的敛财事业，在这方面，他同样具有超人的效率。

那些援华美金成了宋子文等人倒卖外汇的重要资源,斯特林·西格雷夫在《宋家王朝》一书中描述了倒卖的细节:"外汇进入中国是按20元法币换1美元的官方汇率兑换的,而物价及服务费则是由黑市确定的。1美元在重庆黑市上可以换取法币3 225元。按官方汇价,一包美国烟在重庆值5美元,但在黑市上,5美元可以买162包。因此,用于救济中国的上千万捐款,按官方汇价兑换后就几乎没有什么价值了。按照汇价,在中国建一个公共厕所要花1万美元,这就是重庆式的笑话。但中国的官员们把救济金拿到黑市上去倒卖而大发横财,就不是开玩笑的事了。"[①]

除了在黑市大肆倒卖美金之外,美国援华的相当部分是以物资援助的方式展开的,这也成为宋氏赚钱的好渠道。宋子文和他的两个弟弟宋子良、宋子安在美国成立了"环球贸易公司"和"中国国防物资供应公司",它们承担了物品采购和起运的业务。宋氏兄弟在这中间上下其手,中饱私囊,手段之黑暗无以复加。很多物资到华后就由他们控制的贸易公司转入黑市销售,有不少甚至没有离开美国就已经被倒卖了。西格雷夫描述说:"西南运输公司拥有600辆卡车装运租借物资,物资到达中国,有时不出两小时就出现在黑市上出售,有时候,物资索性不再出现。"他还引用一位英国外交官的推测认为,"宋氏兄弟把几十亿美元转入自己的腰包,许多钱根本没有离开美国"。

宋氏兄弟另外一个重要的发财生意是,与孔祥熙一起控制了大后方通往境外的唯一运输线。自战事爆发后,香港成为中国南部仅存的海运港口,国民政府在这里设立了两个运输机构:一个是军事委员会辖下的西南物资运输处(对外以西南运输公司的名义运作),总经理是宋子良;另一个是中央信托局运输处,负责人是孔祥熙的长子、时任中央信托局常务理事的孔令侃。这两个机构控制了国内外各地通往大后方的所有运输业务。

[①] [美]斯特林·西格雷夫著,《宋家王朝》,北京:中国文联出版公司,1986年版。该书新版由中信出版社于2017年出版,书名为《宋氏家族》。

太平洋战争爆发之后，香港沦陷，孔宋转而开辟了滇缅公路运输线。抗战8年，这两个垄断性的运输公司承担所有流通业务，无论是公私贸易还是非法走私，都是雁过拔毛，赚到手软。孔宋甚至因为分赃不均而闹得翻脸杀人。1942年，宋子良与蒋介石的表弟俞飞鹏联起手来，宣布由西南运输公司统一节制滇缅公路上的所有运输业务，孔令侃当然不服，偷偷把一批价值3 000万元的走私物资运到了重庆。俞飞鹏向蒋表哥哭诉，孔令侃手下的经理林世良被抓起来，判了死刑。孔宋一时撕破了脸。

▲ 香港海运港口

宋氏兄弟鲸吞美援的手段极为隐蔽，但还是被外界察觉。早在1942年，美国财政部就开始秘密调查宋氏在美国的财务状况。这年2月11日，宋子文以外交部公文的方式给胡适下了一个很奇怪的命令："请求美国财政部通过国务院不要冻结我在下列银行的账目……"其中所列6家银行，就是他洗钱的渠道，胡适对此大为光火，却也无可奈何。1943年1月，美

第四部　1938—1948　抗战与挣扎　　053

国驻中国的观察员杰克·谢伟思在给联邦调查局的报告中指出：宋氏三兄弟"一直是金钱狂，他们一切行动都是受其聚敛钱财的欲望所驱使……他们正在进行一个诈骗中国人民的巨大阴谋——骗取中国人通过《租借法案》所应正常收到的物资，并把其中很大一部分钱财转移给宋氏家族"①。

在当上行政院院长之后，宋子文对振兴大后方经济的兴趣一直提不起来，这位金融家对发展实业从来不放在眼里。曾经当过国民政府财政部钱币司司长的戴铭礼在口述回忆录中讲了这么一个细节：有一次，经济部提出了一个投资兴建电炉的项目，报到宋子文处后，他说，"中国要什么东西，一个电报打到美国，两个月就可以运到，比什么都方便"。这个计划就此告吹。

在战时的大后方，所有崇尚自由市场精神的企业家们都已奄奄一息，沦为官商资本集团下的"小伙计"。此时，唯存一支"孤军"还有一定的话语力量，他们就是孤悬海外、尚不为政府所控制的华侨富商们。

1940年3月26日，由南洋华侨总会主席陈嘉庚率领的南侨回国慰问团一行50人，乘飞机抵达

▲ 战时大后方

---

① 转引自［美］斯特林·西格雷夫著，《宋家王朝》，北京：中国文联出版公司，1986年版。该书新版由中信出版社于2017年出版，书名为《宋氏家族》。

重庆珊瑚坝机场。抗战期间，华侨的无私捐献是除了美援之外最重要的外援。当时，国民政府为支撑财政不断发行救国公债，国内民众虽出全力却自救不暇，1940年的公债认购仅得800万元，可谓杯水车薪。在这样的情形下，华侨成为被寄予厚望的一个群体，从1937年至1942年，南洋华侨认购公债达11亿元，可谓居功阙伟。而在南洋诸国日夜奔波、总其事者，就是67岁的陈嘉庚。此次，慰问团冒着被日机击落的危险归国，当然是大大激励国民士气。当日，200多个团体的上千人到机场热烈欢迎。

慰问团抵重庆后，自蒋介石以降所有的党国政要纷纷宴请。谁料，正是这份热情让陈嘉庚的担忧一日盛过一日，他在这里看到的景象竟是歌舞升平，官贪将骄，民不聊生。

慰问团一行下榻的是当时重庆最豪华的饭店嘉陵宾馆，有人告诉陈嘉庚，这是孔祥熙的私人财产，他十分惊讶不敢相信。在孔祥熙前来拜访时，他当场问及真假，孔祥熙坦然承认，陈嘉庚在当晚日记中写道："余至此乃深讶我国政治，与外国相差甚远。英国政府公务员，不但不得私设营业，亦不得买卖公司股份，虽地皮业产，银行及政府债券亦然，防弊甚严，违者立即开革科罚……"陈氏的这段感慨很发人深省，自李鸿章、盛宣怀办洋务以来，官商身份纠缠，国事私事不分，一直是众所周知的积弊，这也是中国改革常常变形和倒退的重要根源之一。傅斯年等人

▲ 陈嘉庚回国慰问抗日将士

第四部　1938—1948　抗战与挣扎　　055

"打孔",大多在人格和道德上展开,却很少有人从制度层面上进行反思并加以杜绝。唯有像陈嘉庚这种在英美制度下熏陶日久的人,才会深及于此。可惜的是,百年以来,这种状况一直没有得到坚决的杜绝。

陈嘉庚在重庆60多天,无日不被邀请赴宴,常常一天要赶两场,因而有"前方吃紧,后方紧吃"之感叹。有一次,他去参观成都武侯祠,却看到旁边正在为死去的前任四川省主席刘湘建造硕大的坟墓。他很天真地问:"试问刘湘后人款自何来,是否民脂民膏?"陪同者无人敢应。他还听说,四川农民的钱粮税竟已经征收到了民国七十年(1981年),不由大为咂舌。在全国经济学社的年会上,陈嘉庚做演讲,对国内政局表达了忧虑:"光复之后,军阀劣绅,土豪盗匪,欺凌抢劫,甚于满清,华侨几于视家乡为畏途,空身回省庐墓尚不自安,奚敢言及投资祖国哉?"在他演讲之后,经济学家马寅初上台继续控诉:"现国家不幸遭强敌侵略,危险万状。而保管外汇之人,却不顾大局,盗窃外币,贪利无厌……"坐在陈嘉庚旁边的四川平民银行总经理周季梅悄悄对陈嘉庚说:"这种话除了马寅初,已无人敢说。"

在大后方观察近两个月后,陈嘉庚的笑容日渐消失,最后竟心事重重。他在后来出版的《南侨回忆录》中写道:"那些国民党中央委员,都是身居要职,但都假公济私,贪污舞弊,生活奢华。那些人都是四五十岁,既不能做好事,又不会早死,他们至少还要尸位二三十年,中国的救星不知在哪里,即使出世了,或者还在学校读书,恐怕还要三几十年才能出来担当国家大事,国家前途深可忧虑。"[①] 正是在失望之下,陈嘉庚把目光投向了西北。5月底,他辗转抵达陕西延安。

他受到了与重庆一样热烈的欢迎,自毛泽东以降的中共高层全数接待了慰问团。当时国内外舆论对中国共产党和它的部队很感好奇与神秘,所谓"共产共妻"的传言并不罕闻。陈嘉庚在延安参观了7天,他看得十

---

① 陈嘉庚著,《南侨回忆录》,长沙:岳麓书社,1998年版。

分细致，特别是关于商业的部分。

延安城外 1 里路，有一条百米长的小街，当地军民称它为"新市场"，是唯一的商业街。陈嘉庚专门前往观察。这里有百多家商铺，还有一家照相馆，土特产不少而工业品奇缺。陈嘉庚问一个店主："政府有没有存货公卖？"答："没有，都是我们自行经营的。"又问："这里大商店大概有多少资本？"答："大商店很少，听说有十万和二三十万的，大多是收买土产生意的。"回到招待所后，陈嘉庚遇到从南洋归国投奔延安的女学生，又悄悄问："这里有没有国家经营的店铺？"女学生答："没有国营的，所有的店铺都是民营的。"

▲ 延安军民亲密融洽

正是经过这样的观察，南洋侨商一行对共产党的观感为之大改。最让陈嘉庚感慨的是延安军民的亲密融洽，他亲眼看到总司令朱德杂坐在勤务兵的人群中，狼吞虎咽地吃同样的杂粮。他与毛泽东闲聊南洋趣闻时，很多人都跑来围听，顷刻座位告满。有个勤务兵就往毛泽东所坐的长板凳上挤，毛泽东扭头看他一看，自己移开一些，让他坐了下来。这些细节让人印象深刻，恰与重庆的官气森严形成了鲜明对照。客观地说，20 世纪 40 年代中期之前的中国共产党并没有形成自己的经济政策，因为身处在野，没有任何的包袱和既得利益，因而，所有经济关系均十分简单和原始。也正是这种清明简快的状态，使很多到过延安的人顿时有了深刻的印象和好感。

第四部　1938—1948　抗战与挣扎　　057

▲ 毛泽东与周恩来在延安

延安之行后，陈嘉庚对国共两党形成了新的看法。回到南洋，他随即发动商人捐献了一批药品和医用器材运到延安。而他在大陆做的最后一件事情，就是带头驱赶了家乡福建省的国民党大员。

当时的福建省主席是蒋介石留学日本士官学校时的同学陈仪，他在福建大搞"统制经济"，分别组建了企业公司、贸易公司和运输公司三大国营企业，垄断全省经济的命脉。为他操持运作的则是辛亥先烈徐锡麟的侄子徐学禹，他身兼三大公司董事长、福建省银行董事长等12个职务，俨然是福建版本的孔祥熙。在陈、徐的治理下，福建财经十分萧条和紊乱。据陈嘉庚的记载，货物"平时商家自行雇运三四天可到者，统制机关代运六十天尚未交到"，结果是运费倍增，货物则损坏腐烂严重，物价暴涨。如涵江出产的虾米，每担成本170元，运到泉州可卖至400元，民间运输三天，国营的运输公司两个月才能到，虾米大半臭坏。南靖盛产木材，自由运输每百斤运费0.25元，统运后涨到1.05元，而且运转迟滞，南靖木材堆积如山，而几十公里外的漳州城则柴价高昂。泉州米价由每市斤（13两）1元升至60多元。政府垄断闽江运输，还在陆地设立众多检查所，百姓携带20斤米入城，即遭查禁没收。福州城外设立了12处检查所，带10斤米立即拘捕。当商脉被牢牢掐死后，官僚资本应运而旺，"公务人员与奸商大发财利，多则百余万，少者数十万元"。福建百姓则陷入水深火热之中。福州通往苍前山有一闽江大桥，统制运输后，很多百姓跳江自杀，不到一年就有900多具尸体被捞起。陈、徐等人还控制言论，对任何负面报道均予查禁。

陈嘉庚目睹惨状怒不能遏，他分别给蒋介石和陈仪写信，恳请"迅速下令撤销统制，免贫苦人民数十百万人，饥饿疾病死亡之惨"。陈仪的答复是："战争时代运输必须政府统制，此乃各国通例，唯不识政治之人故有反对。"蒋则回电曰："闽省田赋系中央意旨。闽事可电我知，切勿外扬。"陈嘉庚彻底绝望，他行走福建各地，每到一处就大声疾呼，号召各地的商会、同乡会一起抗争。陈仪暗令福建媒体绝不能刊登陈嘉庚的"反动言论"，陈嘉庚就自费印刷了"陈仪祸闽"的罪状在东南和西南各省广为散发。回到南洋后，他又将罪状装订成册，印刷上千份投递到国内政界各要人、各省主席、各战区司令长官以及南洋各报馆、福建同乡会手上。1941年1月，在中华总商会组织的全新加坡闽侨大会上，他再次上台控诉陈、徐祸闽的12条罪状。

正是在这种不要命般的攻击下，时任民国政府主席林森将陈嘉庚的投诉交给行政院提案讨论，国民参政会也有议员签名提案，院会组成一个五人委员会到福建调查。4月，日军进攻福建长乐，陈仪不战而逃，福州很快沦陷，蒋介石不得不免了陈仪的省政府主席一职，徐学禹也被调离。

"驱陈救闽"一事，是企业家阶层在整个20世纪40年代最有标志意义的议政行动，而且几乎是唯一成功的一次。陈嘉庚因身份特殊而侥幸"惨胜"，不过，他与国民党的缘分也断绝于此，蒋介石对他再不理睬，甚至还暗中派人阻挠他连任南洋华侨总会主席。陈嘉庚在回忆录中酸楚地写道："因救闽事生恶感，不意深恨见绝若此也。"

正当陈嘉庚在福建驱赶陈仪的时候,中原地区爆发了一场大饥荒。

从1941年起,河南省开始出现旱情,农作物收成大减。到第二年,旱情持续不缓,爆发了罕见的"中原大饥荒",草根几乎被挖完,树皮全被吃光,出现"人相食"的惨状,河南、河北共500万人死亡,惨绝人寰。

白修德是当时美国《时代周刊》的驻华记者,他在报道中详尽描述了当时河南发生的种种惨状。在从潼关到洛阳的路上,他看到大批饥民生命垂危,还"不时看见血肉模糊的僵尸从过往列车上掉下来"。在他骑马从洛阳到郑州的路途中,"绝大多数村庄都荒无人烟,即使那些有人的地方,听到的也是弃婴临死前的哭声,看见的也只是野狗从沙堆里掏出尸体并撕咬着上面的肉"。然而,到了郑州后,白修德却看到了另一番景象:省政府官员们花天酒地的生活。在热情招待他的宴席中,就有各种高档菜肴。白修德在他的报道中称:在一个"人吃人,狗吃狗,老鼠饿得啃砖头"的年代,这是他"吃过的最好宴席之一"。因而,白修德认定:灾害固然是大自然所造成,但导致老百姓大量死亡的却是政府及其官员们的腐败和失职。

另外一个也到灾区采访过的美国记者杰克·贝尔登与白修德得出了完全相同的结论。他在《中国震撼世界》一书中写道:"每天走在路上,但见原野空旷,土地荒芜,十室九空,残破不堪,十分凄凉。当时许多地方的旱情并不很严重,所以我很奇怪,为什么土地会如此荒废。农民告诉我,他们背井离乡去逃荒,是因为国民党税吏、蒋军征粮官横征暴敛,田赋超过了实际的产量,既然全部劳动果实都要被抢走,交不出捐税还要挨打坐牢,谁还种地呢?农民在官府衙门外的田野里掘野菜草根果腹,而我却在一个又一个国民党将领的宴席上享受着山珍海味,不禁感到十分羞愧。"[①]

---

① [美]杰克·贝尔登著,邱应觉译,《中国震撼世界:饥饿之国的崛起》,北京:北京出版社,1980年版。

杰克·贝尔登还同时进行了对比:"华北共产党区的气候同样恶劣,同样缺雨,却没有死这么多人。此中的差别在哪里?为什么这边的人挨饿,而那边的人却有饭吃?"他得出的结论是:"蒋管区的人民并不是因为老天爷不下雨而死的,他们是被捐税逼死的。"他甚至举了一个十分极端的例子:"1942年,日军打到豫北的时候,成千上万的农民配合民族敌人攻击汤恩伯的部队,这是很可以理解的。为什么这么干呢?难道蒋军会比日军更坏吗?"①杰克回到重庆后,据实写出了报道,而重庆政府的国际宣传局却以"消息不符"为由,扣下了他的稿子。

▲ 中原大饥荒时水田里耕作的农夫

此后的半个多世纪,对"中原大饥荒"的反思一直是国际经济学界的一个课题。获得1998年诺贝尔经济学奖的印度学者阿马蒂亚·森在著述中多次引用此案,证明"贫困不单纯是一种供给不足,而更多的是一种权利分配不均,即对人们权利的剥夺"。他以大量资料和经验研究论证,现代

---

① 抗战初期,国民党将领汤恩伯据守河南抗击日军,屡有战功,却也扰民甚重,被河南人并列为"水、旱、蝗、汤"四害之一。因重税暴敛而造成民变的事件在抗战时并不仅见,《剑桥中国史》记载:"1943年在湖北,一位中国司令官抱怨说:'乡民……偷偷地穿越战线,把猪、牛肉、大米和酒送给敌人。乡民情愿让敌人统治,却不想在自己政府下当自由民。'"

以来虽然饥荒与自然灾害有密切关系,但客观因素往往只起引发或加剧作用,权利的不平等、信息的不透明、言论自由的缺乏、政治体制的不民主才是导致贫困和饥饿、导致大规模死亡的饥荒发生的主要原因,在粮食问题的后面是权利关系和制度安排问题。因为只有在民主自由的框架中,信息才有可能公开,公众才有可能就政策制定进行公开讨论,大众才有可能参与公共政策制定,弱势群体的利益才能得到保障,政府的错误决策才有可能被迅速纠正而不是愈演愈烈。在没有重大灾害的承平时期,人们对民主的作用和意义往往并不在意;或许只有面对灾害的严重后果时,人们才能意识到民主的重要。阿马蒂亚·森的观察适用于近当代中国的几次大饥荒,从1942年的"中原大饥荒"到我们将在后面讲述的"三年自然灾害"时期(1959—1961)。

与国统区的混乱和悲惨形成鲜明对比的,是共产党治理地区的清明景象。

1942年,在目睹了"中原大饥荒"之后,杰克·贝尔登辗转来到共产党的根据地西北,他看到了另外一个中国,军队纪律严明,官员清贫精干,民众安居乐业。他采访了刚刚当选为晋冀鲁豫边区政府副主席兼财政厅厅长的共产党干部戎伍胜(1906—1999,又名戎子和)。

在访问戎伍胜之前,杰克带着很深的疑惑。与蒋统区和汪统区相比,延安的工业状况只能用原始来形容,用杰克的话说,"边区80%以上的工业是在家庭里办的,90%的布是农家织的"。这里几乎没有一家现代企业,唯一稍稍像样点的工厂是位于延安以北90里的安塞县茶坊机器厂。它在一个隐蔽的石洞里,这里的十来台机床是一个叫沈鸿的工程师在1938年从上海偷运来的,沈鸿因此被毛泽东赞许为"延安工业之父"。

杰克如实地写道:"在这个落后的地区,若不依靠多印钞票,多收捐税,又如何能筹款支援战争?这是一个大问题。"他看到,戎伍胜的财政厅一共只有16个人,但是却进行着编制预算、征收赋税、发放农业贷款、发行货币、指导银行业务等多项工作,控制着3 000万人口的财政事务。

而戎伍胜的财政知识仅限于过去在省城学校里所学的、现在几乎忘光了的那一点经济学课程，他从未管过一家大银行或一家大商号。杰克问："你是怎样做这项工作的？"

戎伍胜（他在1958年担任过财政部代部长）的回答是："我也想弄明白这问题呢。"据他的介绍，边区的年度收入中，70%来自田赋，10%来自工商业税，5%来自商品出售和关税，其余的来自烟酒税、公营事业收入和印花税。而支出部分，50%用于军费，20%用于政府人员薪俸和行政支出，10%用于教育，8%用于工业建设，5%用于公共保健，4%用于司法公案，剩余的留做储备。

杰克又问："仅靠那么点收入怎么打仗？这似乎是不可能的。你们一定是靠没收地主的财产来支持这场战争吧？"戎伍胜笑了："不，那是当年红军在苏区用的办法，我们能够靠这么小的预算来进行战争，是有其特殊原因的。"

戎伍胜的原因有如下五条：第一，大多数在这里工作的干部是自愿来的，大家都能几乎不要任何报酬而工作，有一点吃的就行了；第二，我们的政府很精干，我们没有臃肿的官僚机构，负担小，开支和捐税自然就少一些；第三，我们全体人员从政府干部到普通士兵，除了本职工作以外，还必须参加一定的生产劳动；第四，我们不像国民党那样，不因贪污受贿、营私舞弊而损失巨额金钱，贪污几乎是不可能的；还有，我们是在为一种理想而斗争，这一条是最重要的。要是我们从国民党统治的贪污腐化的社会跑出来，到这里又搞那一套，那有什么意思呢？

杰克接着提出自己的疑问：既然干部那么少，征税时一定碰到不少困难吧？难道老百姓不以谎报收入来欺骗政府吗？戎伍胜答："当然啦，一开始我们发现许多农民少报田亩，工商业主则少报利润。因为税务稽查人员太少，我们就用简单的民主办法来解决这个问题。各村每年要开一两次民主评议会，自耕农、佃农、地主都必须在会上自报收入。开会时村里的评议员就站在群众当中，分别向每一个农民询问其产量，对方回答后，他就向其邻居问，报得对不对。由于村里的人都互相知道底细，所以如果报得不对，当场就能加以纠正。对企业主和商贩的办法也类似，把他们召集起来，自报盈利。这个办法基本上是成功的，政府不需庞大的税务机构，也不会损失太多的税款。"

杰克在边区亲眼看到，这里的农民一般只向政府缴纳其收成的8%~15%，而在国统区，佃户要缴50%~90%的田赋，另外还要迫缴纳多如牛毛的各种杂捐。杰克写道："这并不是哪一个边区官员告诉我的，而完全是我亲自观察到的。令人有些难以置信的是，可以看到妇女和儿童经过簸筛把最饱满的粮食交给政府。有些人家把邻居请来鉴定自己要交到村公所去的粮食，如果邻居说粮食的成色还不够好，他们就再簸筛一遍。"杰克还看到："农民被征去修路，在联合国善后救济总署的拖拉机耕出来的地里集体播种，出大车骡马运输公粮、开垦荒地以及为各种公共工程出力。我觉得他们为共产党出的工可能比在国统区为国民党官员出的工多一些。但是，这种摊派同国民党地区搞得截然不同：第一，出劳力总是为了公益，而不是为了任何人的私利；第二，没有人因为出劳力而变穷，所有人都是平均分摊的；第三，也是最重要的一点，就是农民认为这种摊派制度是公平合理的。至于农民是不是被宣传愚弄了，那就请道德家们去研究吧。"

杰克还饶有兴趣地描述了边区的银行。他说："我在解放区看到的一种最奇特的事业就是银行。那里的银行是在极原始的条件下营业的，其经营办法之简单，会使西方银行家们为之瞠目。"

共产党部队的银行是从放款的合作社开始的。1938年前后，共产党在一些巩固的根据地创办了银行，一开始，它并没有得到人民的信任。有一家在山西上党地区（今长治、晋城市）创办的上党银行，因为谐音被称为"上当银行"，所以遭到不少人的嘲笑和拒绝，国民党的政府和部队更是把它妖魔化。杰克·贝尔登讲述了一个他听来的故事。国民党部队禁止士兵使用上党票，长官命令士兵用它擦屁股，有一个模范士兵，严格执行了这个命令，当真用一张5元的上党票擦了屁股。后来，他到一个小镇的铺子里买香烟,掏出一张10元的法币给老板,使他大为惊讶的是,老板没有法币小票而对他说,"我只能找你上党票"。这位俭省的士兵什么都不想丢,就回去捡起自己那张擦过屁股的5元上党票,细心地洗干净,拿到那个铺子去花了。杰克记录道,后来,那里的人就流传说,上党票擦了屁股还能买东西,那一定真顶用。

1941年,晋冀鲁豫边区政府成立,上党银行等几家地区银行合并为"冀南银行",它有权发行钞票,因此具有"中央银行"的地位。从流传后世的冀南票可见,它的纸质很劣,印制粗糙,有很多钞票流通不久就磨损严重,连票面数额都无法辨认。当地工农多不识字,常常把半张1元法币与半张两元冀南票粘在一起,银行碰到这样的票子,就按1元5角收兑。因为这种政策,冀南票的信用渐渐提高。

冀南银行为了支持自己的钞票,也需储存相当的黄金白银为储备金。对于时常处在游击状态的边区政府来说,保卫这些金银是一件很冒险的事情,戎伍胜为此伤透了脑筋。他对杰克说:"我本人主张把金银埋到偏僻的山顶上,埋藏金银的行动是秘密的,而且只能在夜间进行,经过驴骡的长途驮运,才到达埋藏点,承担这项任务需要三个人:可靠的银行经理、出纳和一个党员,他们要把地点牢牢默记在心而不能留下任何字据。"听了戎伍胜的这种描述,杰克因此把边区的银行戏称为"月光下的银行"。他问:"只有这三个人知道银行的财宝在何处埋藏,如果他们被杀了怎么办?"戎伍胜答:"如果三个人都死了,财宝就等于丢掉了。"一直到1949年内战结束,冀南银行只丢过一笔1 500两银子,原因是两个人牺牲了,活着的那个把确切的地点忘掉了。

通过陈嘉庚、白修德以及杰克·贝尔登等人的经历以及目击素描,我们大抵可以看到当时国民党和共产党政权的表现,以及后者得到民众——特别是农民拥护的原因,它与国民党政权形成了鲜明的对比,这也是日后它们各自结局的根源所在。

战争进入1944年，局势日渐明朗，德意日轴心国败象渐现。

在中国战区，国共军队牵制了100多万日本军队。地处西北的共产党尽管实力弱小，但是却已经积聚起逐鹿天下的雄心，国民党的腐败成为共产党人崛起的最大的政治资本。

1944年3月19日，著名文学家郭沫若在重庆《新华日报》上发表《甲申三百年祭》。300年前的这一天，农民武装李自成攻陷北京城，崇祯皇帝自缢煤山，明朝灭亡。郭沫若在文中写道："其实崇祯这位皇帝倒是很有问题的。他仿佛是很想有为，然而他的办法始终是沿着错误的路径。他在初即位的时候，曾经发挥了他的'当机独断'，除去了魏忠贤与客氏，是他最有光辉的时期。但一转眼间他依赖宦官，对于军国大事的处理、枢要人物的升降，时常是朝四暮三，轻信妄断。"熟悉中国国事的人，都知道他讽指的"今日崇祯"是为何人。国民党的《中央日报》发表社论，对郭沫若文章大加抨击。而延安的毛泽东则号召全党学习该文，思考如何避免李自成式的"胜利后的骄败"。两党之明暗，识者一目了然。

4月，日军作困兽挣扎，发动"一号作战计划"，先是进击河南，继而攻陷长沙、围猎衡阳、占领桂林，兵锋直指贵阳和重庆，国军损失惨重。蒋介石召开秘密会议，一度想放弃重庆，把政府迁往甘肃西昌。这几乎是抗战8年最凶险的时刻。然而，天佑中国，到年底，麦克阿瑟率领的美军在太平洋海战中取得决定性胜利，日军被迫停止前进，终于成强弩之末。1945年4月30日，盟军攻陷柏林，希特勒自杀，德国投降。8月6日和9日，美国向日本广岛、长崎投放原子弹。8月8日，苏联对日宣战，150万苏联红军分三路向中国东北的日本关东军发起进攻。

8月15日，就在宋子文当上行政院院长3个月后，日本在"密苏里"号战列舰上签订无条件投降书，至此历时8年的全面抗战取得了胜利。

第二次世界大战的结束，意味着全球政治和经济秩序的重建。在过去200年里不可一世的"日不落帝国"英国终于让出了第一强国的地位，新崛起的美国和苏联取而代之，而形同水火的意识形态对立让这两个国家各自为营，世界迅速进入两强对立的冷战年代，这一状态将长达半个世纪之久，直到1990年苏联解体。①

对全球经济而言，战后最重要的事件有两件。

第一是布雷顿森林货币体系的确立。早在战争即将结束的1944年，同盟国就开始讨论战后经济重建的命题，7月，44个国家的特使聚集在美国新罕布什尔州的布雷顿森林，通过了《国际货币基金协定》。战后的1945年12月底，22个国家签署《布雷顿森林协定》。这个协定最重要的结论是确立了美元与黄金的对价关系，美元直接与黄金挂钩，各国货币则与美元挂钩，从此，美元代替英镑成为新的国际储备货币——这也是"美金"这个名词的由来。此外，成立了三个国际性的经济组织，它们就是日后的世界银行、国际货币基金组织和世界关税贸易总协定组织，其中，前两个机构的总部均在美国纽约。战败的德国被分裂成联邦德国、民主德国②，日本则从废墟中重新起步，这两个国家将在30年后重新回到世界经济强国的序列之中。

第二个重大事件是"马歇尔计划"（又称"欧洲复兴计划"，European Recovery Program）的提出和实施。这个战后最大的经济重建计划启动于1947年7月，美国以金融、技术、设备等各种形式，向西欧各国提供130亿美元的援助。这个计划既拉动了欧洲的复兴，又让美国在战争时期形成的以武器制造为目标的重工业产业得以向民用领域转型。"马歇尔计划"还消除，或者说减弱了历史上长期存在于西欧各国之间的关税及贸易壁垒，因此也被认为是促成欧洲经济一体化的重要因素之一。

在经济学界，一个人的去世和一个人的"到来"，同样充满了寓意。

---

① "二战"后，很多英属殖民地纷纷谋求独立。1947年6月，英国将印度分为印度和巴基斯坦两个自治领地，同年8月15日，印巴分治，印度独立。

② 第二次世界大战之后，德国首都柏林被一分为二。1961年8月，民主德国政府在分界线上筑起了一道"柏林墙"，它成为冷战最著名的标志。1990年10月3日，德国重新统一，柏林墙被拆除。至此，美苏对抗的时代结束。

1946年4月，当世最伟大的英国经济学家凯恩斯在落寞中去世。尽管他创立的"凯恩斯主义"统治了世界，但是他的祖国却正在没落。在离世前的一年多里，他一直试图捍卫英国的战后利益。在布雷顿森林会议上，他反对美元与黄金挂钩，因而提出了超主权货币 Bancor（世界货币）的主张，这个方案遭到了美国人的嘲笑和否决。一个伟大的经济学家终究无法阻挡一个伟大帝国的诞生。

也是在1946年，37岁的美国咨询公司顾问彼得·德鲁克（1909—2005）出版了让他名留青史的著作《公司的概念》，这是他对美国通用汽车公司进行了18个月的调研后写成的。在书中，德鲁克首次提出"组织"的概念，他建议企业应该培养"有管理能力"的、有"责任感"的工人和一个"自我管理的工厂社区"。德鲁克日后被认定为现代管理学的奠基人，是"大师中的大师"，他所代表的美国式管理思想从此将取代亚当·斯密和凯恩斯，成为新的流行风尚。

在过去的8年时间里，中国的经济建设被彻底打乱，全国的非正常死亡人口约为1 500万~2 000万，难民总数超过6 500万人，75%的工商业城市陷于战火。据中国社科院近代史研究所卞修跃提供的数据，整个抗日战争期间，中国遭受的直接经济损失高达620亿美元，间接损失5 000亿美元，延缓中国现代化进程可能达半个世纪之久。据中央党校周天勇教授的计算，从1931年"九一八"事变到1945年8月日本投降的14年里，按1937年的币值计算，日本侵略给中国造成的直接经济损失达1 000多亿美元，间接经济损失达5 000多亿美元，掠夺煤炭5.86亿吨，木材1亿立方米。外资在华损失约为8亿美元。

当昭和天皇宣布无条件投降的声音从电台里传来的时候，所有的中国人都喜极而泣。这是一场猝不及防的胜利，人们在漫长的黑暗绝望中突然看到了和平的刺眼曙光。

然而，接下来发生的现实却比梦想要残酷一万倍。

企业史人物 | 定县实验 |

1943年11月，当时全球发行量最大的美国杂志《读者文摘》刊登专文介绍晏阳初，内文引用晏阳初的话说，"没有任何一国能超越其民众而强盛起来。只有这许多大众——世界上最丰富的尚未开发资源，经过教育而发展，且受教育而参加他们自己的建设工作，否则将没有和平可言"。

晏阳初是四川省巴中市人，早年在成都的美国教会中学读书，23岁时以第一名的成绩考入香港圣保罗大学（香港大学的前身）。按当时规定，他如加入英国国籍，就可获1600元奖学金，晏阳初婉拒，理由是"这对中国人说来，代价太高了"。三年后的1916年，晏阳初赴美国耶鲁大学深造，攻读政治学与经济学，后又入普林斯顿大学，获硕士学位。

就是这位喝了一肚子洋墨水的中国青年，在后来的70多年里把全部生命都献给了贫穷而苦难的祖国同胞。早在1918年6月，他就飞赴法国战场，为那里的华裔劳工服务，替他们写家信和提供最起码的医疗服务。他还创办了一份《驻法华工周报》，在一篇社论中他认为："今日最急需的，不是练兵，不是开学，不是开矿，也不是再革命，我们全国上下人民所急需的，就是革心。把那自私自利的烂心革去，换一个公心。把那老心老肠革去，换一个新心。有新心而后有新人，有新人而后有新社会，有新社会而后有新国家。"

1920年，晏阳初归国，开始实验他的"革心"理想，而其下手之处，就是最艰难、最漫长而难出成效的平民教育。他以长沙、烟台、

▲ 晏阳初

第四部　1938—1948　抗战与挣扎　　069

嘉兴三地为试点，发起了"除文盲，做新民"的识字运动。1923年秋，他在古都北平发起成立"中华平民教育促进会总会"（简称"平教总会"），任总干事。

1929年，晏阳初带领数十位大学教授、博士举家迁往贫困地区河北定县的翟城村，开始了日后非常著名的"定县实验"。当时的一家报纸称：这是迄今为止中国历史上最宏大的一次知识分子迁往乡村的运动。清朝时的科举出身者、大学院长以及许多留洋的博士和硕士们不畏艰苦，纷纷离开城里的职位和舒适的家，来到偏僻农村，寻找中国人民古老落后生活方式的复兴途径。

在定县，晏阳初等人摸索出一套以教育、生计、卫生、自治为主题的四步方案，提出了治"愚、贫、弱、私"的农村改革理论。晏阳初身住农家，衣着粗布，在黑板上一个字一个字地教农民。他还亲自担当村保健员，为农民治疗沙眼和皮肤病，布种牛痘及猩红热预防针。他深情地写道："中国的农民负担向来最重，生活却最苦：流汗生产是农民，流血抗战是农民，缴租纳粮的还是农民，有什么'征'，有什么'派'也都加诸农民，一切的一切都由农民负担！但是他们的汗有流完的一天，他们的血有流尽的一日。到了有一天他们负担不了而倒下来的时候，试问：还有什么国家？还有什么民族？所以，今天更迫切地需要培养民力、充实民力的乡村建设工作。"[①]

晏阳初在定县扎根10年，兴办了一场轰轰烈烈的堪称平民教育与社会改造壮举的大实验。平教总会在这里组织扫盲、改良农作物与畜牧品种、兴建剧场与广播电台、兴办产销合作社和实验银行，还创办《农民报》、组织同学会与"公民服务团"。

平教总会在定县实施的卫生保健项目，为中国农村建立公共卫生体系进行了极具开创意义的尝试。据晏阳初的记录，他初到定县时调研发现，

---

① 詹一之编，《晏阳初文集》，成都：四川教育出版社，1990年版。

全县无一家合格医院，220个村无任何医药，250个村只有当地中医自制自售的土产药材，每家每年医药费平均1.5元，一村所能负担的卫生基本组织费用一年不过50元。从这样的基础条件出发，平教总会确定了推行农村卫生计划的三项基本原则，以最经济的组织，推行最简单的事业，但须注意透彻实行。先是组织学员到各村展览、演讲、放电影，作预防与诊疗示范，通过卫生宣传引起农民的注意与兴趣。实行"预防重于治疗"的方针，比如针对当地肠胃病与传染病流行的主因，指导居民改善饮用水质，增加井盖与围圈，适时消毒灭菌，以减少病源。平教总会从平民学校毕业生中选出男女各一人经过训练后分别担任各村诊所的护士与公共卫生护士；训练公立师范学生与平民学校学生，为同学与村民种痘；训练助产士代替旧式产婆，训练旧式产婆洗洁手、剪短指甲，改善妇婴卫生；建立各区保健所，培训合格医生。尤为难得的是，平教总会还在乡村推广节制生育运动，走访家庭劝告节育。日后的研究者认定，晏阳初实际上摸索出了一套符合中国国情、覆盖全国城乡的公共卫生体系建设办法，这些经验甚至适用于很多发展中国家。

晏阳初的实验，鼓励了一代知识分子，受其启迪，北大教授梁漱溟在山东邹平县也展开了平教实验。自晚清、民国以来，中国的知识界和实业界对农村的现代化改造有几套思路，其中最值得纪念的是晏阳初和费孝通两位先哲。晏阳初的平教运动以"革心"为主轴，试图通过国民素质的整体提升以实现消灭贫困的目标，费孝通则在对家乡苏南的观察中获得灵感，认为发展乡村工业才是摆脱贫穷的捷径。"平民教育派"和"乡村工业派"的理念或有不同，但温和渐进、反对暴力革命的改良思想却如出一辙。

抗日战争爆发后，华北沦陷，晏阳初辗转到重庆，创办乡村建设学院。这时候，平教总会已发展为中国规模最大、最具影响力的非政府组织，全国近百个市县有它的分会。1945年11月，联合国教科文组织（UNESCO）在巴黎举行首次会议，平教总会的骨干瞿世英是中国代表之一。该组织在发展中国家推行基本教育的计划，明显地受到了晏阳初的启发，晏阳初本人则受邀担任特别顾问。1948年，美国国会在通过"援华法案"时特列"晏阳初条款"，指定以经援经费的1/10作为平教总会的农村复兴活动之用。

1950年，晏阳初移居美国，继续在亚洲和南美洲地区推广平民教育，他先后协助菲律宾、泰国、危地马拉、哥伦比亚、加纳等国建立了乡村改造促进会。20世纪60年代，他在菲律宾创办国际乡村改造学院，着重向来自第三世界50多个国家的学员推广定县经验，促进大规模的群众教育运动。学员把晏阳初的思想同当地文化特点结合起来，回国从事乡村建设运动，收到了良好效果。1985年，95岁高龄的晏阳初受邀回国重访河北定县和重庆，他兴致勃勃地与重庆社会科学院共同拟定了建立"中国乡村建设研究中心"的初步方案。1989年，美国总统布什在给晏阳初的生日贺词中说："通过寻求给予那些处于困境中的人以帮助，而不是施舍，您重申了人的尊严与价值。"

晏阳初常说："三C"影响了他的一生。"三C"即孔夫子（Confucius）、基督（Christ）和苦力（Coolies）。他说："我是中华文化与西方民主科学思想相结合的一个产儿，我有使命感和救世观；我是一个传教士，传的是平民教育，出发点是仁和爱；我是革命者，想以教育革除恶习败俗，去旧创新，却不主张以暴易暴，杀人放火……我相信'人皆可以为尧舜'。圣奥古斯丁说：'在每一个灵魂的深处，都有神圣之物'。人类良知的普遍存在，也是我深信不疑的。"晏阳初还说："我们都希望有一个更好的世界，但其确切含义是什么？世界最基本的要素是什么？是黄金还是钢铁？都不是，最基本的要素是人民！在谈及一个更好的世界时，我们的确切含义是需要素质更好的人民。"[1]

百年以来，中国精英阶层对农村改造的热诚投入与远见卓识，无人超

---

[1] 晏阳初著，《晏阳初全集》（卷二），长沙：湖南教育出版社，1992年版。

过晏阳初。在亚洲地区,"定县实验"与孟加拉国"穷人银行家"尤努斯(2006年诺贝尔和平奖获得者)的"乡村银行"是两个最富创意和最有成效的实践。

晏阳初在世之时,从来没有被称为"企业家"。不过,进入21世纪之后,有学者将他这样的社会活动者定义为"社会企业家"。戴维·伯恩斯坦在《如何改变世界》一书中提出了这个新概念,他认为,相对于"商业企业家","社会企业家"是那些为理想驱动、有创造力的个体,他们质疑现状、开拓新机遇、拒绝放弃,最后要重建一个更好的世界。在这个意义上,既有远大理想又有经营管理才干的晏阳初无疑是"社会企业家"的典范。

晏阳初以百龄善终,应验了"仁者寿"的格言。晚年,他的传记作者吴相湘问他:"长者今已有志竟成,但六十多年中是否也有失败的地方?"晏阳初沉吟良久,答:"失则有之,败则未也。"[1]

晏阳初是虔诚的基督徒,他的回答其实应和了《圣经·雅歌》中的这句话:"爱如死之坚强,沉默里有超越一切的持守。"

---

[1] 吴相湘著,《晏阳初传——为全球乡村改造奋斗六十年》,长沙:岳麓书社,2001年版。

1945 / 接收之乱

念往犹来无限感,喜心题句又成悲。
——陈寅恪:《闻日本乞降喜赋》[①],1945 年

胜利来得实在是太突然了,似乎所有的人都没有做好准备。

一个叫斯凯伦德(Eskelund)的美国记者描述了 1945 年 8 月上海的景象:"重庆的军队进城了,欢呼的人群排起了长龙,向抗战的英雄们致敬。海港恢复了活力,飞机在上空盘旋,机声轰鸣,下方则爆竹连连……日本的士兵和平民从大街上消失了,其店铺也多关闭了,他们退出了。使团撤离,他们将要离开,日本人回日本去了。美国小伙子、英国小伙子、上海姑娘们,尽到你们的责任吧!他们确

---

① 这是陈寅恪在听到日本投降当日写下的诗赋。全诗:降书夕到醒方知,何幸今生有此时。闻讯杜陵欢至泣,还家贺监病弥衰。国仇已雪南迁耻,家祭难忘北定时。念往犹来无限感,喜心题句又成悲。

实是这样干的。每个夜总会都挤满了人,美好的生活从黄昏开始,无休无止,谁还顾及宵禁时间?战争取得了胜利,和平可能保持下来!在一个世纪里,发生两次世界大战,已经足够了。"

但是,真的足够了吗?至少在中国不是。即将发生的事实是,混乱的和平仅仅维持了短暂的10个月,紧接着是3年的惨烈内战。

我们先来看看战后中国的经济格局。

在过去8年里,一些新的变化出现了。在战前,上海是中国唯一的、世界级的工商业大城市,在以它为中心的长江三角洲地区聚集了绝大部分的华资银行、半数以上的工厂,并承担了超过六成的对外贸易。战后,东北的重工业赫然崛起,南方的广东和香港成为新的贸易和金融中心,由此,"东工西农、南轻北重"的经济格局悄然成型,此局在半个多世纪之后仍然未改。

在1945年前后,东北是中国乃至亚洲最重要的重工业基地。如我们在之前已经讲述过的,早在20世纪20年代张家父子(张作霖、张学良)治理东北的时候,就已经打下了一定的工业基础,形成了以钢铁、煤炭为中心的重工业体系和以粮食加工、纺织、食品工业为中心的轻工业体

▲ 毛泽东与蒋介石在庆祝日本投降的宴席上

第四部　1938—1948　抗战与挣扎

系。沈阳的兵工厂是唯一的大型军工企业，哈尔滨则是东北亚最大的国际大都市。1928年，以出超实际利益比较，哈尔滨滨江海关已超越上海海关和粤海关，稳坐全国六大海关头把交椅，成为全国最大的面粉生产和出口基地、酒精和啤酒生产基地。张家父子甚至建成了当时中国最强大的海空军。自1931年"九一八"事变之后，日本人控制东北，扶持成立了伪满洲国。自此，日本对东北进行了持续的大量投入，将之建成亚洲扩张的"工业发动机"。从1933年到1942年，伪满当局详尽规划了大大小小109个城市的建设。其中，长春是建设最快的大城市之一，它建成亚洲最大的无线电台——新京无线电台，和最大的电影厂——株式会社满洲映画协会（即长春电影制片厂的前身），是亚洲第一个全面普及抽水马桶、管道煤气和中国第一个规划地铁的城市。1945年，东北铁路里程达到11 479公里，为全国铁路总里程的一半。1943年，东北公路总里程近6万公里，而到了1949年，中国含东北在内公路总里程仅为8.09万公里。

据统计，日本在中国企业的投资，1930年为8.9亿美元；1936年为16.29亿美元，其中东北为13.24亿美元，关内为3.05亿美元；1944年日本在华投资达到最高峰时总额达到61.63亿美元，其中东北为52.79亿美元，关内为8.84亿美元。

到1945年，东北工业规模不仅大于上海地区，甚至还超过日本本土，位居亚洲第一。从沈阳到大连的沈大线两侧工厂烟囱林立，城市连成一片，成为举世闻名的"绵长工业区"，沈阳铁西区被誉为"东方鲁尔"①。东北工业化水平迅速提高，1943年，东北以占中国1/9的土地和1/10的人口，生产了占全中国49.4%的煤，87.7%的生铁，93%的钢材，93.3%的电，69%的硫酸，60%的苏打灰，66%的水泥，95%的机械，形成了庞大的精细化学、特种钢等当时领先世界的科技企业。据曲晓范在《近代东北城

---

① 鲁尔工业区位于德国西部的鲁尔河流域，是欧洲著名的工业带，占德国全国面积的1.3%，实现全国工业产值的40%。

市的历史变迁》一书中的计算,1945年抗战结束时,全中国的工业总产值中,东北占85%,台湾占10%,连年内战的其他地区只占5%。

大战结束后,东北率先遭遇一场空前的"接收之劫"。

从1945年9月到1946年5月,苏联军队把东北的工厂、矿山、电站等物资绝大多数拆运回国。从9月起,其后的7个月间,火车日夜不停,甚至连长春市政府的办公家具都不放过。1945年11月15日前,仅从沈阳每天就有200辆货车开往苏联。到1946年年初,沈阳90%以上工厂都成空壳,连门窗都被拆走。东北铁路机车的75%和货车的93%被运走。著名地质学家、吉林人张莘夫在试图阻止苏联工程师运走工厂里的机器时被害。

安格斯·麦迪森在《中国经济的长期表现:公元960—2030年》中认定:"当苏军占领东北时,他们拆走了东北地区工厂里大多数可以运输的机械装备。"①曾经当过中共东北财经委员会副主任的邵式平在1948年5~12月的日记中记录了他目睹的情况:"大连铁工厂,这是一个最大的机器工厂,可惜破坏得太厉害了。首先是苏联人破坏,搬走了许多好机器。我看这也是一种掠夺行为……去沈阳参观军工厂,该厂系日寇建设的,据说当时有工人万余,日本投降以后,苏联把一部分精造机器运走了……沈阳兵工厂,据说是目前中国第一大兵工厂,现有各种机床7 000台,能有效使用的约5 000台,较好的都叫苏军运走了……我们参观了沈阳住友工厂,这个厂专做车轮,实际是炼钢、翻砂并做机器、车辆等。机器、厂房都很大很新,但全部机器都被苏军搬走了。真不应该呀!"②邵氏在日记中真实秘记这些细节,在当年是十分冒险的事情。据《鞍钢史》记载,日军投降后,鞍钢遭受了极其严重的破坏,从1945年9月下

---

① [英]安格斯·麦迪森著,伍晓鹰、马德斌译,《中国经济的长期表现:公元960—2030年》,上海:上海人民出版社,2008年版。

② 邵式平著,《邵式平日记》,南昌:江西人民出版社,1983年版。

旬起,仅40天,发运货车60列,鞍钢的机器设备就被苏军拆走了2/3,连同其他被运走的物资共达7万余吨,其中以各种关键性的设备损失、破坏最为严重。1957年,当过中共上海市政府第一任财税局局长的顾准去苏联共青城考察时还看到,在一家造船厂和一家机械厂的机床铭牌上,有大量的日文标志,这都是当年从中国东北拆迁去的。

1946年1月,国民政府宣布,凡东北境内的一切敌产均归中国政府所有。苏联驻华大使彼得罗夫却对蒋介石说,苏联政府认为这一声明"既无根据,且无效力"。蒋介石只好转求美国帮助,5月,美国新任总统杜鲁门对苏联提出交涉①,苏军才开始停止搬运工作并班师回国。杜鲁门还派出考察团对这一事件进行了两个月的调查。据初步估算,苏军拆走的工业设备价值共约8.5亿美元。费正清在《美国与中国》一书中记载:"日本在东北的工业设施在1945年苏联人搬走半数以上的资本设备后受到削弱,当时估计恢复原来的设备所需的费用至少要20亿美元。"②1947年1月29日,莫斯科《消息报》报道,苏军此举是为了得到出兵作战的补偿,而它运走的设备价值约9 700万美元。

苏军对东北工业设备的野蛮拆迁,是中国经济在战后遭到的第一个打击。如果说,这是一次外来的灾难,那么,重庆国民政府对沦陷区敌产的接收,则更让人哀叹。

在日本宣布投降之后,对日占区和汪统区③的财产进行接收成为当务

---

① 领导美国走出1933年经济危机并打赢"二战"的富兰克林·D·罗斯福总统已于1945年4月去世。这位美国历史上唯一任期超过两届的总统是一个小儿麻痹症患者,他最著名的格言是,"我们所不得不畏惧的唯一东西,就是畏惧本身"。

② [美]费正清著,张理京译,《美国与中国》,北京:世界知识出版社,2000年版。

③ 汪精卫已于1944年11月在日本去世,接替他担任南京伪政府"首脑"的是周佛海。

之急，狂喜之中的国民政府立刻拟定了《行政院各部会署局派遣收复区接收人员办法》，"接收委员"顿时成为重庆最炙手可热的肥缺。接下来发生的接收故事，无论从政治、经济、社会秩序还是道德而言，都是一场不折不扣的浩劫。从8月开始，各路"抗日英雄"就从地下天上蜂拥而出。

上海无疑是接收大战中竞争最激烈的城市之一。一向崇洋的上海滩突然开始流行吃川菜，一个人"能不能吃辣"成了一道政治考试题，表明他在四川坚持了多久的抗战。在这里一下子冒出了四个"市党部"。第一个是关在提篮桥监狱里的国民党三青团①成员，当他们从电台里一听到日本天皇投降的声音，马上通知狱方，"我们今天就要出狱展开工作"。很快，这些人以"苏浙皖税务局"局长邵式军在余庆路的一栋洋楼为据点，挂出了"国民党上海特别市党部"的招牌。第二个是在浦东打游击的国民党"忠义救国军"，他们在金神父路（今瑞金二路）盛文颐的一个宅所里，也

▲ 上海发往共产党控制区域的货物被扣押

---

① 三青团，即三民主义青年团，国民党的青年组织。

成立了"国民党上海市党部"。第三个是陈立夫CC系[1]的"地下工作者"，他们的据点在亚尔培路（今陕西南路）上。当这三个"当地帮"正为谁是正宗闹得不可开交的时候，从重庆飞来的接收大员就到了，于是第四个"党部"又出现了。

如同恶狗抢肉一般，这些党部人员围绕着庞大的事业、产业和经费展开了激烈的争夺，完颜绍元在《大接收》一书中讲述了沪上一家报纸几天内连改4个报名的"黑色幽默"故事：CC系的市党部接收了一家《新中国报》，一天后，就被重庆派来的人抢走了，改名为《正义报》。新报纸在8月16日隆重创刊，谁知到了第二天，突然又改成了《革新日报》，原来是被金神父路上的人以军事委员会宣导委员的名义夺走了。可是仅仅7天后，订户拿到的报纸又改成了《前线日报·沪版》，新的接收者是第三战区司令长官的驻沪办公处。汪系官员金雄白在狱中交代说："从8月中旬到9月初的上海，只要与重庆的大员沾亲带故的，就以地下工作人员自居。有人自认为中统，也有人自认为军统，但谁也不知道他们身份的真假与职位的高下。"[2]

上海的4个"市党部"并立的景象还不是最混乱的，在北平，竟同时出现了8个"市党部"，尤其可笑的是，这些党部需要等待接收的汪伪华北政务委员会支付开办经费，后者谁也不敢得罪，于是索性就给8家全都发钱。

最热闹的是天津。蒋介石委派的接收代表是当过北洋政府内阁总理的老政客靳云鹏，他刚刚要把"军事委员会委员长驻津代表办公室"的牌子对外悬挂，就有人挂出了"军事委员会抗战建国工作团天津总站"。接着，"天津市党部""三青团天津市支团部""中统天津站""军统天津站""军

---

[1] 国民党内部的一个派别，它的英文名称是"Central Club"（中央俱乐部），首脑是长期控制国民党人事及组织体系的陈果夫、陈立夫兄弟。

[2] 转引自完颜绍元著，《大接收》，上海：上海远东出版社，1996年版。

统天津特别站""军统驻天津华北特别通讯站"等都雨后春笋般冒了出来,而它们唯一的工作就是满天津城寻找接收资产。最后,弄得日军驻津特务机关也傻了眼,只好登报请所有在津各系统的人员都来市府礼堂开联席会议。开会那天,竟一下子来了十几个系统的几百号人,大家闹哄哄一阵乱吵,最后也没有理出一个头绪。受到蒋委员长亲自委任的靳云鹏知道自己身份虽高,但远不如各路小鬼跟重庆方面的关系亲密,无奈之下,只好宣布不开张了。

沪京津的乱象,是接收大战中的一个缩影,其他省会及中小城市的混乱有过之而无不及。在杭州,居然先后出现了28个"市党部",有几个竟是汪系官员"就地反正"的。最具讽刺性的是任职汪系浙江省省长的丁默村,他曾经长期出任南京伪政府特务首脑,捕杀过很多国民党特工,此时居然也一转身成了军事委员会特派的"浙江军事专员",加入了火热的接收事业中。曾经当过军统局少将总务处长的沈醉在回忆录中记下了一首流传很广的"接收民谣":"河里飘来的,不如地里滚来的;地里滚来的,不如天上飞来的;天上飞来的,不如地下钻出来的;地下钻出来的,又不如坐着不动的。"沈醉注释说:"所谓坐着不动的,指摇身一变的汉奸,自劫自收比什么都快。"[①]

情况实在是太混乱了,蒋介石只好改变直接向各地委派接收代表的办法,让行政院副院长、经济部部长翁文灏马上拿出了一个新的接收法令。翁文灏带着一群专家连夜研究,总算制定出了一套"接收大法",中央成立"党政接收计划委员会",对工矿事业、财政金融机构的接收以及资产处理进行了规定。根据办法,金融资产由财政部、四大国有银行、中央信托局和邮政储金汇业局负责接收,工矿企业则归经济部、交通部、农林部、粮食部、军政部、联勤司令部、海军司令部等单位分工负责。有意思的是,根据蒋介石的亲自规划,这个"党政接收计划委员会"挂在陆军总

[①] 转引自完颜绍元著,《大接收》,上海:上海远东出版社,1996年版。

第四部　1938—1948　抗战与挣扎

部下面，于是，党务人员、政务人员与军人混杂一堂，谁也不服谁，翁院长辛苦拟出来的"大法"很难被严格地执行。

早在9月14日，《大公报》主笔王芸生发表社评《收复失土不要失去人心》。文章警告说："我们现在不但要收复失土，而且要抚慰受创的心……收复失土，接收敌伪所攫取的财产，迎接我们受苦的同胞，把他们从水深火热中拯起，登之衽席，这是抗战的一项任务，既庄严，又神圣。肮脏的手，漆黑的心，都请远远离开，不要污染这一庄严神圣的任务。"为此他提出："我们希望政府派至收复区的工作人员，要特别注意操守。洁己奉公，是当前第一官箴。"可惜，这些忠言都成过耳之风。到9月27日，王芸生再撰社评说："京沪的情况兴奋极了，也乱极了。在热烘烘、乱嚷嚷中，这二十几天时间，几乎把京沪一带的人心丢光了。有早已埋伏在那里的，也有由后方去的，只要人人有来头，就人人捷手先抢。一部汽车有几十个人抢，一所房子有许多机关争；而长长的铁路，大大的矿场，却很少人过问。"王芸生以他一贯锐利的笔调写道："可怜收复区同胞，他们盼到天亮，望见了祖国的旌旗，他们喜极如狂，但睡了几夜觉之后，发觉他们多已破家荡产。"他的这篇社评有一个十分震撼的标题——"莫失尽人心"。

这种情形，连国民党内部的有识人士也看不下去了，蒋介石的"文胆"陈布雷将一首《重庆客》的七绝悄悄抄给蒋介石，其中一句是"谁知汉室中兴业，流语民间是劫收"。蒋介石只好第三次更改接收办法，他采纳宋子文的意见，在行政院内成立"行政院收复全国性事业接收委员会"，除了有关军事系统的接收由陆军总部主持外，其他接收工作统归这个委员会。

在短短两个多月里，中央连续三次变更接收办法，朝令夕改，可见当时的手忙脚乱。而日后的事实是，各地军人的劫收从来没有受到有效的限制，混乱一直在持续中。

后世流传了很多类似沈醉、陈布雷收集的"接收民谣",譬如:"盼中央,望中央,中央来了更遭殃";"躲在后方装孙子,下了飞机变兔子,市上一转变骡子";"等了八年半,来了一群王八蛋";"烧错爆仗,拍错巴掌,迎错老蒋";"宁愿鬼子烧杀,不愿国军驻扎"等。有人在海南岛的海口接收总部门口贴了一副对联曰:"海内众奸凶,屏之国外;乾坤有邪气,在此馆中。"更有人总结了所谓的"接收八法",是为"抢占盗偷,吞漏诈咬"。其中,流传最广的一个新名词是"五子登科"[①]。五子者,金子、银子、房子、车子、女子也。

天津市的接收总部就设在市长张廷谔的家里,整个接收期间,他只开了两次会,而且与会者都是亲属和部下。在不到两个月时间里,他一口气接收了400多家企业,商店和医院400多处以及住宅百余所。这些大多从前门收进,从后门卖出,变成了张家的一根根金条。日军在海南的工矿设备和储存物资基本被全部盗卖,政府最后收进的只有200多条没人愿要的烂船。

经济部被指定为接收的主管部门,但是这个部门里的人是一群手无缚鸡之力的公务员,无论是跑路还是抢东西,怎么也比不过政客和军人,他们甚至连办公的地方都被抢走。专门负责南京地区接收的经济部特派员董赞尧回忆说:"到南京后,我们去找经济部,可是原址已为别的机关抢先占用,经济部无法接收。"更让他惊骇的是,"我们到了这里,除了档案外,其他已没有什么东西可接收了"。他还回忆道:"经济部主管的范围很广。例如煤矿和煤应归经济部接收,而铁路局则强调运输急需用煤,强要接收。又如面粉厂和一些食品工厂,粮食部说这些厂是搞粮食加工的,应由粮食部来接管。对于纺织厂,军政部军需处的被服厂强调军需,也要来

[①] 民国作家张恨水以接收丑闻为题材,于1947年出版章回小说《五子登科》。何为"五子"的版本有多个,如"帽子、位子、房子、票子、婊子","房子、车子、女子、票子、金子","金子、儿子、房子、车子、女子"等。

接收。当时,我作为经济部的接收人员,感到这种情况太乱太糟,而且忙着接管的部门来头大,有的拥有枪支和军队,对之确实毫无办法。"[1] 各地情况类似,据当过经济部次长的何廉回忆,在湖北,应由经济部接收的工矿企业有365个、矿场45个、公司行号82个、电气事业26个,总计518个,最终被接收的只有40个,其余均被别的单位或个人"劫收"了。武汉市有180多座工厂,劫收过后,能开工的只有30多座。

"房子登科"以北平和上海为最。战争结束时,日汪转交的上海房产有8 500栋,其中被军方和党政接收人员占了5 000多栋,房屋内的财物都被一并收下,这些大多成了私产。北平有敌伪房产14 000余所,被接收的只有380余所。南满铁路公司在沈阳房产1 200栋,最后只剩下两栋。

为了隐瞒私分事实,各路接收大员都有两本"物资清册",一本是真,一本是假,可笑的是,就连那本假的也因为层层克扣,最后不得不一次次地修改。投降的日本人也很熟悉国民党的这些套路,他们在交出资产时故意留下一些不入册,另以副册交给接收人,做"买路钱"。日军第6方面军总司令冈部直三所部,在武汉投降后,留下大批现金、鸦片、军粮、食盐、轮船、汽车,另行呈缴给第6战

▲ 1945年上海遣返日侨

---

[1] 转引自完颜绍元著,《大接收》,上海:上海远东出版社,1996年版。

区副长官郭忏。这位接收委员会主任将大部变卖归己，其余的用轮船装运南京，"赠送"上层官员。汪系官员金雄白说了一个极端可笑的例子：上海的日本驻军有7个师团的实力，人数不少于20万，可是，接收过来的枪却只有6万支，难道有14万日军是用菜刀或长矛的吗？"这真是一件令人难以索解的事情。"

因各省接收专员的素质有高下，最后的结果天差地别。以华东为例，被委派到江苏的接收专员比较清廉，而且动作较快，趁火打劫的人没有来得及下手，于是汇总到的敌产总额为123亿元，而浙江省上报的数字是2.88亿元，安徽为1.33亿元，放在一起简直让人难以相信。

最具讽刺意味的是，各部委为了制止私分资产的现象，还专门制定了一个密报制度，对检举者进行重奖悬赏。谁知这又成了某些官员大发横财的机会，很多非法行为遭密报检举，而主持密报工作的人则利用这些物资无底可查，再以清理为名拖延，最后将之隐匿吞没。仅以第三方面军为例，该军在上海办理密报物资，受理密报案1 600多起，价值2 000多亿元，最后移交的仅74案，价值300亿元，其余都被私吞了。

至于"女子登科"则是腐败的绝对寄生物，敌伪的妻妾、女秘书等都成了被接收的财产。这股歪风甚至是从最高层往下刮的。傅斯年就曾记述了一个细节：行政院院长宋子文第一次到北平，就"时常在某家，一日，大宴会，演戏，文武百僚地方绅士毕集，他迟迟而来，来时带着某家之某人，全座骇然"。傅斯年继而说，"此为胜利后，北平人士轻视中央之始"。[①]

10月24日，《大公报》登载了南京特派员张鸿增的通讯《休说重庆来！》。通讯开篇就说："'重庆人'在收复区老百姓眼里在跌价，江东父老对这些凯旋的人最初是刮目相看，再而是冷眼静观，现在差不多已经摇头蹙额了……冷眼的江东父老观察了近两个月，得了一个结论：'重庆人'到了收复区，第一件工作是做衣服、找房子，第二件是弄汽车，第三件是

---

① 傅斯年，《这个样子的宋子文非走开不可》，《世纪评论》，1947年2月15日。

买黄金，第四件是女人。他们原希望这些凯旋的英雄一来，地方秩序渐趋安定，物价逐次平复，从此脱离苦海。谁知这帮人却是拼命享受，成了抬高物价的因素，一开始工作就是把邮资加了10倍，铁道客运加了9倍，水电加了10倍。南京城内公然白昼抢劫，拘留所人满为患，一般物价在跳涨。或者是由于妒忌作祟吧？收复区人开始恨'重庆人'。"最后，作者给出了一个无比激愤的忠告："所以，我劝朋友们到了南京休说重庆来。'重庆人'的风头叫这帮先遣人员出尽了，你来抢白眼吧。"

▲ 1947年上海国民党警察

　　蒋介石到后来也意识到"接收之乱"的严重后遗症。1948年7月，在南京召开的军事会议上，他总结国民党军队在军事上失败的教训时说："由于在接收时许多高级军官大发接收财，奢侈荒淫，沉溺于酒色之中，弄得将骄兵逸，纪律败坏，军无斗志。可以说，我们的失败，就是失败于接收。"

　　资料显示，在各收复区等待接收的日伪产业约为4万亿元，这几乎是当时中国的九成家产。可是，群魔乱舞的接收大战让原本很有希望的战后重建变得前途叵测。而这还不是最糟糕的。国民政府在1945年执行的三大经济政策——货币兑换、外汇开放与产业国营化更是让上亿民众和民营公司陷入集体破产的绝境。

战时，在中国市场流通的货币主要有两种，一是重庆蒋政府的法币，一是南京汪伪政府的中储券，两者的对价关系波动很大，互有涨跌。早在1942年，法币与中储券的流通比值一度是1∶2、1∶3左右。日本一投降，法币身价顿时大涨，8月初，每两黄金兑换法币20万元，到8月11日就跌到17万元，数日后更到14万元。而中储券则大幅贬值。到9月中旬，以重庆、上海两地物价为参照，法币与中储券的比率大体是1∶50，法币更有持续上涨的迹象。沦陷区的民众和企业呼吁重庆方面马上公布官定兑换率，以安定市场和民心。

在行政院的专门会议上，经济学家、经济部次长何廉提出的方案是1∶50，至多不超过1∶60，他在一块黑板上详细对比了重庆与上海的粮食、燃料和公用事业费用的物价状况，还画出了一张批发物价指数图表。而以宋子文、陈行、徐堪为首的财政部则坚持1∶200，理由是，"法币的价值在上升，有人在用继续贬值的伪币兑换正在升值的法币"。当何廉再三表示反对的时候，以"不堪"闻名的徐堪竟以政治挂帅的理由来反击。他说："对法币币值的乐观估计，也就是对党国前景的信心表示。"耶鲁大学毕业的何博士只好闭嘴。

11月1日，官定兑换率开始实行，比值正是1∶200。此案一出，两亿人齐声惨叫。

何廉在回忆录中认为："高估法币币值的原因，部分由于政府对国家未来过分乐观，部分由于交通所受的破坏，使法币难于和延缓进入收复区。"[1] 但是，无论如何，中储券被恶意贬值的事实是难以否认的。除了当时渝沪两地物价的现状之外，还可以从这两种货币与国际货币的对价来看。战时，日元与中储券的比值是1∶5.55。战后，美国规定日元与美元的比值是1∶15。到法币与中储券的兑换办法出台后，1日元约值70法币，也就是相当于1.4万元中储券。如此计算，1945年一年前后，中储券

---

[1] 何廉著，《何廉回忆录》，北京：中国文史出版社，1988年版。

的贬值幅度竟高达 254.5 倍。当时全国总人口 4.5 亿,其中 2.57 亿为沦陷区人民,这些家庭几乎在一夜之间集体破产。上海流行民谣曰:"昨天放炮(爆竹),今天上吊。"

此次兑换政策的失误后患无穷,它不但让数亿人对蒋介石政权咬牙切齿,信心大失,而且直接推动了全国性的通货膨胀,货币政策变得弹性顿失,为日后宏观经济的破灭埋下了一个重重的伏笔。张公权在《中国通货膨胀史》一书中也分析说,"兑换政策的后果是不幸的"。[①] 在 1945 年 8~12 月间,中国人民的心情为之轻松愉快,物价一度猛烈下跌,出现了短暂的稳定,上海的物价指数从 43 200 下降到 34 508,可是,到 12 月,持有中储券的民众害怕继续贬值,纷涌抢购货物,物价指数反弹到 88 544,竟比 8 月增加了 1 倍。

除了货币政策之外,宋子文的金融开放政策也被证明是一个重大的决策失误。

战后的政府金融储备曾经处在十多年来最好的状况,央行的黄金储备达 568 万盎司,计 8.5 亿美元。敌占的苏浙沪皖地区接收了大量的物资,其中棉纱 4 万件、棉布 454 万匹、黄金 51 万两、白银 857 万两、住宅 2 424 幢等,仅上海在 1946 年变卖的物资收入就达 6 698 亿元。宋子文自以为重金在握,足以稳定物价和刺激进出口,所以,实行了金融开放政策,即将法币汇率改为随市场供应而自由浮动,并由中央银行操控买卖市场。

殊不知,金融开放政策的顺利实行,需依赖人们对市场预期的信心和政治的稳定。在政局前景不定的 1945 年,这种开放政策极易波动,引发投机,不但不能平抑物价,反而成为通货膨胀的领头羊。后来的事实正是如此,1946 年 3 月,央行开放外汇市场,法币与美元的兑换价格为 2 020∶1,市场看淡法币,狂炒美元,由此造成市场恐慌,黄金和美元持

[①] 张公权著,杨志信译,《中国通货膨胀史》,北京:文史资料出版社,1986 年版。

续上涨。在整个1946年，法币发行额平均每月增加11%，物价指数平均每月上涨17%，已接近失控状态。财政部的美国顾问杨格说："从来未有通货膨胀像中国现在膨胀的情况，而能避免财政崩溃的。"

1947年2月1日，金价涨至每两40.6万元，美元兑换法币的黑市价格已突破1万元，较上年上涨了将近5倍。2月8日，黄金价格一日五涨，最后收盘价每两突破55万元，2月10日更涨至96万元。法币币值惨跌带动了其他民生必需品价格上扬，日用洋货普遍上涨1倍，米价腾升。据此，由上海引发的金融狂潮迅速向全国蔓延，先是天津、南京等大城市，人们大量抢购黄金美钞，如痴如狂，继而镇江、嘉兴、淮安等中小城市也纷纷效仿，时称"黄金风潮"。到2月16日，国防最高委员会不得不通过《经济紧急措施方案》，决定从当日起禁止黄金、外币买卖及流通，将法币与美元比价调高为12 000：1。同日，监察院举行全体监委紧急会议，决定派员彻底清查"黄金风潮"酿成的严重后果与责任者。

在实行金融开放政策的一年多里，央行的外汇储备减少了4.53亿美元，黄金减少了331万盎司，较原先的数量都少了一半。经过这番折腾，法币的市场信用开始丧失，为日后的中央财政破产埋下了伏笔。

如果说，鲁莽、霸道而不计后果的货币及金融政策让普通民众大受其伤，那么，国民政府对于战后产业政策的制定，则给了原本就摇摇欲坠的民营资本以致命性的打击。

一开始，局势似乎在朝市场化的方向推进。战后，以翁文灏、何廉为首的经济部迅速拟定了一份《第一个复兴期间经济事业总原则》的方案，它制订了"战后中国第一个经济建设五年计划"，而其基本的原则是实行"混合经济"模式，按何廉的表述是"在混合经济中的有计划的发展"，就是提倡国营、私营和积极引进外资投入的多种经济成分共存。《总原则》还特别强调把国营企事业的范围限定在军工、造币、主要铁路和大规模的能源动力经营以及邮政电讯等若干重要公用事业方面。鼓励私营企业在政府经济建设总计划的指导下发展，并由政府在财政、运转设施等方面给予援助，且在实际经营中，享有与国营企业平等竞争的地位、权利和义务。在引进外资方面的开放度也有所增加，规定在任何中外合资企业中，除了董事长一席必须由中国人担任外，不必对外资所占百分比做出限定。此外还特别强调，在政府供职的人员禁止经营和管理任何在其监管职能范围内的企业。《总原则》在最高国防委员会上表决通过，并公告天下。

以今读之，这份《总原则》的精神与30多年后中国改革开放的思路很有神似之处，甚至在一些表述上都几乎一致。这是1934年之后，中央政府提出的最具市场化精神的纲领性文件。当时的中国经济，百废待兴，确实出现了一个改革的大好时机，美国学者费维恺在他的研究中便认为："政府在收复沦陷区时，其间间隙的时间虽然短暂，本可以实行彻底而公正的税收改革，以抵消通货膨胀的影响，但政府并没有抓住这个机会……收复中国工业较发达的省份，对解决商品供应不足的问题，可能有些希望，但这种希望被事实残酷地粉碎了。"①

希望之所以被粉碎，一是顽固的国家主义理念仍是主流，若非决策者的决心，很难被一纸《总原则》否决；二是官僚资本集团已经与国营垄断体系形成了一个制度性的共犯结构，他们成为市场化改革的最大反动力量。经济部里的那些书生当然无法与行政院和财政部的宋子文等官商抗衡。

总而言之，看上去很美的《总原则》自出台之后，就变成一纸废文，徒给后人留下长长的叹息。

在宋子文的主导下，一连串以"中国"或"中华"为名号的国营垄断企业纷纷挂牌诞生：中国盐业公司、中国蚕丝公司、中国植物油料公司、中国造纸公司、中国纺织建设公司、中国茶叶公司、中国石油有限公司、

---

① [美] 费正清等编，杨品泉等译，《剑桥中华民国史》（下卷），北京：中国社会科学出版社，1994年版。

中国渔业有限公司、中华水产公司、中华烟草公司……它们以划拨的方式无偿得到了数以千计质量最好的资产。据经济部统计，到1946年6月，已经接收的2 243个工矿企业中，作"拨交"处理的就高达1 017个，标卖给民营的只有114个，还不到接收工厂总数的5%。

这些"中"字号企业中，最典型的是宋子文直接控制的中国纺织建设公司。自晚清以来，纺织业就是中国最重要的民生产业，而且长期为民营资本所掌控。在这个领域出现了张謇、荣氏兄弟等众多企业家，它可以说是民营资本集团的最后一块阵地。此次，宋子文利用接收的天赐良机，来了一个大抄底。他接收了日资在华的所有纺织工厂，还将上海、天津等地的众多大型华资纺织厂收入囊中，官僚和国营集团分文未出，一举拿下全国总纱锭的37.6%和全国织布机的60.1%，几乎完全垄断了中国的纺织工业。

据何廉的回忆，他曾与宋子文就纺织业的国营化问题展开过激烈的争论。他以《总原则》为根据，认为政府应该立即把接收的轻工业交给私营企业经营。他还提出了具体的方法："我们可以把敌产作为政府股本搞联营形式，或者规定条件出租，或者干脆估价后出售给私营企业，以充分利用他们在这方面的管理经验，也有益于市场竞争。"宋子文的回答是："纺织工业的管理并不十分困难。而且，政府需款孔急，轻纺工业非常有利可图，为什么要让私营企业家获利，而不让政府这样做？"1946年6月23日，上海市商会特别电请南京政府行政院，认为"自政府接收敌伪工厂物资之后，耽于近利，不惜以此为弥补赤字财政之不合理计算，设立中国纺建公司、中国蚕丝公司、台湾糖业公司等，于显然违反经建原则之下，展开与民争利之压迫，以致与此有关之民族工业，危如累卵"，提出为"维护民族工业，已经国营之中纺、中蚕、糖业等公司，迅予改归民营"。此电没有得到回复。

在民国企业史上，孔祥熙对银行业的突袭以及宋子文对纺织业的收网，是两次具有决定意义的"经济战役"，两个数百年间均由民间经营的生机勃勃的重要产业从此被彻底国营化。国民政府把接收的敌产归为国有，使资本国家化，进一步充实了国家资本的力量。从产量计，国家资本从此控制了全国煤的33%，钢铁的90%，石油和有色金属的100%，电力的67%，水泥的45%，纱锭的37%，织布机的60%。此外，铁路和银行早已被完全掌握，一个强大而垄断的国家资本主义格局全面形成。统计显示，到1948年上半年，国家产业资本已经占全国产业资本总额的80%以上。

杨小凯在他的经济史笔记里评论说："不幸的是，抗战胜利后，这些日本私人资本大多被转化为中国的官僚资本，不但在接收过程中因贪污和不同单位争夺资产而受损，而且以后成为官商不分、制度化国家机会主义的工具……这个国营化也是中国后来制度化国家机会主义的基础，它成为经济发展的主要制度障碍之一。"[1]

1945年10月4日，范旭东突发急病在重庆去世。

在过去的一段时间，他一直在为工厂的复兴忙碌着。早在上年的9月，他与陈光甫、卢作孚等人参加了在美国召开的工商国际开发会议，所有的人都看到了抗战胜利的曙光。范旭东连夜拟订了战后复兴计划，其中包括扩充天津的永利碱厂、修复南京厂、完成四川的铵厂和硫酸厂工程，以及在湖南新建炼焦厂、玻璃厂、水泥厂等，扩建和新建工厂总数为10个。这是一个雄心勃勃的计划。为此，范旭东向美国进出口银行申请贷款1 600万美元。1945年年初，在陈光甫的居中帮助下，美方同意了他的申请，不过要求国民政府居中担保。范旭东郑重地向行政院上递了借款报告。数月下来，杳无音信。范旭东数次催促，竟得到宋子文托人传来的转

---

[1] 经济学家杨小凯应朱学勤之请，给《百年中国史》写一章"中国百年经济史"。为了累积背景材料，他写下了读史笔记《杨小凯：百年中国经济史笔记》，首发于爱思想网杨小凯专栏 http://www.aisixiang.com/thinktank/yangxiaokai.html。

告之词:"如果宋先生出任永利董事长,借款合同可立即由中国银行指令纽约分行签署担保。"范旭东愤而拒绝,他对永利老臣、宋子文的哈佛同学孙学悟说:"近因胜利,看见我们许多高官厚禄的老友,伸长手臂向空中乱抓,实在不过意,但若辈乐此不疲,民族休矣。"

不久,行政院正式批复,对永利的担保申请"不予批准"。范旭东愤极攻心,一病不起,终于黯然弃世,终年只有61岁。在逝前,昏迷中的他用手拼命向空中抓去,嘴中大喊"铁链……",其临终遗言是,"齐心合德,努力前进"。

范旭东毕生致力于中国化工业的振兴,生为此虑,死不瞑目,实在是本部企业史上顶天立地的大丈夫。他以书生意气投身商业,日思夜想,全为报国,数十年间惨淡经营,无中生有,独力催孕出中国的化工产业。在他的周围环绕着侯德榜、陈调甫、李烛尘、孙学悟等诸多科技精英,他们或出身欧美名校,或就职跨国大公司,原本都有优厚舒适的事业生活,全是被范旭东的精诚感动,毅然追随他四海漂泊,在残败苦寒中尝尽百难。后来的30年里,这些人一直是国家化工业的领导者。"商之大者,为国为民",说的正是像范旭东这样的人。

范旭东的多年同事侯德榜回忆:"先生当公司总经理三十余年,出门不置汽车,家居不营大厦,一生全部精神,集中于事业,其艰苦卓绝,稍知范先生为人者,胥能道之。"据他的儿子范果恒回忆,即使在生意顺利的天津时期,家里的生活也还是比较拮据的。那时候家里日常食用的大米都是从老家湖南乡下运来的,因为这样比在北京、天津购粮要便宜一些。重庆时期,范旭东的收入经常不够养家,就靠妻子的一些陪嫁首饰帮补家计。范旭东逝后,重庆20多个团体组织追悼会,国共两党领袖都送了挽联,毛泽东写的是"工业先导,功在中华",蒋介石写的是"力行致用"。

范旭东是不是被宋子文"逼死"的,后世说法不一。不过,在1945年的经济复兴中,民营企业家被彻底边缘化乃至遭到利益剥夺,却是不争的事实。

再看卢作孚和荣德生的遭遇。

卢作孚的战后扩张计划也很庞大。当时,加拿大政府为了防止战后生产萎缩,通过了一个《输出信用保险法案》,由政府为外商担保,向加拿大银行贷款,用以订购该国的工业产品。卢作孚向加拿大订购6艘大型客货轮和12艘中小型客货轮,并因此申请到加拿大三家银行的贷款1 500万加元。这一贷款同样需要得到民国政府的担保。因为卢作孚的声望实在很高,蒋介石在他的申请报告上亲笔签字批准,可是行政院和交通部却提出了条件,要求民生将所订购的轮船抵押给政府,在偿清贷款之前这些轮船归政府所有,由政府租给民生使用。这一额外的条件显然埋有伏笔,在日后,政府很可能利用经济危机或信贷紧缩的办法,逼迫民生还钱,进而控制其股份。这一手法并不鲜见,卢作孚当然不从。他转而向美国买了十多艘退役军用船只,这些船虽然售价便宜,但是改装费是船价的几倍,卢作孚迫于无奈,也只好退而求其次。他还跟民营的金城银行合资成立了一家轮船公司,用银行的钱购进三艘新船。民生的加拿大贷款案一拖再拖,后来还是达成了,但是,等这些船交付的时候,已经是兵荒马乱的1948年年底了。

▲ 国民党时期的招商局

民生公司无法从政府那里得到支持，国营的轮船公司却格外滋润。政府控股的轮船招商局成为接收大战中的唯一赢家，它把日伪的所有轮船及码头设施全数吃下。抗战时，民生船只近3万吨，官营轮船招商局只有2.3万吨，其中实际航运的不过0.18万吨。到1947年，轮船招商局的吨位已跃升到了34万余吨，完全垄断长江下游和沿海运输业务，而为抗战付出巨大牺牲的民生公司只有5万余吨。此时担任招商局经理的正是几年前与陈仪一起祸闽被陈嘉庚驱走的"先烈侄子"徐学禹，他竟扬言要"吃"掉民生。这一次，从不发火的卢作孚也无法控制愤怒，他在一个公开的场合当面痛斥徐学禹。他还通过23位参政员在参政会上提案，"招商局应加入民间资本，改组为民营轮船公司，使能与其他民营轮船公司平等分配航线范围，以发展我国航业"。此议理所当然地被宋子文否决。为了表达对民生的"尊重"和补偿，政府拨了几艘登陆艇给卢作孚，卢作孚不无怨气地说："其实，这东西男不男、女不女的，改装都不好改，现在还放着没动。"

荣家碰到的情况更荒唐。战争一结束，被压抑了8年的荣家顿时觉得翻身之日到了。1945年10月，荣德生的二儿子荣尔仁向行政院递交了《接收日本纱厂及人造纤维厂的建议书》，提出在中国的日本纺织厂应予接收，"分配给在战时受到损失并在后方做出贡献的厂，按损失的程度，给以赔偿"。他还拟出了准备接办的日商纱厂名单，纱锭总数约30万锭。谁知在那时，宋院长正一门心思地筹建他的中国纺织建设公司，荣尔仁的建议书当然不被采纳。仅仅一个月后，行政院就决定所有敌伪纱厂全部改为国营。荣德生以老资格实业家的身份向政府上书，他忧心忡忡地写道："日本纱厂接收后，全部改为国营，亦是与民争利，以后民营纱厂恐更将不易为也。若论国家经济，统治者富有四海，只需掌握政权，人民安居乐业，民生优裕，赋税自足……若措施一差，误入歧途，虽千方百计，终难平稳。因知富强非难事，只在用之当与不当耳。能用民力，不必国营，国用自足。不能使用民力，虽一切皆归官办，亦是无用。因官从民出，事不切己，徒然增加浪费而已。余近见政府措施孳谬，有失民心。"荣德生的这段表述可圈可点，至今仍是普世道理，可惜不为当政者闻。

可笑的是，荣家想从接收大战中分一杯羹的梦想落了空，而他们原有家产的收回也费尽了心力。申新一厂、八厂在战时被日本人强占，很多设备被拆装到了日商丰田纱厂。国民政府在接收时全当敌产没收，并入中纺建，再不返还荣家。福新三厂、六厂也同样被日本人占有，接收乱景期间，其粉麦粮仓被粮食部特派员全部接收散卖，到返还时只剩下两个空荡荡的厂房。申新四厂在战时迁移到汉口，日军陷城后未及搬走，在那里留有2万纱锭和400台织布机。当荣家派人前去收回时，发现联勤总部的第二修理厂已经在那里开工了，厂房里的所有纺机早被当作敌产没收。荣德生很感慨地说："接收手续之烦，过于创建……层层推诿，官说官话，不顾民瘼，比之日人，不相伯仲。数年之间，变质至此，大可慨叹。"其失望之情跃然纸上。

这段时间还发生了一桩对荣家来说更惊心的事情，那就是70岁高龄的荣德生遭到了绑架。事发1946年4月25日，荣德生在去江西路总公司的路上，被3个冒充为淞沪警备司令部的绑匪掳走，绑匪开价100万美元。荣德生被绑票，新闻轰动全国，蒋介石震怒，下令限期破案，淞沪警备司令李及兰因此引咎辞职。34天后，荣德生以50万美元被赎回。又过了37天，警备司令部宣告破案，15人被捕，其中8人被判处死刑。荣家为救老爷子四处打点，先后又花去60万美元。荣德生还亲自登门向指挥破案的军统局老牌特务毛森致谢，送上金表一只、金笔一对。毛森因本案声名大噪，后来当上了上海市警察局局长。数十年后，根据淞沪警备司令部稽查处有关人士的回忆，荣案幕后的主导者不是别人，正是毛森自己。

企业家在战后的遭遇宛若一部辛酸史。8年前，从东南沿海随国民政府千山万水迁至大后方的企业大多成了无人照顾的"弃儿"。1945年8月，因为实在不堪压迫，130名内迁工厂代表集体到行政院请愿，要求给予贷款、协助复员。宋子文在接见他们时轻描淡写地说："中国以后的工业，希望寄托在美国的自动化机器上，你们这批废铜烂铁，济得什么事呢？"闻者顿时手脚冰凉。到1946年的5月，368家迁到陪都重庆的企业只有3家迁回了东部，却有349家已经歇业。那些被国营化的企业也是复苏乏力。经济部承认，到1947年，从日伪接收过来的2 411家工业企业，只有852家实际上恢复了生产。

工业萧条导致了两个严重的后果，一是失业人口大量增加，二是通货膨胀持续高烧。国民党政权自执政以来，就对农村改革缺乏热情和经验，其支持者主要来自城市，而现在，城市工人也站到了这个政权的对面，工人罢工此起彼伏。苏珊娜·佩珀教授在《剑桥中国史》中披露，在抗战开始前的1936年，全国有记载的罢工及劳资争议为278起，可是10年后的1946年，光上海一地所记载的罢工及劳资争议总数即达1 716起，到1947年，这个数字更上升到2 538起。佩珀教授进而写道："国民党政府经常指责工人闹事是共产党职业鼓动家促使的，然而，这些争论问题是现成的，任何人都可有效地加以利用。"[1]

1946年5月5日，国民政府从重庆还都南京，蒋介石的声望在此刻达到巅峰，可是，随着治理无度以及种种政策的失误，很快让人大失所望。

在种种景象中，最让人诟病和愤怒的，是官僚资本集团的暴富。人们发现，赶走了一个贪婪的孔祥熙，等来的却是一个更霸道的宋子文。民怨郁积，终成沸腾之势。1947年一开春，全国就爆发了一场"驱宋运动"，冲在最前列的仍是那个脾气暴烈的"五四老青年"傅斯年。

1947年2月15日到3月1日，傅斯年连续在《世纪评论》和《观察》杂志上发表三篇讨宋文章，国内舆论为之激荡。这三篇文章分别是《这个样子的宋子文非走开不可》《宋子文的失败》《论豪门资本之必须铲除》。

---

[1] [美] 费正清等编，杨品泉等译，《剑桥中华民国史》（下卷），北京：中国社会科学出版社，1994年版。

傅斯年痛骂说："古今中外有一个公例，凡是一个朝代，一个政权，要垮台，并不是由于革命的势力，而是由于它自己的崩溃。有时是自身的矛盾、分裂，有时是有些人专心致力，加速自蚀运动，唯恐其不乱，如秦朝'指鹿为马'的赵高，明朝的魏忠贤，真好比一个人身体中的寄生虫，加紧繁殖，使这个人的身体迅速死掉。"在历数了宋子文的种种恶行后，傅斯年表示自己"真愤慨极了，一如当年我在参政会要与孔祥熙在法院见面一样，国家吃不消他了，人民吃不消他了，他真该走了，不走一切垮了。当然有人欢迎他或孔祥熙在位，以便政府快垮。'我们是救火的人，不是趁火打劫的人'，我们要求他快走……不然，一切完了……国人不忍见此吧？便要不再见宋氏盘踞着"。

傅斯年对宋子文式的官商进行了深刻的挞伐，他称宋子文有着"无限制的极狂蛮的支配欲"，通过中国建设银公司，经营或收买下戚墅堰电厂、首都电厂、既济水电公司、淮南煤矿、鄱乐煤矿等厂矿，变"国营"为"宋营"。他尖锐地指出，不能说宋子文身上一点儿没有"都市性、现代性、民主性和世界性"，但他明显多了些虚伪、自私和霸道。傅斯年写道："他的中国文化，请化学家把他分解到一分子，也不见踪影的。至于他的外国文化，尽管英国话流畅，交些个美国人（有美国人说，看他交往的是些什么美国人，便知道他是什么人）是绝不登大雅之堂的……说他不聪明吧，他洋话说得不错，还写一笔不坏的中国字（我只看到报载他的签名），说他聪明吧，他做这些事，难道说神经有毛病吗？"他因而认定，在宋子文的身上更集中地反映了旧中国"官僚阶级与资产阶级的共生现象"。

傅斯年这三篇充满了火药味的战斗性文章，让后人十分震撼，其用词之尖刻趋于极致。他甚至直接把孔宋二人比作蒋介石的"胯下之物"——"虽皆为介公之'老二'，是胯下的'双扇活宝贝'，然而却又是对头"。这几乎是连"最高领袖"也一锅骂了进去。他还生动地比较了这两个当世最大的官商，说"两家的作风不尽同。孔氏有些土货样色，号称他家是票号'世家'，他也有些票号味道，尤其是胡作非为之处。但'世家'二字，我曾打听他的故人，如严庄监察使，那就真可发一笑了。这一派是雌儿雏儿一齐下手，以政治势力，垄断商务，利则归己，害则归国，有时简直是扒手"。而宋氏作风又不一样，"他的作风是极其蛮横，把天下人分为两类，非奴才即敌人。这还不必多说，问题最重要的，是他的无限制的极狂蛮的支配欲，用他这支配欲，弄得天下一切事将来都不能知道公的私的了……这还不能算完，今天我们要觉得晋惠帝不愚，因为他听到公园里蛤蟆声，他问是公的私的。今天一切事都引不出公的私的"。

傅斯年写道："孔宋失败的一个原因，由于他们的'清廉'程度，孔则细大不捐，直接间接；宋则我生你死，公私一齐揽络来把持。前者贪欲过于支配欲，后者支配欲过于贪欲。虽然形状这样不同，而有好多相同之点，我今天只说一件，就是两个人绝对是以买卖为灵魂的，绝对相信他所相信那一种形态的自由买卖，尤其显著的色彩是自由在己，买卖在公……孔宋二氏这样一贯的做法，简直是彻底毁坏中国经济，彻底扫荡中国工业，彻底使人失业，彻底使全国财富集于私门，流于国外……唐朝的秕政，是和黄巢相辅而行的，明朝的秕政，是和张（张献忠）李（李自成）相辅而行的。今天孔宋二氏之流毒，是共产党莫大的本钱。还是先检讨一下自己吧！"

傅氏坚决主张由政府公开没收或征用孔宋两家吞公营私的非法财产，"总而言之，借用两家财产，远比黄金拢回法币多，可以平衡今年预算。所以要征用，最客气的办法是征用15年，到民国五十一年还他们本息，他们要的是黄金美钞，到那时都可以的"。

就在傅斯年猛烈炮轰宋子文的时候，上海正爆发"黄金风潮"，而孔宋家族也爆出一个天大的丑闻。如前所述，在实行金融开放政策的一年多里，国库的外汇和黄金储备都少了一半，可是，这些财富中的大部分都以曲折的方式进入了孔宋家族的钱库中。在这期间，央行以稳定市场为理由，向市场抛出3.81亿美元，而孔宋家族背景的孚中公司、扬子公司和中国建设银公司竟结汇3.34多亿美元,占了总额的近88%,其中大量用于炒卖黄金和进口奢侈品,抢夺市场暴利。监察院在事后调查的报告书中披露:"关于政府机关申请外汇案件,以当时政院主管外,审核工作既无一定审核机构,又无详细法规,核准时或由政院行文,或由宋前院长个人决定,以便条手谕央行拨售外汇,其未经正式程序,显有未合之处甚多。"宋子文以经济学博士的学养和对英美体制的追捧,当然知道制度设计的重要,可是,他却罔视国纲,以自己的一支笔掏空了半个国库。

3月1日,就在《观察》刊登傅斯年第三篇文章的当日,宋子文在巨大舆论压力下,不得不即刻提出辞职。为了平息民愤,在这年秋天的国民党中央常务委员会上,宋子文当场宣布将他在中国建设银的股权全部捐献给政府。当他说出这些股权的价值时,全场大官们还是被吓了一大跳,是1 800亿元。[①]

回望1945年8月之后的中国,是一个让人兴奋而备受煎熬的时刻,正如历史学家陈寅恪在日本投降当日所预感的那样,真正是"喜心题句又成悲"。

从抗战结束的那一刻起,蒋介石的眼睛就一直死死地盯着中国西北角那个叫延安的地方,这位坚信"攘外必先安内"的政治家即便在国家最危难的时候,也从来没有放松对共产党的打压。现在,"最后的解决时刻"终于到了,他把军事以外的所有国政都交给了妻兄宋子文,自己则集中精力于这个缠绕了他将近20年的心头大患。

再来看延安方面在战后的行动。在上一章节,我们透过杰克·贝尔登和陈嘉庚等人的眼睛看到了一个高效、亲民和简单的新生政权。抗战结束

[①] 1946年10月,延安的共产党理论家陈伯达出版《中国四大家族》一书,将蒋介石、宋子文、孔祥熙和陈立夫、陈果夫兄弟并称为官僚资本主义的代表,"四大家族"一词从此风行。

后，毛泽东一方面抓紧军事上的战备，派遣林彪等人赴东北，整编那里的抗日武装，并与苏联红军结成联盟，另一方面则酝酿开始土地改革运动。从1946年起，各解放区开始了以"反奸、清算、减租、减息"为主题的土改运动，直接从地主手中获得土地，分配给失地农民，以实现耕者有其田。这一土改涉及解放区的1.6亿农村人口的利益，它成为广大农民拥护共产党最主要的动因之一。于是，当国民党在城市和农村日渐失去所有社会阶层的支持时，共产党人则从土地改革里赢得了人心。①

1945年8月28日，毛泽东率领中共代表团飞抵重庆，与国民党和平谈判，举国屏神瞩目。毛泽东以9年前的旧作《沁园春·雪》书赠词人柳亚子，词曰："江山如此多娇，引无数英雄竞折腰。惜秦皇汉武，略输文采；唐宗宋祖，稍逊风骚。一代天骄，成吉思汗，只识弯弓射大雕。俱往矣，数风流人物，还看今朝。"这首词豪气冲天，倾倒众生。10月10日，双方签署《双十协定》，承认了和平建国的基本方针，海内一时欢腾，各城烟花燃放，以为和平指日可待。

▲ 1945年毛泽东在重庆与蒋介石、美国大使合影

---

① 土地改革中也出现了暴力现象，一些地主被当众杀死，东北和河北地区因为忙着斗地主、分浮财，土地无人耕种，以至于发生了春荒。此外，千百年以来，维持中国基层公共事务的乡绅阶层基本上被消灭，宗族社会体系开始瓦解。

谁知，烟花终是一个幻觉。就在重庆谈判期间，国共军队已经在河北、山西开打。10月初，刘伯承、邓小平的部队歼灭了阎锡山的3.5万人。1946年6月26日，蒋介石以193个旅、158万兵力，向各解放区发动了全面进攻。

在8年抗战仅仅结束了10个月后，内战爆发了。

企业史人物 | 孔宋模式 |

傅斯年称宋子文"着实是100年不遇的怪物"——作为显赫的宋氏家族的长子,曾在哈佛大学接受了最先进的文化教育,思想、说话和写字时都喜欢用英文而不喜欢用中文,唯独对权力和财富的贪婪是中国式的。因此傅斯年说:"在今天宋氏这样失败之下,他必须走开,以谢国人。"①

宋子文"走开"半年后,又被蒋介石任命为广东省政府主席。他到任后的第二天就接见美国石油大王洛克菲勒,跟他商谈在广东开矿的事宜,接着跟潘宜公司接洽黄埔港的建设工程,决定把海南的铁矿石卖运日本。以他过往的行为来看,实在分不清这些到底是公事还是私事,或者根本就是"公私事"。

1949年,国民党政权的覆灭已成既定事实。1月24日,宋子文辞掉省政府主席之职,逃往香港,6月10日远遁美国。蒋介石到台湾后,多次电催他回台"共济时艰",他予以拒绝。1952年10月,国民党召开第七次代表大会,通过"党内重大整肃案",开除了一批"不忠贞"的重要党员,名单之中,孔祥熙位居第一,宋子文位居第二。而在3年前中国共产党公布的国民党战犯名单中,排第一的是蒋介石,第二也是宋子文。在国共两份名单中,他居然能同时出现,而且都高列次席,这大概是宋子文式人物在中国政治舞台上的一个象征性定位。

宋子文赴美后完全淡出政坛,1958年,他到香港一游,1963年去了一次台湾。据《宋家王朝》记载,宋氏三兄弟在余生"疯狂地从事石油股票、商品期货和新技术交易"。他的女儿冯宋琼颐在2008年的一篇回忆短文中则描写说:"他每天在纽约中央公园散步,午后小憩,与朋友共品美味小吃,观看美式足球,打牌,和外孙们一起捉迷藏。先父既对医学津津

---

① 傅斯年,《论豪门资本之必须铲除》,载《观察》第二卷第一期,1947年3月1日。

乐道，也会为证交所的新上市公司兴奋不已。"[1]1967年，孔祥熙在纽约去世，他没有去参加葬礼。西格雷夫认为："在晚年岁月里，他们之间没有什么感情可言。"1971年4月25日，宋子文在美国旧金山的友人家中用晚餐，因进食导致窒息，突然摔倒，未等到送至医院抢救就辞世了，时年77岁。

跟孔祥熙一样，宋子文到底有多少资产，至今是一个谜。《不列颠百科全书》称，"据说他是地球上最富有的人"，《亚洲华尔街日报》则把他列入人类历史上曾经最富有的50人之一，并认为"20世纪40年代宋子文可能已是全球首富了"。美国总统杜鲁门对宋子文侵吞美援的行径一直耿耿于怀，在接受作家默尔·米勒采访时，他曾破口骂道："他们全都是贼，没有一个不是贼……他们从我们送的38亿美元中，偷了7.5亿美元。他们偷了这笔钱，把它投资在圣保罗的房地产中，有些就投资在纽约这里。"[2]

而他的后人则对此全盘否认，据他们提供的宋子文档案，1940年左右宋子文的财产为200万美元，到1971年宋子文去世时，加上房产等变卖，他的总资产是800万美元，扣除200多万美元税款后，宋子文留给夫人张乐怡的遗产为500多万美元。

后人研究宋子文这个"大怪物"，不仅仅好奇于他到底弄走了多少钱，更在于他是一个怎样的"制度性产物"。

在中国的舆论界和经济思想界，对孔宋式人物的批判往往趋于道德化谴责，而很少从制度层面进行反思和杜绝。汉娜·阿伦特在《极权主义的起源》一书中指出，事实上，在中西方的哲学传统中，思想家们从来不相信有一种"彻底的恶"。中国儒家认为"人之初，性本善"，而在西方神学里，魔鬼也是天使出身。康德用"反常的恶意"来描述恶行背后、可理

---

[1] 摘自冯宋琼颐为《宋子文与他的时代》一书写的序言。吴景平、郭岱君主编，《宋子文与他的时代》，复旦大学出版社，2008年3月版。

[2] 转引自2003年10月25日的《纽约时报》报道，《Madame Chiang Kai-shek, a Power in Husband's China and Abroad, Dies at 105》。

解的动机。因此阿伦特认为,"只有一件事情似乎是可以辨别出来的,我们可以说,彻底的恶与一种制度同时出现"①。对官商文化以及模式的思考,也必须建立在对经济制度的研究上。

曾经当过国民政府上海市市长、台湾省省长的吴国桢在《吴国桢的口述回忆》一书中谈及孔宋模式与制度的互动。他说,按照政府的有关法令来说,孔宋的豪门资本所做的一切确实没有问题,一切都是合法的,因为法令本身就是他们自己制定的。比如,当时没有人能得到外汇(因申请外汇需要审查),但他们的人,即孔祥熙的人是控制财政部外汇管理委员会的,所以就能得到外汇。每个人都得先申请进口必要的货物,但他们却有优先进口权,因此,尽管他们的确从中国人民的血汗中发了大财,但一切仍然是合法行为。吴国桢是普林斯顿大学的哲学博士,他的话很平实,却刨到了官商模式的根子——在中国式的贪腐行为中存在两种模式,即"非法性贪腐"与"合法性贪腐",后者是结构性和制度性的,因而更隐蔽,并对国家机器构成更大的危害。再以宋家为例,宋子文长期担任官职,而他的两个弟弟宋子良和宋子安则在商界服务,兄弟联手再加上亲信密布,制度对他们来说只是一块遮羞布或可利用的工具。在1946年3月的国民党六届二中全会上,有人援引《公务员服务法》中"公务员不得兼营商业或公司银行的董事长总经理"之条款,批评宋子文既是行政院院长,又担任南洋烟草公司、香港广东商业银行及中国建设银公司的董事长。宋子文答:"到我做了官,所有董事长职务都已经辞掉了,所以说我提倡官僚资本,实在不敢当。"而事实上,他把这些职务都让给了他的两个兄弟。

在近现代的百年企业史上,出现了三个很典型的官商,一是胡雪岩,二是盛宣怀,三是孔宋家族。他们均为当时的"中国首富",他们的身份亦官亦商,是为"红顶商人",其财富累积都与他们的公务事业有关。若

---

① [美]汉娜·阿伦特著,林骧华译,《极权主义的起源》,北京:生活·读书·新知三联书店,2008年版。

要进行比较，我们可以看到五个特点：

第一，胡雪岩在资产关系上还是比较清晰的，他的财富大多来自为左宗棠采办军购，在这期间上下其手，暗吃回扣。到了盛宣怀就官商难分了，官股私股交错在一起，用当时人对他的议论便是"挟官以凌商，挟商以蒙官"，"害则归公，利则归己"。而至孔宋一代，则是公开分立，私下自肥，甚至以国家名义收购，以私人身份瓜分。

第二，他们在国家事务中担任的重要性日渐持重。胡雪岩不过是一个从二品顶戴的挂名道员，盛宣怀已是实授的一品大臣，孔宋更是一国行政之首脑，两人主管国家财政的时间前后整整20年。胡、盛及孔宋的资产，一个比一个庞大，而且敛聚的效率越来越高。

第三，制度化特征越来越明显。如果说胡雪岩的化公为私还是盗窃式的，那么，盛宣怀就已经演进到股份化了，而到孔宋手上，则是手术刀式的精致切分。他们更善于利用宏观经济制度的设计和执行为自己谋私，每一次经济危机、重大经济政策变革、重要发展机遇，往往都是他们获取财富的最佳时机。官僚资本的累增还有一个特点，那就是，无论经济景气的高涨或暴跌，都是它进行扩张的机会点，它似乎只与动荡有关，孔宋财富最暴涨的时候正是国难民困的八年抗战期间。

第四，资产的增加呈金融化趋向。胡、盛的财富大多以实业的形态呈现，特别是盛宣怀，包括稍晚于他的周学熙等人，在办实业上都很有经验。在某种意义上，他们的财富来自社会增量。而孔宋则对实业毫无兴趣，他们以金融家的手段直接从存量的社会资产（无论是国有资本、民营资产还是国际援助）中进行切割，因此，他们对经济进步的贡献更小，正当性更差，民愤也更大。

第五，所得财富均"一世而斩"。因为资产积累的灰色性，这三大官商家族的社会名声毁大于誉，在其晚年以及身后往往面临重大的危机。胡雪岩一旦失去左宗棠的庇荫马上财尽人亡，盛宣怀的财产在清朝灭亡后遭到查封，孔宋两人更成为人人喊打的"国贼"。

通过胡、盛及孔宋这三个案例的递进式暴发，我们不得不说，自晚清到民国，中央政权对经济的控制力不是在减弱，而是在逐渐加强，国营垄断力量的强化以及理性化构建成为一种治理模式，也正因此，与之寄生的官僚资本集团也越来越成熟和强悍。所以，如果不能从制度根本上进行清算，特别是加强经济治理的市场化、法治化和民主化建设，那么，官商模式的杜绝将非常困难。

还有一个十分隐秘、必须警惕的现象是，每一次对官僚资本集团的道德性讨伐，竟可能会促进——或者被利用来进行——国家主义的进一步强化。因为人们在痛恨官僚资本的时候往往是以国有资产的流失为对照的，所以在痛批中往往会忽略两者的互生结构。如果制度没有得到根本性的改革，那么，一个官僚资本集团的倒台往往意味着另外一个官僚资本集团的崛起。在20世纪40年代中后期，孔宋集团被清理后，国民政府的贪腐现象并未被改变，甚至有变本加厉的趋势，最终成为政权覆灭的重要诱因之一，所以，何廉曾哀叹，孔宋下台，官僚资本"未伤毫末"。

在某种意义上，对孔宋模式的反思与清算，迄今尚没有真正破题。

1948 / 最后的"打虎"

列车轧在中国肋骨上,
一节接着一节社会问题;
比邻而居的是茅屋和田野间的坟,
生活距离终点这样近。

——辛笛:《风景》,1948 年

1948 年春天,《国史大纲》的作者、无锡籍历史学家钱穆回到家乡,应邀在荣德生创办的江南大学任教。他住在荣宅的楼上,每到周六下午,荣德生夫妇都会从城里来,住在楼下,周日下午离开。晚饭后,他们必定会在楼上或楼下畅谈两小时左右。

钱穆问荣德生:"毕生获得如此硕果,有何感想?"荣德生答:"人生必有死,两手空空而去。钱财有何意义,传之子孙,也没有听说可以几代不败的。"接着,荣德生提到他在南通修建的一座大桥。早在 1934 年,荣德生 60 大寿,他发愿在无锡、常州一带,造桥百座以惠乡里,历数年建成大小桥梁

88座，其中一座宝界桥，全长375米，宽7.6米，60个桥墩（以示60大寿），时称"江南第一大桥"。荣德生对钱穆说："一生唯一可以留做身后纪念的就是这座大桥，回报乡里的只有此桥，将来无锡人知道有个荣德生，大概只有靠这座桥。"①

就在他们促膝交谈的那段时间，申新纱厂的经营正让荣德生焦头烂额。他连维持生产的流动资金都无法凑齐，向国有银行申请购棉贷款手续繁杂，不仅缓不济急，而且得贷很难。在这种情况下，荣家只好靠抛售期货来换取部分现金，可是栈单抛出后，棉花不易及时补进，花价却天天上涨。所以空头栈单抛得越多，亏得越大，而且到期客户来提货，很多不能兑现，所谓"生意"，已是穷途末路。

所以，荣德生的悲观，并不仅仅因为对生命无常的感叹，更是对当时经济和国事的茫然。对于企业家群体而言，那真是一个没有未来的春天。

自从内战开打以来，国民党的局势江河日下。开战之初，国共军队的兵力对比是430万比127万，前者的装备远远优于后者。更重要的是，它拥有整个国家机器以及得到了美国政府的支持，所以，蒋介石曾预言："在3~6个月内，就可以消灭共产党。"可是，国军几乎每战必败，节节溃退，美国顾问巴大维将军的观察是："自我到任以后，没有一仗是由于缺乏军火装备而被

▲ 国民党的装甲部队

---

① 钱穆著，《师友杂忆》，北京：生活·读书·新知三联书店，2005年版。

打败的。"① 到 1947 年秋天，解放军已经控制了东北和中原的大部分地区，国共兵力对比改变为 365 万比 249 万，国民党人的乐观气焰荡然无存。

1948 年的中国，是真正意义上、最混乱的国家。它符合一个"坏时代"的所有特征——让人回想起 1910 年前后的晚清：人人知道这样下去是不行的，甚至很多人都明白好的道路、好的办法应该是怎样的，然而，就是无法改变现状，于是，只能眼睁睁地看着自己和这个时代一起沉沦下去，终而同归于尽。在这种泥沙俱下的坏时代里，越是激烈的变革越容易导致局面的进一步恶化。

早在战事初起的 1946 年 9 月，《大公报》主笔王芸生就在《中国时局前途的三个去向》一文中描述了当时的经济现状："一面倒地靠洋货输入，国家的财政又一面倒地靠通货膨胀。物价狂涨，工资奇昂，人民憔悴，工业窒息，独独发了官僚资本与买办阶级。政府天天在饮鸩止渴，人民天天在挣扎呻吟，如此下去，则洪水到来，经济崩溃，已经不是太意外的事了。"《观察》的创办人储安平则在 1947 年 3 月的社论中对社会各阶层进行了分析："现政权的支持层原是城市市民，包括公教人员、知识分子、工商界人士。现在这一批人，没有人对南京政权有好感。国民党的霸道行为作风使自由思想分子深恶痛绝；抗战结束以来对公教人员的刻薄待遇，使他们对现政权赤忱全失；政府官员沉溺于贪污作弊，他们进行种种刁难，使工商界人士怨气冲天；因财政金融失败以及内战不停而造成的物价暴涨，使城市居民怨声载道。"

王芸生和储安平所描述的景象，在后来的两年里一点也没有得到改观。接替宋子文出任行政院长的是蒋介石的长期幕僚长张群，他虽然也力图变革经济，但是，却始终成效甚微，不得其法。随着战事的推延，财政状况变得越来越恶劣，国库收入仅占支出的 5%，军事开支的比重高到

---

① 据巴大维将军在 1948 年 11 月 16 日给美国政府的报告。

惊人，仅东北军费就占了支出总额的40%，政府财政实际已经破产。

市场的表象，反映出来的就是无法控制的通货膨胀。国统区的物价如同一匹脱缰的野马。

1947年7月24日美联社发了一条电讯，它给出了一个很具讽刺意味的物价比较：法币100元可买的物品，1937年为两头牛，1938年为一头牛，1941年为一头猪，1943年为一只鸡，1945年为一条鱼，1946年为一只鸡蛋，1947年则为1/3盒火柴。

据《大公报》1948年8月16日的统计，以战前的生活指数为比较，8月上半月的食物价格上涨了390万倍，住房价格上涨77万倍，衣着价格上涨652万倍，比7月下半月平均上涨90%。为了表达具象化，当天报纸用花边新闻的方式圈出一条短讯："大饼油条，每件10万元。"《观察》杂志在《7个月来的中国经济情势》一文中也给出了相同的数据分析："8年多的长期抗战，物价不过涨了2 400倍。胜利迄今还不满3年，上海物价较之民国三十四年（1945年）却已涨了1.4万倍。尤其今年以来，更是惊人。7月第三周的物价总指数为战前的478万倍，较之去年12月最后一周上涨30倍。纺织、燃料、食物这些主要必需品价格的剧烈上涨，是人民生活负担加重，造成人心恐慌的由来。"[①]

以今视之，1948年的恶性通货膨胀是由下述四个原因综合造成的：

第一，也是最重要的一条，就是财政收支不平衡。入不敷出，财政只好全靠发行新钞票支撑。1947年，法币发行量达30多万亿元，为上一年的10倍，比1945年则增加25倍。到1948年第二季度，法币已发行660万亿元，相当于抗战前夕发行额的47万倍。乱发钞票的结果当然只有一个，那就是诱发通货膨胀。

第二，全面内战破坏了生产力，工农业的生产衰落自然导致税源枯竭。为了支持战争，国民经济仍以重工业为主，民生领域百业萧条，因此

---

① 见《观察》1948年第4卷第23~24期。

催动消费类物价的持续上涨。而在农村地区,大量农田成为战场,劳动力被成批成批地征兵入伍,粮食产量持续下滑,农村生产力被破坏到了极点。

第三,吏政败坏,官僚及军阀趁火打劫。各地政府的苛捐杂税加剧了官民矛盾。在河北省,一亩地要出一石捐税,最低的也要五六斗,赋税竟超过了收成。国民党军队每到一地,即由其党政军一体组成"军民合作站",向各村以低于市价一半的价格强征军需日用品,人民因此把国民党改称为"刮民党",并高喊"国民党万税"。金融家资耀华在回忆录中记载说:"中央银行包机向各地运送现钞支付军费,各地军政长官则马上将之转换成黄金美钞,然后又各自私包飞机运回上海投机套卖。中央银行向北运送钞票的专车,有时竟出现行至半途即掉转车头南开的怪事。"[①]国共军队在江苏徐州一带曾长期对峙,这里本非工商业码头,却因成为军事重镇,银行钱庄相继增开分行,套买金钞。

第四,市场分裂,导致原料紧缺。东北和华北平原地区是中国最主要的粮食、原棉和矿物产地,自从这些地区被解放军夺取后,国统区工厂的原料供应顿成难题。据《中共冀鲁豫边区党史资料汇编》显示,当时的边区政府实行了严格的商品禁运出口名单,其中最重要的就是粮棉、牲畜和铜铁金属。1947年,全国的棉花产量为1 100万担,国统区的企业能收到的只有30%,纺织业因此减产两成,其他如橡胶工业和制药工业,停工均达三成,钢铁工业的70%陷入半停产泥沼。像济南这样的大城市,四面都是解放区,形同孤岛。到了1948年年底,随着东北全境和河北唐山被解放,上海的钢铁和煤炭供应全数停摆。为了拯救上海,1949年2月,国民党政府只好委托杜月笙以全国轮船业联合会理事长的名义致电毛泽东、周恩来,请求允许上海轮船到北方港口,以面粉换煤炭。毛、周复电同意,

---

[①] 资耀华著,《世纪足音:一位近代金融学家的自述》,长沙:湖南文艺出版社,2005年版。

杜月笙把30万吨面粉拉到秦皇岛港，换走10万吨开滦煤，这才解了上海的断煤之虞。由此事可见，强弱易位已成不可逆转之事实。

通货膨胀导致民不聊生，怨声载道，国民政府不但在治理上束手无策，而且还打压民主人士和报刊，试图钳制言论。1946年7月11日和7月15日，民主教授李公朴和闻一多在昆明被国民党特务杀害。1947年5月20日，南京爆发6 000名学生大游行，高喊"反饥饿、反内战、反迫害"口号，军警武力弹压，《文汇报》《新民报》和《联合晚报》

▲ 1948年，女工因纺织厂暴动事件接受搜身

不顾禁令如实报道，上海警备司令部以"连续登载妨害军事之消息及意图颠覆政府破坏公共秩序之言论及新闻"为由，下令查封三报，一日封三报，创民国首例。到1948年，几乎所有的自由知识分子都已经心灰意冷，《观察》主笔储安平在这年7月的社论中写道："我们愿意坦白说一句话，政府虽然怕我们批评，而事实上，我们现在则连批评这个政府的兴趣也已没有了……说了又有什么用处？我们替政府想一想，一个政府弄到人民连批评它的兴趣也没有了，这个政府也就够悲哀的了！可怜政府连这一点自知之明也没有，还在那儿抓耳挠腮，计算如何封民间的报纸刊物，真是可怜亦复可笑！"

一个组织——无论是国家或企业——濒临崩溃的边缘，一定会出于本

第四部　1938—1948　抗战与挣扎

能，主动地寻求变革突围，这时候，激进或渐进成为两条可选择的道路。耐人寻味的是，在晚清和民国晚期，统治者都选择了激进道路，而最终的结果就是加快了灭亡的速度。1948年3月29日至5月1日，国民党召开"行宪国大"，宣布"还政于民"，蒋介石当选为中华民国行宪后的第一任总统。为了展示改革决心，他改组内阁，由清誉较高的地质学家、当过经济部部长的翁文灏出任行政院院长。

翁文灏很快组成了一个空前豪华的"博士内阁"，其成员绝大多数是毕业于国际顶级名校的博士，翁文灏本人是比利时鲁文大学博士，其他如外交部长王世杰是伦敦大学经济博士和巴黎大学法学博士，教育部长朱家骅、社会部长谷正纲和粮食部长关吉玉都是柏林大学博士，司法部长谢冠生和最高法院院长谢瀛洲是巴黎大学博士，交通部长俞大维是哈佛大学博士，司法部长王宠惠是耶鲁大学博士，上海市市长吴国桢是普林斯顿大学博士。唯一的"土鳖"是财政部长王云五，他是原商务印书馆总经理、大名鼎鼎的"四角号码检字法"发明者。就是这个由博士精英组成的内阁很快吹响了改革的号角，他们推出一套让人炫目的经济改革"组合拳"，从财政货币政策、产业市场化和治理腐败三个方向同时出击，试图挽大厦于既倒。

这是一个无比大胆的、绝地反攻式的改革冲锋，其过程和结局都是可悲和可笑的。在后世的国际金融史上，它已经成为一个最典型的反面教案。

翁内阁选中了货币改革作为冲锋的战略突破口。他们认为，几年来的无度发行和通货膨胀已经让法币走到了尽头，因此必须进行坚决的币制改革。王云五提议以中央银行所存的黄金证券作保证，发行金圆券以代替法币，实施的办法是以各地行政力量来收兑或收存民众手中持有的黄金、外币，进一步强化管制经济。这个重大方案很快得到蒋介石的同意，在未作任何可行性分析的前提下，就匆忙出台了。

大改革是从1948年8月19日开始的。这一天，国民党召开中央政

▲ 1948年，上海工人蹲在地上数钞票

治会议，通过由行政院提出的金圆券改革方案，当晚即由蒋介石以总统名义发布《财政经济紧急处分令》，先是通过电台向全国广播，第二天，全国各大报刊均予刊登。该令宣布："从即日起，以金圆券为本位币，发行总限额为20亿元，限11月20日前以法币300万元折合金圆券1元、东北流通券30万元折合金圆券1元的比率，收兑已发行之法币及东北流通券；限期收兑人民所有黄金、白银、银币及外国币券；限期登记管理本国人民存放国外之外汇资产。"全国物价一律冻结在8月19日水平，是为"八一九限价"。决策者深知此次改革的重要性，20日的《中央日报》刊发社论说，"要知道改革币制就像割去发炎的盲肠，割得好则身体从此康强，割得不好，则同归于尽"。

与货币改革配套同时推出的，是国营企业的市场化改革。这一议题已经被反复讨论了20多年，早在1947年2月，为了平息因"黄金风潮"而引发的物价、金融风波，政府颁布了《经济紧急措施方案》，首次正式提出了国营事业出售以及国有股份减持的政策方案。但是，具体的实施办法却始终没有出台，此刻大厦将倾，国有股出让才被当作救命的药方开了出来。就在金圆券改革的同时，行政院宣布对中国纺织建设公司、国营招商局、台湾糖业公司、台湾纸业公司以及天津造纸纸浆公司等五家大型国有企业进行股权的市场化改组，首先将之改造成股份有限公司，然后向公众出售30%的股份。这五家企业是当时国内规模最大，影响力也最大的国营企业。由于形势急迫，五大公司的改组在短短一周的时间内就匆匆宣告完成，再次显示国家力量的高效与粗糙。

在翁文灏等人看来，出售五大公司的国有资产将达到两个战略目标，一是推动国有企业的市场化改造，二是作为金圆券改革的配套措施。根据他们的计算，五大公司的股份转让总金额是金圆券5.64亿元，折合成法币为1 700万亿元，这几乎相当于金圆券发行总额的1/4。以这些实体资产为"实物性储备金"再加上国库里的黄金，足可以保证金圆券的成功以及提升民众的收兑信心。

翁文灏和王云五等人深知，无论货币或产权改革，能否获得成功，关键在于吏治的改革，也就是能否遏制全国的投机力量，把物价真正控制在"八一九限价"上。这时，翁文灏的"博士内阁"得到了一个强大的支持者，他就是蒋介石的大儿子、时年38岁的蒋经国。就在8月20日当天，他以上海经济管制区副经济管制督导员的身份抵沪（督导员由中央银行总裁俞鸿钧兼任），督战全国最大工商业城市上海。举国皆知，改革成败，全系于蒋大公子的上海一役。

蒋经国——这位后来的台湾经济奇迹缔造者对党国腐败已是深恶痛绝，在他的身边团结了一批国民党内部的青年精英。他以青年革命者的姿态出现在上海滩，其意气风发让人想起21年前那个骑着高头大马来到这里的黄埔军人蒋介石，他似乎要在这里重现父辈的光荣，并由此确立在中国政坛的地位。蒋经国在兆丰公园（今中山公园）举行了10万青年大检阅，宣告成立由3 000人组成的"行政院戡乱建国大队"和"大上海青年服务总队"，会后举行了声势浩大的示威游行，100多辆摩托车开路，几十辆轻型装甲车和1 000多匹战马紧随，后面是数万人的游行队伍，沿路高喊"严格执行八一九限价""不准囤积居奇""打倒奸商""只打老虎，不拍苍蝇"。几天后，他两次率领上海6个军警单位，全副武装地到全市的商品库存房、水陆交通场所进行搜查。为了掌握真实的物价，他微服私访小菜场，抄录当日的蔬菜鱼肉价格。他还成立了11个"人民服务站"，专门接受告密举报。

▲ 蒋经国

上海已经多年不见这样的整肃阵仗，而且，"只打老虎，不拍苍蝇"的口号又实在让人眼亮心动。蒋经国"打虎"是为了达到两个目标，一是控制通货膨胀，以稳定时局，二是打击官僚资本集团，以挽回民心。他自己也深知改革的对象到底是谁，他在日记里写道："自新经济方案公布之后，一般市民对币制的改革以及经济的管制，多抱乐观的心理，而政府人员则多抱怀疑态度。两天来，日用品的价格涨得很厉害。扰乱金融市场的并不是小商人，而是大资本家和大商人，所以要开刀就要从'大头'开始。"

果然，落到他手上的，每只都是"老虎"。

就在《财政经济紧急处分令》颁发的第二天，8月21日的《大公报》刊出记者季崇威的新闻稿《豪门巨富纷纷搜购金公债，隐名之人曾大批抛售股票》，文称："19日上午，有某匿名之人从南京乘夜车抵沪，下车后不洗面不吃东西，匆匆赶到某熟悉证券号，一个上午向市场抛售3 000万股

第四部 1938—1948 抗战与挣扎

永纱（永安纱厂），照昨天股票惨跌的行市计算，此人大约可获利四五千亿元。"

此文一出，市场哗然，币制改革为国家核心机密，竟然有人抢先得悉倒卖获利。蒋经国用枪逼着交易所交出账目，查出19日抛售股票的两个大户，一个名叫李国兰，是财政部机要秘书陶启明之妻。陶启明供出自己是从财政部主任秘书徐百齐处获悉机密消息的，三人迅即被捕，陶启明被处决。另一个大户名叫杜维屏，竟然是中国黑社会老大、蒋介石多年老友杜月笙的儿子。蒋经国居然也不手软，下令逮捕杜维屏，以金融投机罪交特刑庭公开审理，判刑8个月。

小蒋连小杜都敢打，算是动了真格。在随后一个多月里，64名参与投机的商人被关入监狱，舞弊勒索的上海警备司令部稽查处处长张亚民、第六稽查大队大队长戚再玉、囤积居奇的林王公司经理王春哲被公审枪决。蒋经国决心与投机官商血战到底，他发表《上海何处去》的演讲，说："我们相信，为了要压倒奸商的力量，为了要安定全市人民的生活，投机家不打倒，冒险家不赶走，暴发户不消灭，上海人民是永远不能安定的……上海许多商人，其所以能发横财，是由于他们拥有本店制造的两个武器：一是造谣欺骗，二是勾结贪官污吏。做官的如与商人勾结，政府更加倍地惩办！"

在蒋经国的铁腕打击下，上海的物价一度稳定在"八一九防线"之内，市民们乖乖地排队将手中的黄金、美钞换成金圆券。蒋经国在自己的办公室里，日夜轮番接见沪上企业家，一一奉劝他们把硬通货拿出来，否则，一旦发现，严惩不贷，此时在上海的刘鸿生就被他生生"劝"出了800根金条和250万美元。到10月份，上海共收兑黄金114万两、美钞3 452万元、港币1 100万元、银子96万两，合计价值2亿美元。各商业银行也在9月底前将存留的外汇储备向中央银行做了申报。在整个币制改革过程中，上海是收兑成效最好的地区。

蒋经国每打掉一个"老虎"，就好像是在奄奄一息的"党国躯体"上实施了一次电击，他希望有奇迹出现。可是，接下来的一个"老虎"终于是他打不动的了。

9月底，蒋经国在浦东大楼召集沪上的工商业代表开会，重申"打虎"宗旨。与会的杜月笙发言说："犬子维屏违法乱纪，是我管教不严，无论蒋先生怎样惩办他，是他咎由自取。不过，我有一个请求，也是今天到会各位的一致要求，就是请蒋先生派人到扬子公司查一查。"全场目光齐聚在蒋经国身上，蒋经国当即朗声回应："扬子公司如有违法行为，我也一定绳之以法。"

扬子公司的董事长是孔祥熙的长子孔令侃。蒋介石的夫人宋美龄没有生育，对这个大外甥视如己出，最是宠爱。在过去的几年里，扬子公司一直是倒卖外汇、走私商品的最大官倒企业，自金圆券改革以来，它又是上海最嚣张的囤积大户。10月7日，蒋经国终于对扬子公司动手了，他下令搜查扬子公司上海总部并查封该公司的所有仓库。第二天，国内各大报争相报道"扬子公司囤积案"，"清算豪门"之声陡起。

公司被查，孔令侃向宋美龄哭诉。宋美龄专程到沪，把两人约到永嘉路孔宅面谈和解，蒋经国不从，姨表兄弟大吵一场，不欢而散。宋美龄只好去搬最后一张王牌。蒋介石当时正在北平前线主持军事会议，被夫人紧急电召，连夜乘飞机赶回处理家事。他将蒋经国痛骂一通，父子交谈不到半个小时，小蒋就垂头丧气地走出办公室。第二天，上海警察局召开新闻发布会，宣布"扬子公司所查封的物资均已向社会局登记"。而积极报道"扬子案"的《大众晚报》《正言报》被勒令停刊。蒋经国的老部下贾亦斌登门质问蒋经国，扬子案究竟办还是不办了。蒋经国黑着脸，十分消沉地说，我是尽孝不能尽忠，忠孝不能两全啊。

就这样，轰动天下的"扬子案"以如此荒唐的方式落幕，这也意味着蒋经国上海"打虎"行动的戛然终结。扬子公司被"放生"后，蒋经国辛苦建立起来的整肃权威顿时冰散，市场信心瞬间崩溃，从10月起，上海物价再度飞扬。《申报》报道称："黄牛党无缝不钻，长蛇阵随处可见，绒线香烟西药等物无一不被抢购,药房门外占地待顶更属闻所未闻。"民国著名记者、蒋经国的朋友曹聚仁记载,那些日子蒋经国"几乎天天喝酒,喝得大醉,以至于狂哭狂笑。这显然是一场骗局,他曾经呼吁老百姓和他合作,老百姓已经远远离开他了……有的人提起经国,就说他是政治骗子。有人原谅他,说这都是杨贵妃不好,害了他,蒋先生的政治生命,也就日薄西山了"。

"打虎"行动的半途搁浅意味着货币改革的流产,而翁式改革的另外一翼,五大国有企业的产权出让也进行得很不顺利。出乎决策者意料的是,这些"香喷喷"的资产也成了无人认领的"弃物"。

从9月10日到11月初将近两个月的时间里,五大企业股票出售情况相当不理想。总共售出的数额是784.43万元,不到向社会计划出售总数的2%。其中,最多的台湾糖业股份有限公司出售了377万元,但也不到计划向市场出售总数的8%。轮船招商局的股票,仅仅出售了5.4万元,不到计划出售总数的0.02%。而天津纸业股份有限公司可供出售的股票甚至只卖出了4 000元,用当时媒体的描述是"景象颇为凄惨"。

9月27日的上海《商报》发表社论《国营事业股票为何不受欢迎?》,认为"原因不关发售的技术,而在事业组织的本身……不是意料之外,而在意料之中"。因为,"国营事业既把一部分让给人民",就"绝非名义上改为公司组织就可引起人民对于投资的兴趣,人民所愿投资的对象,是一有前途有利益的事业"。接着,这篇社论从三个方面进一步分析了售股遭冷遇的原因。

其一是政府出尔反尔,没有信用。"招商局创设的时候本是国营的,后来改为官商合办,最后又收回国营。而现在又要改回官民合营了。"并且,"每次改变都是政府所主动而民股不能参加意见"。"通商、四明、中实、国货所谓小四行者也,本来都是民营银行,政府参加后改为官商合营,现在要把官股收回再改为民营。如此一再更张,投资者觉得毫无保障",因此怎么可能"踊跃参加"？

其二是国营事业效率差，与民营事业无法相比。"国营事业的行政效率，往往比不上民营事业，这是尽人皆知的事实而不容否认的。国营事业既是事业，事业就要讲求效率。而政府偏偏从种种手续上使国营事业不便讲求效率，岂不是事业本身的损失？至于因此而浪费人力物力财力，更非民营事业所能想象……公司组织的事业，而有官僚化的制度，投资者当然要望而却步了。"

其三是中国的国营事业获得政府的协助少，而为政府尽义务多，改为官商合营企业后，投资者也要跟着赔累。"例如中纺公司对于布的供应，台糖公司对于糖的供应，招商局对于军差的供应，都是民营事业所轮不到的"，但"政府一纸命令，国营事业便首当其冲"。而且，"据说现在的国营事业为了替政府服务，赔累甚多，而对于社会的服务往往顾此失彼，现在改了公司组织，大权仍在政府手中，若是还要公司赔累的话，那投资者岂非也要受累在内"？投资者有了顾虑，对于国营事业的投资当然会"蹉跎不定了"。

这一番分析基本上反映了当时企业家及普通投资者对改革的判断，其背后其实就是两个字——"失望"，对过去失望，对现在失望，对未来失望。从一项重大变革的推出时机，可以清晰地判断出主政者的改革诚意与决心，也从而决定了它的成败。此案对后世的启发在于：其一，任何改革都必须建立在信心、信任和信托的基础之上；其二，涉及国有资产的市场化改革宜在宏观景气上扬及政策稳定的前提下进行，如果等到经济危机总爆发或时局发生大动荡，则成效甚微，甚至会产生致命的负面效应。

至此，轰轰烈烈的经济改革全盘惨败。

11月1日，行政院无奈之下只好同意开放粮食价格，限价政策全面瓦解。第二天，翁文灏公开承认经济改革失败。他表示，政府在平衡收支、阻止资金外流、取缔高利贷、增加银行存款等所有方面均无建树，他

▲ 1948年上海街头排队用纸币兑换金条的人群

和王云五分别引咎辞职。同日，蒋经国在上海做告别演讲，他说："检讨七十来天工作，深感新的力量尚未成熟，而反动势力已结成一条战线，狼狈为奸。我们有高度的情绪，坦白的胸怀，但尚缺乏斗争经验，不足以对付老奸巨猾的经济敌人。"言罢，蒋经国黯然离沪。他后来施展自己的抱负，创造了"东亚四小龙"的台湾经济奇迹，不过这已是整整30年后的事情了。

金圆券改革失败的后果是灾难性的。翁内阁倒台后，经济重新陷入混乱，通货膨胀呈现报复性上涨的态势，物价狂涨速度甚至超过改革前。以上海的食品为例，在8月23日，每袋大米（计171磅）售价20元金圆券，每袋面粉（计49磅）售价7元金圆券，食油每22加仑售价58元金圆券，到11月6日，已分别上涨到240元、73元和550元，升高10倍左右。《申报》报道，上海正泰新棉布店，最多一天换了16次牌价，职员一个月的工资只能买一块肥皂。11月10日，首都南京发生了大规模的抢米风潮，警察开枪都不能禁止疯狂了的市民，当日有22家米店遭劫。金圆券以无与伦比的贬值速度，成为中国乃至世界货币史上的一则笑话。①

以经济治理的角度客观分析翁内阁的此次激进改革以及蒋经国在上海70多天的"打虎"，可以说，这是一场注定要失败的理想主义式挣扎。让人意外的仅仅是，它竟以如此快速而无耻的方式完结。

以当时财政收入的羸弱，试图用金圆券替代法币的办法来稳定物价和人心，根本就是异想天开的"豪赌"，再加上国民党军队在战场上的节节溃败，改革失败只是时间和方式的问题而已。张公权日后便分析认为："政府孤注一掷地把它的政治威信和前途押在那次短命的货币改革，即实行金圆券方案上。这只足以说明，政府的政治力量已不复存在，人民对它的信心已扫除净尽，从而加速其最终的垮台。"②

蒋经国在上海的"打虎"，是国民党系统内的青年精英拼力拯救政权和经济的最后一战，在操作层面上，它有很多可以商榷的地方。最重要的一点是，管制有力而供应不足。蒋经国用口号、冲锋枪和"打老虎"强制性地压住了物价的上涨，但是，却没有在增加供应上下功夫。而他逼着工厂和商店把商品拿出来销售，事实上转嫁了改革的成本，造成企业家或陷入停产或阳奉阴违。锦江饭店创始人董竹君在自传《我的一个世纪》中描述了她的应对之策："当时我的办法是，借进金圆券囤积货物，一等金圆券贬值、崩溃，我再将存货卖出少许，就能够还清欠款。这样决定后，就断然采取冒险挽救锦江的紧急措施，到处拉借友人换来的金圆券，冒险囤货，但又怕别人走漏消息，只好偷偷地将买进足够一年用的存货存放别

---

① 20世纪40年代的货币泛滥和通货膨胀是十分夸张的。《上海解放前后物价资料汇编》一书有过一个统计：若1937年6月（"七七事变"前）的货币发行额为100，1945年8月的发行额就为2.82万，1948年8月为4 707万，1949年5月则为14.45万亿；上海的物价指数若1937年6月为100，1945年8月的指数为864万，1948年8月为5.64亿，1949年5月为36.3亿×100万。国家混乱，无以复计。

② 张公权著，杨志信译，《中国通货膨胀史》，北京：文史资料出版社，1986年版。

第四部　1938—1948　抗战与挣扎

处,又偷偷在半夜做好两套账目,以防万一税务局查账。"[1]董竹君的做法在当时非常普遍,这显然违规,如果被抓住一定遭到法办,但却让她在大灾害中劫后余生。我们在下一章节即将看到,一年多后,陈毅和陈云在整肃上海时便汲取了蒋经国的教训。

货币改革的唯一"建设性后果",是意外地促使了人民币的诞生。金圆券的滥发导致全国金融市场极不稳定,11月6日,中共冀鲁豫边区下令严禁金圆券的使用与入境,并停止金银自由买卖。同时,中共中央决定改变各解放区各自发行货币的办法,成立中国人民银行,发行统一的货币,它被定名为人民币。

11月6日,储安平在《观察》上发表社论《一场烂污》,算是给这场荒唐不经的经济改革撰下了墓志铭,他写道:"在全国空前骚动、朝野争战多日之后,政府终于放弃了他那'只许成功不许失败'的限价政策……过去一个月真像是一场噩梦!在这一个月里,数以亿计的人民,在身体上、在财产上,都遭受到重大的痛苦和损失。人民已经经历到他们从未经历过的可怖的景象。他们不仅早已丧失了人生的理想、创造的活力,以及工作的兴趣,这次,又丧失了他们多年劳动的积储,并更进一步被迫面临死亡。每天在报上读到的,在街上看到的,无不令人气短心伤。饥馑和恐怖、愤怒和怨恨,笼罩了政府所统治着的土地。地不分东南西北,人不分男女老幼,没有一个人相信这个'金圆券'。抢购抢购逃卖逃卖,像大洋上的风暴,席卷了整个社会的秩序。抢购是一种'贞言的反叛',这是20年来中国人民受尽压迫、欺骗、剥削,在种种一言难尽的苦痛经验中所自发的一种求生自卫的行为……

"严格地说来,要以改革币制来解放中国当前的经济危机,本来是个幻想。发行法币的是这个政府,发行金圆券的也是这个政府,这同一个政

---

[1] 董竹君,《我的一个世纪》,上海:生活·读书·新知三联书店,2008年版。

▲ 1948年，舞厅女招待抗议从业费提高

府，法币的信用既然不能维持，难道金圆券的信用就能维持了吗？有人认为这次的改革币制和最近的放弃限价，都是为了人民。实际上真是如此吗？老实说，无非因为当前的经济情景实在不太像样，有点可怕，假如不改，恐怕政府要站不住了！改吧，改吧，乱七八糟先改它一下，暂时麻醉一下人民；后来弄到全国抢购，乖乖不得了，看上去可能要出什么乱子，威胁政权，所以只好放弃限价。这一切，说得漂亮是解除人民的苦痛，骨子里还不是要安定自己的政权？

"而在改革币制时，政府命令人民将平时辛辛苦苦积蓄的一点金钞，一律兑成金圆券；政府只要印刷机器转几转，可是多少老百姓的血汗积蓄，就滚进了政府的腰包里去了。政府拿这些民间的血汗积蓄，去支持他的战乱，使国家所有的一点元气，都送到炮口里轰了出去！上海的老百姓都在回想他们在敌伪时期所经过的一切，日本人管得再凶，也没有弄到连饭都没有吃，连买大便纸也要排队的程度；日本人逼得再紧，也没有把民间的金银收完——就靠这点元气，胜利后各地慢慢恢复各种小工商业的活

第四部 1938—1948 抗战与挣扎

动。现在呢，一切完了，一切完了，作孽作孽，每一个吃亏的老百姓心底里都在诅咒，有一肚皮眼泪说不出来！

"70天的梦是过去了，在这70天中，卖大饼的因为买不到面粉而自杀了，小公务员因为买不到米而自尽了，一个主妇因为米油俱绝而投河了，一个女儿的母亲因为购肉而被枪杀了，还有不知多少悲惨的故事报纸上没有传出来。我相信这些人都是死难瞑目，阴魂不散的。许多良善的小市民，都听从政府的话，将黄金白银美钞兑给了政府，可是曾几何时，现在的金圆券已比'八一九'时期打了个对折了！惨啊！惨啊！冤啊！冤啊！一个只要稍微有点良心的政治家，对此能熟视无睹，无疚于中吗？"

最后，储安平用决裂般的口吻给出了结论，这既是对金圆券改革的盖棺之论，也是对南京国民政府执政20年来的一次总清算："70天是一场小烂污，20年是一场大烂污！烂污烂污！20年来拆足！烂污！"

如储安平所言，国民党在1948年的经济总失败，其实是政治和军事总失败的一部分。那是一个缺乏承诺感的年份。政党对民众、军队对平民，甚至国家对国家，一切关系都显得那么虚伪和脆弱。

国共对决到了最后的关键时刻。

从入秋以来，国共进行了三次具有决定意义的大决战，世称"三大战役"，分别是：9月12日到11月2日的辽沈战役，东北全境解放；11月29日到1949年1月31日的平津战役，华北基本解放；11月6日到1949年1月的淮海战役，长江以北地区基本解放。三大战役，共歼俘国民党军队154.7万人。蒋介石政权大势已去。

1948年11月11日，也就是金圆券改革宣告失败10天后，追随蒋介石20多年的"文胆"陈布雷在日记中写道："不但怕见统帅，甚且怕开会，自己拿不出一些主意，可以说我的脑筋已油尽灯枯了……"第二天晚上，陈布雷写下11封遗书，吞服安眠药结束生命。《观察》在评论中写道："陈布雷敢于在自杀之前，以'停止戡乱，放弃独裁，绝交孔宋'三事直言相谏，谏之不从，以死明志。"①

陈布雷死后一个多月，12月17日，是北京大学50周年校庆日和胡适57岁生日，蒋介石夫妇在南京黄浦路官邸专门设寿宴款待胡氏夫妇。耳热酒酣之间，有人奉蒋介石之意恳请胡适"替政府再做些外援的工作"，胡适当场板下脸来说："这样的国家，这样的政府，我怎样抬得起头来向外人说话？"酒席热情顿时冷到零下。

1949年1月9日，空前惨烈的淮海战役结束，华东战局抵定。14日，解放军用29小时攻下天津，接着和平解放北平。1月21日，蒋介石宣布下野。4月21日，解放军百万雄师过长江，占领国民政府首都南京。毛泽东赋诗一首，电传江南前线，最后两句曰："天若有情天亦老，人间正道是沧桑。"②5月25日，中国最大的工商业城市上海解放。

年底，蒋介石和他的国民党政权逃遁台湾。他带走了277万两国库黄金和故宫里的大部分国宝，此外还开出一张长长的名单，其中包括当时中国最重要的知识分子和企业家。

可是，很多知识分子选择了留下。以1948年9月中央研究院选出的第一届81位院士为例——他们是当时中国最具标志意义的知识分子和科学家，跟着国民党到台湾去的只有9人，去美国的12人，留在大陆迎接解放的达60人，如冯友兰、郭沫若、陈寅恪、李四光、马寅初、梁思成等，占院士总数的74%。后世的台湾史家李敖一言以蔽之，曰："蒋介石想搬知识分子，但信誉破产，知识分子不跟他了。"③

---

① 见《观察》第5卷16期，1948年12月11日。

② 这首《七律·人民解放军占领南京》是毛泽东写于1949年，纪念南京解放、庆祝革命胜利的诗篇。全诗内容为"钟山风雨起苍黄，百万雄师过大江。虎踞龙盘今胜昔，天翻地覆慨而慷。宜将剩勇追穷寇，不可沽名学霸王。天若有情天亦老，人间正道是沧桑"。

③ 李敖著，《李敖议坛哀思录》，李敖出版社，2007年版。

很多企业家也选择了留下。卢作孚留下了。荣德生和荣毅仁留下了。刘鸿生留下了。简玉阶留下了。

10月1日,中华人民共和国成立,改北平为北京,定为首都。时年56岁的毛泽东在天安门广场上对世界宣告:"中国人民从此站起来了。"

第五部

1949—1958
沸腾的开局

1949

两陈治沪

一切愿意新生的
到这里来罢
最美好最纯洁的希望
在等待着你!

——胡风:《时间开始了》,1949 年

国民政府上海地方法院在停止运作前的最后一个被告,是荣德生的四子荣毅仁。1949 年 5 月 25 日,该院公开审理荣毅仁"军粉霉烂案"。也就在这一天,解放军攻进了上海城。

荣案是一个"乌龙案件"。从 1946 年 11 月起,荣家为粮食部代购代储军粮,并负责运输到北方战场。在辗转运输过程中,各经手官员上下其手,优劣杂混,到士兵手上,有的已成霉烂的面粉。1949 年 4 月,国民政府监察院以"侵占公有财物""不计调换折扣的耗损,侵蚀利己"等罪名起诉荣毅仁,指责他把霉烂的大米卖给政府,结果导致了东北战场的失败。荣家百口难辩，只好等待法庭审理。

解放军进城，荣案不了了之。

上海解放。一个叫范因克（Finch）的美国记者报道了他看到的景象：法租界内的大世界歌舞厅，本城最大的娱乐场所，竖起了一幅巨大的毛泽东画像，人们花了好几个星期才制作成功。建筑物顶上出现了红旗，并在店铺门外飘扬。而在22年前，同样热情洋溢地悬挂着的是国民党的旗帜。有些热情的市民一时间找不到合适的旗帜，就急忙将"青天白日满地红"撕去青天白日，制成红旗。欢呼雀跃、轻松舞蹈的学生们在大街上扭起了秧歌，这种粗犷的西北舞蹈正风靡大江南北。范因克最后说："整个景象

▲ 解放军官兵与市民扭着秧歌欢庆解放

就如同带有马克思主义烙印的好莱坞电影翻版。"①

3天后,第三野战军司令员、率军攻克南京的陈毅到达上海。这位比蒋经国年长10岁的大将军刚刚被任命为上海市市长,他将承担安定中国最大工商业城市的重责。几乎同时,毛泽东将陈云从东北调进北京,出任中央财政经济委员会主任,主管全国经济的重振与规划,7月17日,履新不久的陈云抵沪。两陈并肩,开打新中国的第一场经济战役。

当时,尽管全国性战事已经平息,但是物价上涨势头仍未遏制。以全国13个大城市1948年12月的批发物价指数为100计,1949年1月上升为153,4月为287,7月为1 059,11月达5 376。民间企业家对实业毫无信心,资本大多用于投机,北京、天津两市200家银行钱庄中96%的资金直接或间接从事投机活动,资本规模极为庞大。全国经济混乱的"龙头",自然就是上海,其规模、人数、实力远非京津所能相比。就在1949年5月前后,上海24个商品交易市场和30多个茶会市场,也都被利用来大搞投机活动,全市200多家私营银行、钱庄全部在从事金银外币、证券股票等投机买卖,加上金号、证券号、银楼、钱兑业,以及地下钱庄和职业性的金钞贩子、银圆贩子等,全市的金融性投机活动者竟达30万人之众。

在疯狂的投机中,不但原来的国统区物价乱涨,连解放区也受到通货膨胀的困扰。1949年,新政府全年支出军政费用、救灾费用及抢修铁路等经费共达567亿斤小米,而当年财政收入仅303亿斤小米,财政赤字达264亿斤小米。刚性支出庞大,也只好靠发行钞票来解决,人民币的发行额直线上升。一年之内通货增加160倍,到1950年2月则增加270倍。

全国要稳定,首先物价要稳定,而物价稳定的关键,无疑就是上海。

两陈与上海都有渊源。陈毅早年赴法国勤工俭学,就是从上海离国

---

① 转引自[美]魏斐德著,芮传明译,《上海歹土》,上海:上海古籍出版社,2003年版。

的。抗战期间他长期在华东一带坚持游击战,鏖战间歇,还能写出一手豪情四溢的古体诗,是共产党内出了名的儒将,他的长兄陈孟熙曾担任国民党上海警备区政治部主任。陈云更是上海青浦人,早年在张元济的商务印书馆做过学徒,也在这里练出了一手叮当作响的打算盘功夫,号称党内第一算盘手。①

全中国的工商业者都盯着这两位会写诗和打算盘的中共将领,上海考验着共产党人的治理能力和治理模式。

在当时的国内外舆论里,有一个声音似乎是共识:共产党打仗是第一流的,治理经济恐怕不入流。日后,荣毅仁回忆说,他当时便认为"共产党军事100分,政治80分,经济打零分"。美国国务卿艾奇逊在写给杜鲁门总统的信中也说:"中国人口在18~19世纪增加了一倍,因此使土地受到不堪负担的压力。人民的吃饭问题是每一个中国政府碰到的第一个问题。一直到现在,没有一个政府使这个问题得到解决。"

两陈此时面临的上海经济局面,与一年前蒋经国"打虎"时完全相似,是恶性通货膨胀前提下,货币市场与商品市场的两重混乱。蒋经国的办法是,用金圆券换法币,然后用口号和冲锋枪强行弹压商品投机交易,而其结局是惨败。这一回轮到陈毅和陈云来展现治理才干了。

从1949年5月进城到1950年年初,"两陈"与上海的投机商人围绕货币和商品,面对面地打了三次场面激烈的攻防战。

第一仗是银圆大战,金融投机商在此役中全军覆没。

上海解放当日,陈毅就颁发布告:自即日起,以人民币为计算单位,人民币与金圆券的兑换比例为1∶100 000,在6月5日前,暂准金圆

---

① 1981年,长期担任中国佛教协会会长的赵朴初曾赋诗描述陈云的算盘功夫,曰:"唯实是求,珠落还起。加减乘除,反复对比。运筹帷幄,决胜千里。老谋深算,国之所倚。"

券在市面上流通。因为金圆券已成废纸,所以兑换的工作进行得很顺利,到6月3日,收兑的金圆券已堆满了所有的银行库房,装运的汽车从外滩沿九江路排到了四川路。可是,金圆券收上来了,人民币却下不去。

多年的恶性通货膨胀,使得市民对纸币失去了信心,投机商乘机炒作"黄白绿"——黄金、银圆和美钞,其中银圆俗称"袁大头"或"孙大头",指民国期间铸造的两种银圆,分别因印有袁世凯和孙中山的头像而得名——成为主炒对象。在5月底和6月初的10天里,银圆价格暴涨了将近两倍,受此影响,上海的批发物价指数随之上涨两倍多,大米和棉纱涨了一倍多,南京路上的四大百货公司开始用银圆标价,其他商店闻风而动,相继仿效,拒用人民币。

解放军进了上海城,可是人民币却进不了南京路,这自然成了国际笑话。一开始,军事管制委员会采取了抛售银圆的办法,可是,10万银圆抛

▲ 解放军某部行经上海国际大饭店

出去，马上被投机商吃进，如泥牛入海。此时还坐镇北京的陈云意识到，我们"在金融上所遇到的敌人，已不是软弱的金圆券，而是强硬的银圆"。他判断，如果用正常的抛售办法对抗，势必牵动全国的货币市场，造成全国游资围攻上海，形成决战的态势，不要说我方未必有那么多的银圆可以攻防，即便足量抛售，局面也是大乱。所以，他与陈毅商量，决定采取断然的军事手段。

6月8日，军管会通过报纸、电台进行阵前喊话，敦促投机商停止对银圆的炒卖，要求商家接受人民币。10日上午，上海市警备司令部司令员宋时轮亲自出动，带领全副武装的军警分五路包围了设在汉口路422号的上海证券大楼。此楼建于1934年，高八层，曾是远东最大的证券交易所，抗战结束后，经国民政府批准登记的证券字号有234家，在全国证券金融市场上的地位极其显赫。

证券大楼被攻占的经过是这样的：早在9日，公安局已派人化装进入大楼，了解情况，熟悉地形，并确定了一批应予扣押审查商家的名单。10日上午8点，200多名便衣警察按预定部署进入证券大楼，随后分5个组控制了各活动场所和所有进出通道。两个小时后，一个营的警卫部队乘十辆大卡车到达大楼，对整个建筑物实行军事包围。同时，分布在楼内各场所的公安人员亮出身份，命令所有人员立刻停止交易活动，就地接受检查。当时大楼内共2 100多人，

▲ 1949年，上海黑市投机商被处决

从上午到午夜12点，公安人员分头搜查了每一个字号，并登记了所有封堵在大楼内的人员名单及财物；然后命令全部人员到底层大厅集中，听政府代表训话；会后，当场扣押234人，移送人民法院审判，其余1 800多人被陆续放出。

在当时报纸上，一个叫张兴银的金融业主成了"奸商"的典型："他的办公室在4楼265号，外挂招牌寿昌金号，屋内单是电话机就有25部，密密麻麻的电话线像蜘蛛网一样，从门外沿着天花板伸到屋外。房间内还藏着许许多多的暗号和密码，同四面八方联系。墙壁上挂着一个证明书，是由国民党财政部部长俞鸿钧签署的。在旁边则挂着一个红纸表格，好像军用地图用来指挥作战，上面写着4个项目8个大字：黄金、美钞、袁头、孙头，每个项目下面，都用白粉水笔注明买进卖出的价格。"在进行了如此详细的现场描述之后，记者肯定地说："这显然是金融战线上一座奸商的前线指挥所。"①

上海证券大楼被突袭，所有的银圆炒卖活动顿时停止。随后，全国各地的证券交易场所全数遭查封，"资本市场"从此退出了中国的经济舞台。而对上海来说，民间的金融活动被彻底取缔，意味着上海作为亚洲金融中心的功能被摘除，香港取代了它的地位。在此后半个多世纪的时间里，它成了单纯的轻工业和商业中心，证券交易所重新回到上海滩，将是整整41年后的事情。

银圆大战打完后，接着上演的是纱布大战，这又关乎上海最重要的实体产业。

"战事"的起端还是因为全国物价的动荡。根据陈云给中央的报告，1949年的前8个月，关内（除东北地区外）的货币发行额从185亿元增加到了4 851亿元，增加了25倍，四季度还要再发行8 000亿元，其中

---

① 转引自孙业礼、熊亮华著，《共和国经济风云中的陈云》，北京：中央文献出版社，1996年版。

4 000亿元用于收购棉花和纱布等物资。因此,制止物价上涨是不可能的,而且有"剧烈跳跃之可能"。果然如他所料,物价在开国大典前后,稍稍稳定了一下,从10月15日起,沪津先导,华中、西北跟进,人民币大幅贬值,物价猛烈反弹。不出一个月,京津涨1.8倍,上海涨1.5倍。在所有上涨商品中,最具指标意义的就是政府收购的纱布,而主战场便在上海。

上海从来就是全国棉纱和棉布的生产和交易中心,与1937年相比,上海棉纱字号从60家发展到560家,棉布字号从210家发展到2 231家,此次,贸易投机商集中攻击纱布,上海的棉纱价格在不到一个月的时间里上涨了3.8倍,棉布上涨3.5倍,因此,拉动了其他商品价格的上扬。

棉纱与银圆不同,无法用查封全部交易行的方式来解决。陈云用的办法是增加供应,举全国之力解决上海问题。

从11月13日起,已从北京南下坐镇上海的陈云给各地密发12道指令。他命令长江中游的棉花和纱布中心汉口将纱布囤积并秘密东运,西北地区将陇海路沿线的纱布尽速运到西安,华北的纱布则聚集在京津;各地由政府控制的贸易公司,暂时停止交易,将纱布调集到中心城市待命;各工矿投资及收购资金全数暂停支付,由中财委统一掌握;同时,电令人民银行总行及主要分行,除特殊许可外,一律停止所有贷款。陈云的这些指令都在第一时间上报中央,周恩来在电报上批示:"如主席未睡,请即送阅,如睡,望先发,发后送阅。"毛泽东历来有晚睡习惯,对此事十分关注,每件必复,宛若在指挥一场决定生死的军事战斗。

经过一段时间的紧张准备,大量物资集结完毕,两陈掌握了充足的纱布,于是开始发动总攻击。陈云在战前还告诫说:"如出现市场大乱的情况,只要我们确已紧缩货币发行,物价指数已涨达两倍则不必恐慌。那时,粮、油、盐等照正常门售量售出是需要的,但过多的抛售则不必要。"[1]

---

[1] 陈云著,《陈云文选》(第二卷),北京:人民出版社,1995年版。

11月25日，陈云命令全国采取统一步骤，在上海、北京、天津、武汉、沈阳和西安等大城市大量抛售纱布。

开始时，上海等地的投机商一看有纱布售出，即拿出全部资金争相购入，甚至不惜借高利贷，在过去的20年里，几乎没有人因为囤积物资而吃过亏。当时上海的借贷甚至出现了以日计息的现象，号称"日拆"，几乎陷入疯狂。然而，这一次他们碰到了真正的对手，各地的国营花纱布公司源源不断地抛售纱布，而且一边抛售，一边降低牌价。投机讲究的是买涨不买跌，投机商眼看

▲ 陈云

国营公司的纱布汹汹然地抛出，似乎下定了死战的决心，便先有了怯意，而他们又是一盘没有组织的散沙，如何与一个强悍的国家机器对抗？于是，有人预感到大事不妙，开始悄悄抛出手中的纱布，这消息立刻以瘟疫传播的速度散发开来，市场局面顷刻间发生可怕的反向翻转。纱布抛得越多，市场行情就跌得越惨，如大江东流不可抵挡，上海的纱布价格竟在一天之内腰斩了一半。

两陈仍然穷追不舍，他们又发出三道指令，规定所有国营企业的钱一律存入国营银行，不得向私营银行和民营企业家贷款；规定私营工厂不准关门，而且要照发工人工资；同时在这几天里加紧征税，税金不能迟交，迟交一天，就罚税金额的3%。有人跟陈云说，这些

▲ 陈毅

第五部　1949—1958　沸腾的开局

招是不是太狠了？陈云说，不狠，不这样，就天下大乱。

数招并下，投机商两面挨打，资金和心理防线同时崩塌，顿时溃不成军，不得不派出代表要求政府买回他们吃进的纱布，两陈乘机以极其低廉的价格购进。经过这番交手，上海的商人元气大伤，有人血本无归，有人因应付不了"日拆"而跳楼自杀，有人远遁香港。

两陈在纱布大战中表现出来的战略能力，让国内外舆论颇为惊艳，他们采用的战法来自毛泽东屡战屡胜的军事思想，即"每战必集中绝对优势兵力，打歼灭战"，"不打无准备之战"。目睹此役的荣毅仁说："6月银圆风潮，中共是用政治力量压下去的，此次则仅用经济力量就能稳住，是上海工商界所料不到的。"[1] 两陈的策略运用还让很多原来看不起共产党的经济学家心悦诚服。当时也在上海的民主人士章乃器在《投机商人赶快洗手》一文中写道："在那紧要关头，像我们这班知识分子就难免要犯主观主义的急性病。我那时曾经一再建议早点下手，对市场施用压力。然而，财经工作的负责人却是那样的沉着、坚定，认为依据通货膨胀数量和物资数量的对比，时机尚未成熟。应该再多准备一些实力。同时，不妨再从市场阵地撤退若干步，以便夺取主动，进行反攻。事后的检讨告诉我们，这种策略是完全正确的。经济上的反攻从11月中旬开始，以五福布为例，11月13日的行市是每匹12.6万元，比较10月31日的5.5万元，已经涨起一倍多。那就是说，倘使反攻提早半个月，两匹布吸收货币回笼的能力，就抵不了半个月以后的一匹。譬如用兵，在敌人深入到达了于我绝对有利的地形之后，一师兵就可以发挥出来两师兵的力量，就有把握可以克敌制胜了。"[2]

纱布大战刚刚鸣金收兵，两陈很快转入第三战，粮食大战。

---

[1] 转引自陈云著，《陈云文选：一九二六——一九四九》，北京：人民出版社，1995年版。

[2] 章立凡选编，《章乃器文集》（第一卷），华夏出版社，1997年版。

1949年秋季，华北粮区遭天灾，庄稼歉收，原本就紧绷的粮食形势变得更加严峻。在筹划纱布大战的时候，陈云就非常担心北方的投机商集中攻击粮价，如果布粮同涨，南北一起开战，将两面受敌，局面难以收拾。他想出一计，在10月20日急电东北，要求每天发一个列车的粮食到北京，在天坛建仓存粮，而且每天必须增加席囤。这一计谋果然非常有效，北方的粮贩子们看到政府手中有粮，而且日渐增多，便不敢轻举妄动。等到纱布战事抵定，陈云转头专攻粮食。

当时上海的存粮只有8 000万斤，仅够市民20多天的口粮，防守力量非常脆弱，各大城市也都面临粮荒。粮食交易市场历来在春节休市，正月初五开盘后会有一波行情，俗称"红盘看涨"。上海的粮商们都把眼睛盯在那个开盘日，在整个12月，他们大量囤进粮食，把全部资金都压了上去，眼看，这将是一场最后的豪赌。

12月12日，中财委召开全国城市供应会议，对全国范围内统一调度粮食进行具体部署。在上个月，陈云已经要求东北每天往京津地区车运粮食1 000万斤，此次更是命令从四川征集4亿斤支援上海，同时要求华中、东北在短期内运粮济沪以应急用。他担心这些粮食还不足以应战，又向中央报告，准备向国外增购4亿斤大米。很快，他在上海周围完成了三道防线的部署，第一道是杭嘉湖、苏锡常一线现有的存粮，第二道是从江苏、浙江和安徽急速运粮，第三道由东北、华中、四川组织抢运。据他的计算，这三道防线合在一起，政府掌握的周转粮食大约有十几亿斤，足够上海周转一年半，同时，京津、武汉等大城市的粮食也得到了大量的补充。

正月初五一到，粮食交易市场上"红盘"开出，出乎所有投机商的预料，粮价不涨反跌，而且连续数日下跌。上海广泛开设国营粮店，持续抛售两亿多斤大米，投机商不得不跟进抛出，损失前所未见。

经此三役，上海的物价开始日渐企稳。自1937年抗战开始以来，困扰了中国经济12年的恶性通货膨胀终于被陈云遏住。到1950年春夏之交，全国的物价基本上稳定了下来。毛泽东对上海的经济战役评价很高,认为它的意义"不下于淮海战役"。中财委副主任薄一波回忆说,有一次,他向毛泽东汇报工作,毛泽东说:"陈云同志有这样的能力,我在延安时期还没有看得出来,可称之为能。"接着,他顺手在纸上写下了一个"能"字。毛泽东熟读古书,这次他借用的是三国诸葛亮的一个典故。诸葛亮在《前出师表》里评价爱将向宠时说,"将军向宠,性行淑均,晓畅军事,试用于昔日,先帝称之曰能"。

比较两陈治沪与经国"打虎",可以看到两个政权的不同:一是政局稳定,事有可为;二是全国一盘棋,以集中供应来打击投机;三是行政效率超高,绝对没有官倒贪腐。

银圆、纱布和粮食三战打下来,两陈打出了威风,也牢牢地握住了上海经济的主动权。与此同时,如何恢复经济以及如何管理这座城市的工商业成为新的关注焦点。

当时面临的局面十分棘手:上海工业陷入半解体状态,1.2万家工厂中只有1/3维持开工,机器业工厂停工八成以上,面粉业由于北运通路不畅,产量只是内战爆发前的1/10。占上海工业产值74%的轻纺业,既缺原料又无销路,陷于半瘫痪状态。实业家们更是人心惶惶,骑墙观望,谁也不敢扩大再生产。工商矛盾空前激烈,工人视业主为"反动派",有人甚至认为,应该像土改一样,把工厂的资产直接分发给当家做主的工人们。

7月24日,就在陈云抵沪一周后,上海遭到30年未遇的特大台风袭击,海堤被冲毁,黄浦江江水倒灌,市区受淹,连市政府大厦都水深过膝,大量档案、税票和凭证被水浸毁。在市政大厅里,一个34岁的青年共产党干部带着一群人,用脸盆和木桶把水清倒出去,然后将浸湿的档案一份份地晾晒烘干。与所有身着黄土布军装的同事们不同,他穿着一条吊带裤,这在朴素而农民气质很重的共产党干部中非常刺眼。他叫顾准,是新上任的上海市财政局兼税务局局长。

这是一个瘦高个儿、戴一副深度黑框眼镜的上海本地人,他出生在南市区顾家湾的一个小商人家庭,父亲开过一家棉花行。他12岁就进了中国第一家会计师事务所立信当练习生,在这里一干就是13年,成了一个娴熟的会计学专家,他编写的《银行会计》一书被商务印书馆列入"大学丛书"出版,并被之江大学、沪江大学聘为会计课教授。顾准于1935年加入共产党,曾任中共上海职业界救国会党团书记,1940年他离开上海到苏南抗日根据地工作,担任过江南行政委员会秘书长、山东财政厅厅长等职,上海解放后,他回家乡出任重要的财税局长一职。据当时的上海市民回忆,1949年前后,沪上最出名的共产党干部有三个人,除了陈毅市长之外,一个是公安局局长杨帆,还有一个就是顾准,原因是"大街小巷到处可以看到他们贴出来的治安和征税布告"。

如果说对投机商人的清算遏制住了通货膨胀的势头,那么,要真正解决经济问题,则有待于实业的恢复,它的难度一点也不逊于前者。顾准采取的办法是"尽快扶植民族工商业,恢复生产,发展经济培养税源,打击偷税漏税不法行动"。他在两年任期内,完成了三项很重要、对全国工商业治理起到了试验性效果的工作。

第一项是重建征税制度。

自晚清到国民政府时期,税制管理一直十分混乱,偷逃现象很严重,逃税越多,税率越高;税率提高,逃税更厉害,形成了恶性循环。顾准实行的是"轻税重罚"办法。为了避免大的动荡,他基本上延续了国民政府的税制体系,同时废除了一些民愤很大的苛捐杂税,譬如保卫团费、保安特捐、新兵安家费等,取消了有重复征收性质的11项捐税,此外陆续颁布了开征货物税、营业税、印花税等9种地方性税种的暂行办法。由于数年的通货膨胀,工厂的账面资产与实际值发生了严重的背离,为合理征税带来了严重的困扰。10月,顾准公布了一项规定,允许私营企业按当时人民币物价重估全部财产价值,从而改正账面资本额,使之接近实际状况。这个办法一公布,受到实业界和会计界的欢迎。

第五部　1949—1958　沸腾的开局

▲ 顾准

为了保证税收的征缴，他借鉴苏联的经验，创造性地设计了财税专管员制度，用他自己的描述是，"全市组织若干个分局，每一个区分局下按地段建立稽征组（后改称税务所），稽征组的每一个税务员专管若干个纳税户"[①]。他对上海的纳税户进行了普查，共查出漏户2.1万个，实得工商纳税户10.78万个，全市设20个区税务局，建立96块专户管理区域。顾准设计的这套税务专管员制度一直沿用至今。

顾准在上海的征税工作很有成效。1949年5~12月，全市的财政收入只有498万元，处于严重赤字状态，根据上级命令，上海必须在1950年的第一个季度通过发行公债和征税的办法收上3 000万元。顾准采取了严查重罚的手段，他回忆说："这种逃税处罚和公债征募同时进行，即使确有税法根据，也可以把逃税户弄得破产。于是，上海资产阶级一方面通过工商联、协商会议等大提抗议，一方面也进行非法抵抗——这一两月中，我收到一大堆匿名恐吓信，以致公安局为保护我的安全起见，给我配备了两名警卫员。"

顾准所说的抗议者中就包括实业大王刘鸿生。他留在上海的过程颇为曲折，他的第六个儿子刘公诚是共产党员，一直劝告自己的父亲留在上海。1949年4月，就在南京被攻克的日子里，刘鸿生在解放区电台里听到了一则专门针对他的广播："请刘鸿生先生留在上海，不要走。解放军保证按照'发展生产，繁荣经济，公私兼顾，劳资两利'的政策，保护刘

[①] 顾准著，《顾准自述》，北京：中国青年出版社，2002年1月版。以下顾准的叙述基本引自该书，不再一一注明。

氏所有工矿企业……"当时，刘鸿生的居所已被国民党上海社会局监控，他被强行胁持到香港。上海解放后，刘鸿生父子避开国民党特务监视，深夜乘太古邮轮离港，先是在北京受到周恩来的接见，得到"共产党将保护民族工商业者的私人财产、民族工商业者可以保留过去生活"的承诺，接着回到上海重新管理所有家业。他的回国在全国工商界引起了很大的震动。他被任命为华东军政委员会委员、华东财政经济委员会委员。此次，顾准的查账重罚还是让他颇有点吃不消，他直接给陈毅写信发牢骚说，公债买了十几万元，现要交款，还要纳税、补税、发工资，存货卖不动，资金没法周转，干脆把全部企业交给国家算了，办不下去了。

尽管遭到部分商人的抵制，顾准的强制手段还是收到了效果，据《上海市财政税务志》记载，1950年全市的税收收入达到6 416万元，比上年增加12.8倍，为舒缓全国财政的紧张做出了重大贡献。①

顾准的第二项重要试验，是在中财委的统一指导下，重构了上海的产供销体系。

对私人工商业进行国有化改造，是一个既定的目标，也是社会主义经济体的特征之一，但是，如何改造，从哪里切入，却是一个很有技术性的命题。陈云的思路是，从流通入手，通过垄断生产资料供应和产成品销售的方式对制造业进行控制。从1949年10月起，中财委就着手建立三个全国性的贸易公司：一是全国性的纺织公司，负责纺织原料和产成品的供应与销售；二是全国性的土产公司，负责各地特产的产销；三是将华北贸易总公司改组为11个专业公司，其中以内地调剂为主的有粮食、花纱布、百货、煤铁和盐业，出口为主的有猪鬃、土产、皮毛、油脂、蛋品，此外设立一个进口公司，各专业公司均按经济区划与交通要道在中小城市设立分支公司，资金和干部统一调度。

---

① 1953年3月1日起，新版人民币发行，新旧币的比价为1元比1万元。此处用的是换算过的新币值。

第五部 1949—1958 沸腾的开局

对每一个重要的原料领域均进行国营化垄断,私人企业均不得从事流通业,违反者被视为"投机倒把"。据曹锦清的研究,江浙一带从1950年4月起,在各县成立供销合作社,统一代理春秋茧的收购业务,私商被禁止向村民收购,从此截断了上海各私营纺织企业的原料供应渠道,迫使它们只能接受国家的加工订货业务。

当原料供应、产品销售被卡住,再加上金融业的彻底国营化,两头一夹,中间的制造企业自然就无法动弹,成了一块被压扁了的"夹心饼干",计划经济的宏大构架因此胚胎初成。陈云认为,对流通的控制——包括商品流通和金融流通,"是逐步消灭无政府状态的手段,通过这种办法,把他们夹到社会主义"[1]。这个庞大的商品供销体系一直运作了几十年,它在早期对共和国经济的重建起到了重要的作用,而随着时间的延续,其内在的体制障碍也最终成为经济运作低效率的根源。事实上,开始于1978年的改革开放就是从流通领域的突围开始的,也即对这一体系的瓦解,"投机倒把"这个罪名在1997年从《刑法》中取消[2]。

陈云认为,要稳定物价和牵住全国产业的牛鼻子,关键是抓住"两白一黑",也就是纱布、大米和煤炭,其中就工业而言,最受关注的当然就是纺织业。它的产值占到当时全国工业总产值的一半左右,而且在这个领域中,民营资本的力量最为强大。所以,在对全国流通市场实施计划管制的时候,它成为第一个对象。早在9月24日,也就是上海纱布大战前的一个多月,中财委召开了全国棉花收购和调配会议,这是新中国成立后的第一个大宗商品计划调配会议。会议对全国各地当年的棉花种植面积、年成、收获量,各地区公私纱厂纱锭数、粗细锭子的比例、全年需棉量,群众自用及手工纺织全年需棉量,各地区当年收购棉花的具体计划及

---

[1] 见陈云在1950年6月6日党的七届三中全会上的发言。

[2] 历史的经验告诉人们,一个完全的市场经济体系必须建立在生产资料市场和金融市场开放的前提之下。在这个意义上,一直到2009年,中国的市场化改革仍在艰难进行中。

部署情况，现有收花机构之组织状况及干部数量，私人棉商及小贩收棉花的情况，各地区棉纱棉布全年需要量等情况进行了一一的排查、分析和计划。这样的棉花大会形成了一个每年必定召开的制度。到12月，中财委又组织召开了全国第一次粮食会议，新华社对此进行报道的电讯标题是——"中国粮食史上"的创举。

在全国的粮棉源头被控制住后，各大城市随即建立起相应的计划管理体系，上海的带头效应当然最受关注。顾准很快行动起来，他成立国营的花纱布公司，私营纱厂不得再自购棉花，自销成品，所有产品均实行统购统销。为了与花纱布公司配套，他自下而上建立了大批国营的供销合作社，还把全市的私营运货车全部取缔，新组成了一个上海搬运公司，它成为交通运输局的前身。他在自述中写道："国营商业控制了重要物资在全国范围内的流通，使得煤炭、建筑材料、粮食等项的私营零售业无法照旧继续下去，国营商业不得不扩大到零售商业范围中去，华东商业部分出一部分力量，组织了几个零售公司，交给上海市管理。以上趋势，还在急速发展，不久就扩大到建筑业范围中去了。"

据计泓赓在《荣毅仁传》中的记载，全国性的棉纱统购政策是在私人企业家的参与和配合下制定出来的。1950年年底，纺织工业部在北京开会，会议期间，商业部副部长姚依林和全国工商联的沙千里、吴雪之邀请赴京开会的荣毅仁在南河沿全国政协俱乐部吃饭，席间，荣毅仁说自己正在琢磨一个问题，他说："我正在想，搞工业的最好让他专心搞工业，着眼生产，贸易的事由国家来搞，比如商业部吧，就专门搞商业。"谈着谈着，你一句，我一言，就谈出了一个统购棉花的主张，大家认为这是个好主意，一时兴起，就喝起酒来，荣毅仁很有酒兴，一杯又一杯地下肚。这次闲谈后的第三天，陈云约见荣毅仁、刘靖基、王建等5名上海私营棉纱厂的老板们谈话，听取具体的意见。在纺织工业部的会议闭幕式上，陈云说："工商界人士提出棉纱统购的意见很好，我们赞成。"1951年1月4日，中财委颁布《关于统购棉纱的决定》，凡公私纱厂自纺的棉纱及自织的棉布，均由国营花纱布公司统购。商业部为此规定了棉纱的分配、销售、加工办法，这样，私营棉纱厂的生产就完全纳入了国家计划的轨道。

当这一严密而广泛的国营计划管理体系建立起来之后，所谓的纱布大战、粮食大战便成绝迹。

顾准的第三项重要试验，是创造性地驱赶了所有的外资公司。新中国成立后，在华外资企业显然成了新经济体制的"不适应者"，它们将如何退出是一个广受关注的事情。

顾准用的办法是提高土地使用的税率，把外资公司一一逼走。他这样描述自己的做法："1949年上海接收后，我们利用1945年以后国民党政府搞起来的地价税，加重税率，对私有土地按估定地价比例征税，国有土地当然是不征税的。征收地价税，谁都提不出反对理由，可是严格征收的结果，凡是地价昂贵土地上的房产收入，都抵不上应付的地价税。仅仅一年多，即到1950年冬至1951年春，许多外国资本家都宁愿把房地产抵交欠税，自己则悄悄溜走了。"他举例说："上海有名的沙逊①，把南京路外滩的沙逊大厦（现在的和平饭店）和旧租界的华懋饭店（现在的锦江饭店）抵交欠税后离开了上海。许多外商银行、地产公司、重要洋行，上海才解放时还赖在上海不走，经过1950年春的罚款和一年多的地价税，也纷纷关门溜走了。"

他最后总结说："我们没有采用任何没收政策，却肃清了帝国主义在上海的残余经济势力。"

顾准独创的"逼走法"很快被推广到全国各城市，外资企业相继离开中国，在这一过程中，尽管外资企业颇不情愿，但仍是以和平的方式进行的。以当时最大的烟草企业英美烟草为例，它的资产通过协定计算的方式被转让给中国政府。根据这一协定，英美烟草的资产价值与其未支付的捐

---

① 沙逊：晚清至民国期间，与汇丰、麦加里（渣打）、太古齐名的四大英资集团，由英国沙逊家族创建，1949年之前是上海最大的地产商。

税和债务相等，也就是说，它离开中国的时候，没有带走一台设备。据该公司估算，这一转让在公司账目上损失了5 000万英镑。另据美国学者高家龙的计算，在半个多世纪里，英美烟草在中国获利不少于3.8亿美元。

那是一个激情荡漾的革命者的年代。上海自开埠以来，百年以降，从租界的英法洋人到清帝国大臣，从蒋介石政府到汪精卫伪政府及日本占领军，从来没有出现过这样的管理者。

他们年轻，风华绝代，充满破坏和重建一切秩序的勇气。他们夜以继日地工作，所有的热情都是为了无比热爱的国家。他们从来没有考虑自己的私利，因而根本不可能被任何利益收买。年轻的财税局长顾准就是他们中的一个典型，他每天奔波于上海的各个角落，不断地拟定各种各样的布告和公文，与大大小小的私营业主周旋协商。他在立信会计事务所时的老同事严松龄回忆说："他还是那个瘦长个子，穿一套不甚合身的黄土布军服，桌上放一只大公事包，一罐香烟，说话态度极其谦和诚恳。"① 所有的市民和工商业者对这样的革命家既敬又畏。

不过，事实的真相比表面上看到的要复杂得多。在当时的新上海管理者中，还是有人对即将生成的新经济制度产生了微妙的疑惑，而更让人难以置信的是，这个人居然不是别人，竟就是顾准。这是一颗悲剧的种子。

顾准是一个忠诚的、充满理想主义情怀的革命者，同时也是顶级、冷静的会计学专家。早在山东解放区当财政厅长的时候，他就发现国营企业存在的一些弊端，而让他头痛的正是他的专业所在。他说："国营企业财务管理是我们财政工作中尚未解决的问题。"也就是说，在一开始，他就对国营企业可能存在的管理弊端产生了警惕性，这成为顾准反思国营企业制度乃至整个计划经济体制的起点。

此外，他在上海采取的一些务实的治理措施也遭到了质疑。譬如，他

---

① 转引自罗银胜著，《顾准传》，北京：团结出版社，1999年版。

公布的"按人民币物价重估私营企业资产"的办法，尽管受到工商界的欢迎，但是却遭到了中央财政部的严厉批评，被认为是给上海资产阶级开辟了合法逃税的门路。这也成为顾准在两年后被免职的重要诱因之一。他在1969年的《顾准自述》中写道："我对此没有作过什么申辩……如果不允许私营企业重估资本，累进税率的所得税客观上是行不通的。因此，我现在还认为这一措施是必要的。它不是一项政策性的措施，它不过是改进经济计算的必要技术措施，也没有开辟什么合法逃税的门路。"

顾准对"政策"与"技术"的理解是天真的，在一个革命的年代，任何一项"技术"事实上都服务于以及被解读为一种意识形态，他将长期地困顿于这种逻辑之中，并为之付出生命的代价。

事实上，类似顾准式的困惑并非仅见。计划经济理念与市场的矛盾从一开始就存在，它一直无法化解，而终成"体制之瘤"。

曾担任中国人民银行专门委员的冒舒諲回忆过一则往事。1950年年初，上海缺粮缺煤，整个城市一度面临瘫痪的危险，陈云邀集章乃器、千家驹、沈志远等一批财经专家，专门研究解决粮煤运输等问题。专家们认为粮食可用铁路南运，而运煤量大，需要海运，因而，力主利用外商的轮船运煤，并认为这是能够解救上海等南方大城市"燃煤之急"的唯一方法。但利用外船运煤，当时是有争议的，有些人认为这样做有"卖国"之嫌，陈云一时下不了决心。专家们进一步解释说，这些船的船东有不少是中国人，挂的不是英美国旗，而是巴拿马等小国的国旗。时任中财委商业处处长的姚依林在会议室内来回徘徊，他对陈云说道："我们就'卖'一回国吧！船还是中国人的船，钱也是中国人赚。"这样，陈云才把用外国轮船运煤的事确定下来，上海之急稍解。

在改朝换代的大时刻，顾准式的疑窦及是否用外轮运煤的徘徊，是微不足道的。因为，革命正面临更严峻的挑衅和困难。上海还是一块不平静的土地，1950年2月6日中午，从台湾飞来的战机四次轰炸上海闹市区，1 000多间房屋被炸坏起火，500多名市民被炸死，杨树浦发电厂被炸毁，全市停电。在这一年的春季，尽管通货膨胀的"野马"被驾驭住了，但工商业的萎缩迹象仍然在加剧，4月份大米和棉纱的批发市场交易量比1月份下降了83%和47%，大百货商店的营业额减少一半，中小商号少了90%。也是在这个月，全市倒闭的工厂有1 000多家，停业的商店2 000多家，出现了20万失业工人。陈毅市长六次致电中央，呼吁紧急支援。而全国的情形与上海相似，14个大城市在整个春季倒闭工厂2 945家，16个较大城市半停业的商店合计9 347家。尽快恢复生产成为当务之急。

与此同时，在中国北方，新的战争变数发生了。

1950年6月，朝鲜战争爆发，美国为了维护其在亚洲的地位，立即出兵干涉。9月，美军在仁川登陆，并很快把战火烧到中朝边境的鸭绿江边。10月初，中国政府做出"抗美援朝、保家卫国"的决策，组成中国人民志愿军入朝参战。就这样，才诞生一年的新中国与新晋的全球第一强国直面交战。这场战争持续了两年9个月的时间，它最终改变了亚洲地区的政治和经济版图。

企业史人物 | 相纸之父 |

1949年6月2日,中国第一张原始性氯素相纸在广东汕头市德兴路86号一间简陋的化学实验室里研制成功,研制人是时年28岁的林希之(1921—1969)。

林希之原名林应熙,又名林驰,出身富商家庭,他的祖父曾代理英商太古公司船务,在汕头市创建"太古南记行"。1946年,林希之就读于上海圣约翰大学化学系,在念书的时候,有一个外籍教师曾在他面前讥诮过中国工业的落后,这件事一直刺痛着他的心。他说:"外国人能做的事,难道中国人就不能做吗?我一定要在感光材料方面为中国人争一口气。"1948年,林希之回到家乡汕头,专心致志地开始了感光化学实验工作,他的追奉偶像是伟大的美国企业家乔治·伊士曼——他在1886年发明了卷式感光胶卷,从而彻底地改变了人类照相的历史。林希之和几个行业爱好者因陋就简地筹办起"公元实验室"。"公元"这个名称带有创世纪的气质。实验室没有经费,林希之就制作一些西药卖给药房,以补充时需。

上海解放后,林希之的不少亲戚都外逃出国,他却决定留下来,报效新中国。1952年10月,公元实验室制成中国第一张性能接近进口相纸的感光印相纸,半年后的4月1日,我国第一家感光企业——汕头公元摄影化学厂建立,林希之任副厂长、总工程师。最初,这个厂只有15人。后来,他们把汕头市永安街的一段共53间民房全部买下来,在里面曲曲弯弯地安装了1.1米宽的相纸涂布机,60米长的挂书式干燥道,又安装了钡地纸涂布机、超级压光机、压花机等设备,年产照相纸35万盒。

1954年7月,私营的公元厂第一批参加公私合营,林希之设计研制成功"空气调理干燥法"生产工艺,取代了简陋的"石灰吸湿干燥法"。1955年4月,中国第一张人像胶片试制成功。1956年,林希之组织研制成功了黑白胶卷、黑白电影正负片、黑白高速照相胶片、X光胶片、印刷制版系列胶片和水溶性正型彩色电影正片。正是在林希之和公元厂的努力下，我国靠进口照相感光材料的局面从此逐步扭转，不久便有相纸、胶卷出口远销国外。林希之还先后倡办了职工业余学校和汕头感光化学专科学校。1959年，轻工业部主持召开了第一次全国感光材料专业会议，宣告我国照相感光材料工业的形成，生产列入国家计划。

林希之身体羸弱，早年患上了肺结核病，繁重的科研和经营工作更是让他的健康状况非常不好。他的夫人回忆，林希之每天骑自行车上下班，由于右臂无力，经常会从车上跌下来，他从地上爬起来，又继续赶路。这在汕头，竟成一景。由于长期用脑过度，他还经常失眠，有一段时间竟常常整夜无法入睡，尤其当他正在攻克一项科研项目的时候，根本无法安眠，每天都得靠安眠药强制休息，后来安眠药服量逐日增加，他只好从国外进口了一架电子催眠机帮助他获得短时间的睡眠。

1966年"文化大革命"爆发，既有外侨关系又是"反动权威"的林希之从一开始就遭到残酷迫害。他被关进"牛棚"，一次又一次被抄家，科技资料被销毁，器材被砸烂。那时候，生在他喉头的一颗恶瘤日渐增大，后来竟大至鸡蛋一般，使他难以进食，他时常吐血、盗汗、痉挛、昏迷……

1969年6月，看守的人怕他死在"牛棚"里，就把他放了出来。林希之一回到家里，就忍着剧痛，又埋头工作。他把家中的几个收音机拆成零件重新组合，拆了又装，装了又拆，开始研究一种提高软片感光度的新技术。妻子不忍，林希之说，"活着就要工作。让我干吧，我能工作的时间已经不多了"。

10月，48岁的林希之去世于自家老宅楼梯下一个没有阳光的小黑屋里，他的生命与事业一样都走到了最黑暗的尽头，他留下的最后一句话是："我没有完成任务。"

至20世纪80年代，汕头公元的主要产品已发展至黑白相纸、人相胶片、胶卷、X光胶片和印刷制版胶片等五大类42个品种，相纸产量居全国首位。1986年，国家投入9亿多元巨资，公元引进日本富士胶片公司彩色感光材料生产线，由于种种因素的影响，彩色线投产不到一年就陷入停产、半停产困境。到20世纪90年代初，公元负债高达48亿元。1994年，国务院做出决策，公元以1.8亿美元的价格将彩色生产线转让给美国柯达公司。柯达的创始人正是林希之的偶像——乔治·伊士曼。2005年8月，柯达因连年亏损，宣布永久关闭公元厂。

2003年，财经作家袁卫东受柯达邀请，撰写一本关于柯达在中国的书籍。他到汕头公元采访，意外地"发现"了久被遗忘的林希之。他在《跨越》一书中写道：

"在木棉花盛开的初春，穿过脏乱的露天市场来到民生路24号，这是公元创始人林希之的故居。我们几乎难以辨认，因为那里几乎是废墟，是一座残破的民国建筑……林希之的遗孀高婉卿和他的后人接待了我们。30多年的岁月后，林希之的气息还在。在二楼的墙壁上，有一幅相框裱起来的遗照：林希之风华正茂，穿白色衬衫，挺直的鼻梁上架着一副秀气的眼镜，正在专心致志地做着笔记。这堪称是隐藏在历史深处，追寻'中国梦'的人物最逼真的素描。林希之在黑暗动乱的岁月，以'反动人物'的身份被批斗，被革命群众占领住宅，最终在楼梯下一个没有阳光的小黑屋里，忧郁病痛而终。据80多岁的林夫人忆及，他们批斗他的时候，用竹竿捅他，林希之咯血。我亲眼目睹了那个小黑屋，以及林希之最后的遗物，装在一些破旧肥皂盒里布满灰尘的电子元器件。这是当年林希之躲在小黑屋里，琢磨航拍感光材料留下的东西。"[1]

袁卫东继续写道："我想起一个月前，在罗切斯特飘雪的清晨，一行中国记者参观乔治·伊士曼故居的情景。传记中关于伊士曼故居的描述，都静静躺在那里，仿佛时间还停留在一个世纪前，充满风琴声的日子。而在房间里静静绽放的白色康乃馨和雏菊，让我莫名地感动。在那里，我感到的是对缔造者的感激、尊重。而在这里，是苦涩，是对历史惊人的遗忘和冷漠，甚至践踏……我深深悲情于这个梦的苦涩，它不是来自几乎30年后，公元被柯达收购，而是来自林希之所受的伤害。这是一代中国人的悲情。"

后来的中国人，不应该忘记林希之。尽管以成败而论，这个性情温和、命运悲惨的客家人什么也没有留下。

---

[1] 袁卫东著，《跨越——柯达在中国》，北京：中信出版社，2005年版。

1950 / 改造的浪潮

> 时刻准备,建立功勋,
> 要把敌人,消灭干净,
> 为着理想勇敢前进,
> 为着理想勇敢前进,前进。
> ——郭沫若:《中国少年先锋队队歌》,1950年

1950年8月10日,北京。四川船王卢作孚与交通部部长章伯钧签署了《民生实业公司公私合营协议书》,这是新中国第一家公私合营企业。毛泽东说,公私合营"要学习民生公司的榜样"。

有关资料显示,民生的"公私合营"是卢作孚主动提出来的。早在1949年,卢作孚一度避居香港观望,他带走了价值达5 000万美元的18艘轮船,他的去留成为一个很微妙的焦点。在那段时间,民生公司的经营陷入了困境,公司亏空达170亿元,举步维艰,连发职工工资都极为困难。总公司主任秘书郑璧成被拘押,原因是"因不得已之原因,保

存战犯杨森（曾任国民政府四川省省长）衣物"。卢作孚思量再三，决意回到内地，3月24日，他通过公司驻北京代表何乃仁向周恩来第一次提出了"公私合营"的议题。

6月10日，他离港赴京，作为特邀代表，出席了全国政协第一届第二次会议。在京期间，周恩来总理和陈云多次约见他，就经济建设问题、交通和航运问题进行长谈。有一次，凌晨两点钟，周总理给他打来电话，要立即约见，接着便派车来接，一直谈到东方既晓。卢作孚还两次参加毛泽东主席举行的便宴。宴上，他都与毛主席同席，并且紧挨毛主席。

卢作孚主动提出"公私合营"，与当时的形势和他一贯的理念有关。一方面，他希望以合营的方式让民生走出困境。在协议书中，政府投资作为公股，帮助民生公司渡过难关，公股代表只参加董事会，并不直接参加公司具体运作。另一方面，他一向有为社会办企业的思想。从投身实业到经略北碚，他始终抱持着乌托邦式的实业理念，而这与公有制的基本精神是一致的。

协议书签署后，周总理曾两次力邀卢作孚留在北京担任交通部的负责工作，他则执意回川。在过去的20多年里，他从来只是一个本色而寡言的企业家。

卢作孚的归国与民生的"公私合营"，在当时是一个标志性的事件。我们接下来要讲述的正是新政权对民族工商业的基本判断与做法，这需要从三个方面来观察，一是政治上的定义，二是接收的办法，三是政策的设想。

根据马克思主义的经典表述，在阶级属性上，企业家是有产阶级——更多的时候被称为资产阶级，它与无产阶级是对立的，是需要被革命和改造的对象。早在1921年，中国共产党建党的第一份《党纲》中就明确写道："消灭资本家私有制，没收机器、土地、厂房和半成品等生产资料，归社会公有。"不过，如何进行革命和改造，则有不同的路径。斯大林时期的苏联，采取的是坚决消灭资本家的做法。① 中国的做法与之不同。

早在1934年,担任中华苏维埃共和国主席的毛泽东就撰文认为:"对于私人经济,只要不出于政府法律范围之外,不但不加阻止,而且加以提倡和奖励。"他认为根据地的国民经济应该由国营经济、合作社经济和私人经济三方面组成。1940年,毛泽东在《新民主主义论》一文中指出,新民主主义共和国的经济构成的正确方针是:"在无产阶级领导下的新民主主义共和国的国营经济是社会主义的性质,是整个国民经济的领导力量,但这共和国并不没收其他资本主义的私有财产,并不禁止不能操纵国民生计的资本主义生产的发展,这是因为中国经济还十分落后的缘故。"1945年,在《论联合政府》一文中,毛泽东又进一步发展了这一思想:"没有新民主主义的国家经济的发展,没有私人资本主义经济和合作经济的发展……要想在殖民地半殖民地半封建的废墟中建立起社会主义社会来,那只是完全的空想……有些人不了解共产党人为什么不但不怕资本主义,反而在一定的条件下提倡它的发展。我们的回答是这样简单:拿资本主义的某种发展去代替外国帝国主义和本国封建主义的压迫,不但是一个进步,而且是一个不可避免的过程。它不但有利于资产阶级,同时也有利于无产阶级,或者说更有利于无产阶级。"

1948年9月,在中国共产党即将取得全国政权之际,毛泽东的观点依然与上述的阐述保持一致。他指出,在革命胜利之后,"中国内部的主要矛盾就是无产阶级与资产阶级的矛盾",随后他认为,私人资本主义经济将成为新中国的5种经济成分之一,但这种经济成分并不是可以无限制发展的。资产阶级迟早会被"消灭"掉,不过在他看来,这个过程需要5年左右的时间。在1948年12月的一次会议上,中共领导层达成共识,认

---

① 对比苏联与中国的经济改革,可以发现,前者比后者要激进得多,在建立计划经济体制时,是一步到位式的"彻底革命",对资产阶级从企业组织到肉体进行彻底的消灭,在向市场经济转型时(1990年前后),也是一步到位的"休克式疗法"。中国的经济改革则有鲜明的渐进特征。

为"过早地消灭资本主义的观点,要犯'左倾'的错误"。毛泽东说:"到底何时开始全线进攻?也许全国胜利后还要15年。"

新中国成立前夕的1949年6月,毛泽东在《论人民民主专政》一文中明确地表述说:"我们现在的方针是节制资本主义,而不是消灭资本主义。"1950年4月,他更指出了新中国当前的"三大敌人":"今天的斗争对象主要是帝国主义、封建主义及其走狗国民党反动派残余,而不是民族资产阶级。"在同年6月的七届三中全会上,他说:"有些人认为可以提早消灭资本主义,实行社会主义,这种思想是错误的,是不适合我们国家的情况的。"这一系列讲话表明,在1950年前后,民族资本主义被看成是一个需要团结和利用的阶层。后来我们将看到,随着形势的演变,他一步步地改变了这样的观点。

正是基于清醒的政治判断,共产党在夺取了政权之后,对民族资本的接收采取了相对温和的办法。据新中国成立初期与陈云一起负责全国财经工作的薄一波回忆,在攻克天津、和平解放北平之后,毛泽东专门同他进行了一次很重要的谈话。他嘱咐,城市接收工作主要是接收官僚资本,对民族工商业要好好保护,接收工作要"原封原样,原封不动",让他们开工,恢复生产,以后再慢慢来。毛泽东主要警惕的有两点:一是不能变成300年前的李自成,因狂欢贪腐而自我毁灭;二是不能变成抗战胜利后的国民党,把接收变成"劫收",得了天下的同时就失了民心。

当时军队进了大城市,的确出现了一些混乱的景象,如哄抢物资、破坏设施、任意处置有产者等,毛泽东在一份报告中严厉地批示,在城市或乡镇破坏工商业"是一种农业社会主义思想,其性质是反动的、落后的、倒退的,必须坚决反对"[①]。中财委据此规定了"十六字"接收办法:"各按系统,自上而下,原封不动,先接后分。"对于民族工商业的基本做法是:

---

① 见毛泽东1948年4月在晋绥干部会议上的讲话。

"当我们还没有能够定出一套更合理更有效的制度来代替旧制度中某些不合理或过时了的东西时，宁肯不轻举妄动，以免影响生产组织，发生无政府状态。"这显然是一种务实的工作策略，因此，与4年前的国民党"接收大战"相比，新中国的进城接收要有序和有成效得多。

再说进城接收之后的政策设想。其基本的逻辑是，迅速确立国有化为主体的计划经济治理模式，同时兼顾民族资本集团的利益诉求。

以所有制区分的方式来治理产业经济，这种独特的模式从一开始就被确定了下来。1949年5月，在中共中央《关于建立中央财政经济机构大纲（草案）》的文件中，就对中央财政经济委员会的建制进行了规划，其中要求，在中财委内分别设立中央计划局、私营企业中央事务局、合作事业中央管理局、外资企业中央事务局，这些机构的职责便是对不同所有制的企业给予不同的政策管制，这是一种非常独特的政策安排。

1950年年初颁布的《全国税收实施要则》，充分体现了不同所有制的政策区别，譬如，国营工商业总分支机构内部调拨货物不需纳税；委托私营企业加工只就工缴收益按工业税率纳税，私商为国营企业代购代销产品，按实际所得的手续费征税；新成立的供销合作社免纳一年所得税，营业税按2%的税率征收，并打八折；新成立的手工业生产合作社免纳营业税和所得税三年等。在今后的60年里，这一模式虽经数次微调，机构设置及治理权限多有变化，但是国营优先的总体逻辑一直延续未改。

在这样的宏观政策环境中，私有化资本已经处在一种被边缘化的尴尬境地。如何安抚民族资本家，以及让激进的工人阶级认同这种过渡，是一个很艰巨的工作。这方面，早年就与李立三、张国焘等人从事工人运动、时任中央人民政府副主席的刘少奇发挥了很重要的作用。在1948年9月召开的政治局会议上，刘少奇分析认为，在当时的工业体系中，国营经济的成分比重仅占34.7%，私营工商业还有很大的比重，因此，恢复和发展生产，不容忽视后者的能量。为发展整个国民经济，对于那些不危害国计民生的资本主义工商业还要允许其发展。为了建设新民主主义经济，我们

与民族资产阶级至少"可搭伙10~15年",如果过早消灭了,"消灭了以后你还要把他请来的"。

1949年,天津解放后,一些工人和店员像农民分土地一样地开始分商店、分工厂,在短短一个月里发生了53次清算斗争,私营业主大为惊恐,企业开工不足

▲ 1950年国庆节的外滩

30%,全城因此有上百万人失业。天津当时是仅次于上海的全国第二大工商业城市,此城一乱,波动整个北方地区。于是,刘少奇亲赴天津做思想工作。他列举当时的不正常情况时说:"进城了,敌人看不见了,就把眼睛盯准大肚皮的工商业家,把子弹朝他们打来,像农村分田地一样,要分工厂、汽车、洋房、机器;或向他们提出过高的工资要求;或强令资本家不准辞退工人;或在报纸上只说资本家的坏,不说他们的好;干部、工人不敢接触资本家,否则就是立场不稳。总之,只强调斗争的一面,不强调联合和利用,以利于发展生产的一面。这是一种只顾眼前利益,不顾长远利益的行为。"刘少奇明确表示:"中国不采取苏联、东欧推翻资产阶级的流血方式,而采取民族资本家与我们一起走入社会主义的方式。"

5月2日,刘少奇邀请天津的128位民族资本家座谈,发表了日后很出名,也引起巨大争议的"天津讲话",在这次讲话中,他提出"剥削有

160　　跌荡一百年:中国企业1870—1977

功"。他说："从发展生产力看，资本家阶级剥削是有其历史功绩的，没有一个共产党员抹杀这个事实。骂是骂，而资产阶级这个功绩还是有的。从推动人类社会向前发展说，是功大罪小。今天的中国资本主义还在年轻时期，还可以发挥它的历史作用，尤其是当前我们要求工商界发挥积极性来发展生产力，建设新中国，这正是你们为国建功的机会，你们应该努力，不要错过机会。今天资本主义的剥削不但没有罪恶，而且有功劳。封建剥削除去之后，资本主义剥削是进步性的。今天不是工厂开得太多，工人受剥削太多，而是太少，有本事多剥削，对国家和人民有利，恢复和发展生产，除国家之外，还有私人的；国营与私营之间，可能有竞争，但政府的方针是使国营和私营合作配合。既要发展国营生产，也要发展私营生产，要采取限制政策，以避免旧资本主义前途。公私兼顾是限制，劳资两利也是限制。"

他还指着东亚毛呢纺织股份有限公司总经理宋棐说："你现在只办了两三个厂子，将来你办 8 个、16 个厂子。到社会主义的时期，国家下命令，你就把厂子交给国家，或者由国家收买你的工厂，国家一时没有钱，发行公债也行。然后，国家把这 16 个工厂还是交给你办，你还是总经理，不过是国家工厂的总经理，因为你有功，国家再交 8 个厂子给你办，——共 24 个，薪水不减你的，还要给你增加，还要相应地给你高的地位。可是你得要办好啊！你干不干呢？"宋棐应声回答说："那当然干。"

刘少奇在天津的这番讲话，确实起到了安定人心的作用。企业关闭数急剧下降，开工率上升。到 6 月份，天津新开张的厂店达 1 160 户，而停业的只有 27 户，该月的财政收入比前一个月增加 1.5 倍，到 9 月，天津的进出口总值达到了新中国成立前的最高水平。

刘少奇在天津初步形成了"合营过渡，和平赎买"的观点，也成为 1956 年之前的一个政策方向。

新中国成立初期，民族资本集团受到了比较温和的待遇。在国家治理团队中，共产党外的民主人士也拥有相当的比例，在第一届政务院（即后来的国务院）的 34 个部长级名单中，党外人士占了 14 人，其中，涉及经济的部门首长有一大半来自党外，譬如轻工业部部长黄炎培、邮电部部长朱学范、交通部部长章伯钧、农业部部长李书城、林垦部部长梁希、水利部部长傅作义等，1952 年新建粮食部，部长是章乃器。

尽管没有被彻底"消灭"，但是，随着证券交易市场的取缔、商品流通领域的国营化管制、税收上的所有制倾斜，再加上意识形态上的矮化，民营资本集团早在 1950 年就已经非常虚弱了。

薄一波在《若干重大决策与事件的回顾》一书中讲述了一个细节。1950 年 2 月，也就是上海的粮食大战平息之后，中财委曾担心民间商人会展开一轮新的攻击，便召开全国财政会议商议对策，拟定了"四路出兵"的策略，即加紧征收税款和公债款，督促企业主发放工人工资而且不准关厂，公营企业现金一律存入国家银行，不准向私营银行和私营企业贷款。薄一波回忆说，当时"估计可能会遇到资产阶级的抵抗，要打几个回合。实际上，他们已无力再较量，三四月份，我们看到势头不对（市场过紧），收兵回营，已经来不及了"①。来不及的后果是，因供应和需求的同时锐减而出现了全国性的市场萧条。上海市长陈毅向中央报告，上海人心浮动，匪特乘机活动，市面上发生了吃白食、分厂、分店、抢糕饼、打警察、聚众请愿和捣乱会场等事件。

5 月，华北局对石家庄、大同和张家口等 14 个城市的企业情况进行调查，在专门报告中概括了 8 个方面的问题，从中可以看到当时公私企业的实际状况。

其一，国营商店和合作社经营的商品范围过宽，数量过大，有垄断一切的现象。在粮食、棉花、纱布、煤炭、煤油、食盐等几种主要商品上，

---

① 薄一波著，《若干重大决策与事件的回顾》，北京：中共党史出版社，2008 年 1 月版。以下薄一波的相关回忆基本引自本书，不再一一注明。

国营的营业额高达80%左右。有的商品在某些城市甚至达到100%，其他日用品，国营商店和合作社也广泛经营，抢夺私商的阵地。

其二，在价格政策上打击私营工商业，表现在批发价格与零售价不分，私营零售商无利可图；地区差价小，私人长途贩卖赔钱；代销手续费低，代销商不满意；原料与成品的差价小，工业利润低，造成一些私营工厂倒闭。

其三，税收重，税目多，手续繁，加上认购公债的任务也重，私营工商业难以承受。[①]

其四，在金融政策上，公营贷款一般占80%~90%，私营贷款则比重过低，而且还款时间限得过短，资金周转不过来。

其五，在原料采购、分配上，对私商的限制多。天津私营纱厂采购原棉，花纱布公私只准它买次品的棉花，并限制采购数量。太原私营铁厂需要的钢筋，不允许在市场上自由选购，必须以高价从国营单位进货。

其他的问题还包括，不允许遇到困难的私营工厂降低工资，在商品已经滞销的情况下，国营贸易只吐不吞，放弃调节市场的责任，在加工、订货和成品收购上条件苛刻，私商得到的利润低，有时公方还不守信用。

薄一波在回忆录中说："华北如此，其他地区也同样存在这类问题。我们工作中发生的这些缺点、错误，使民族资产阶级产生了疑惑和不安，一些从香港回到上海的资本家，这时有的又跑回香港去了。湘鄂赣和武汉市的工商业者说，你们的贸易公司、合作社一起挤我们，我们还有什么前途？"

就在5月20日，刘少奇重申了他的宽容政策。他说："在今天及以后

---

① 各地私营企业税负有不同，不过，偏高偏重是一个存在的事实。中国社会科学院的档案显示，1951年对天津10家大私营工厂的调查表明，所得税占盈余总额的39.4%。在江苏常州，染织业的所得税占其总收入的60%。上海市1951年对18家典型户的调查发现，其实际盈余为2 006亿元，缴纳的所得税为1 127.29亿元，占实际盈余的56%。

一个相当长的时期内,合作社和国家商业是不能完全代替私人商业的。私人商业在相当广大的范围内还会长期存在,大量的商品还要经过商人的手送给消费者和生产者。因此,这些直接间接经过了商人的生活资料与生产资料的获得者,就还不能免除或不能完全免除商人的中间剥削。而在目前,企图用国家商业与合作社商业去全部代替私人商业的思想,那就是一种错误的'左'的思想,这在新民主主义阶段中是不可能的,也不应该的。"①

时间到了1950年的秋天,随着朝鲜战事的展开,全国民众一致对外,国内矛盾缓解。这场战争共消耗各种物品560多万吨,开支战费60万亿元,在经济领域产生了刺激生产的强大效应。②

12月,政务院颁发了《私营企业管理条例》,这从法律上起到了安定私营工商业者、提高他们投资和生产经营积极性的作用。据统计,1950年下半年,上海、武汉、北京、天津等10个大城市私营工商业达3.2万家,是该年第二季度开业户的5.5倍;1951年同1950年相比又增加了11.9%以上,生产总值增加39%,零售总额增加36.6%;私营工业发展也较快,1953年同1952年相比,私营工业的职工增加了8%,总产值增加25%,资金增加10%,利润的增加更是惊人,同比增长达到146%。

全国民众以无比的热情支持抗美援朝,据1952年2月《进步日报》报道,截至1951年年底,全国捐款5.02万亿元,折合战斗机3 349架。海外华侨的捐助总额超过1亿美元。

在广大的农村地区,土地改革全面展开。1950年6月30日,中央人民政府正式公布《中华人民共和国土地改革法》,决定从1950年冬季开始,用两年半或三年左右的时间,在全国分期分批地完成土地改革。土改的基

---

① 刘少奇著,《刘少奇论合作社经济》,北京:中国财政经济出版社,1987年版。
② 1951年年末的物价水平:1斤豆油的零售价格为3 500元,1斤大米为1 270元。

本内容是，没收地主的土地分给无地少地的农民，把封建剥削的土地所有制改变为农民的土地所有制。各地政府派出土改工作团深入农村，发动农民，建立农会，组织农民向地主阶级开展斗争。到1952年年底，全国大约有3亿多无地和少地的农民分得了大约7亿亩土地和其他一些生产资料。

从1951年12月开始，一场席卷全国的"三反""五反"运动开始了，这是新中国成立后第一次大规模的政治运动。它的起因有两个，一是中央对党内腐败的警惕，二是为了增加税收。

"三反""五反"是两个领域的斗争："三反"运动是在共产党和国家机关内部开始的反贪污、反浪费、反官僚主义的运动，"五反"则是在资本主义工商业者中开始的反行贿、反偷税漏税、反盗窃国家财产、反偷工减料、反盗窃国家经济情报的运动。它们前后跟进，互为勾连。

率先展开的是"三反"运动，它以打击党内腐败分子为主题，也称

▲ 土改时农民批斗土地主

"打老虎"。贪污1亿元以上的被叫作"大老虎",1亿元以下到1 000万元的叫作"小老虎",在一年多时间里,查出大小"老虎"10万多人,贪污总金额6万亿元,其中,判处有期徒刑9 942人,判处无期徒刑、死缓和死刑者分别为67人、9人和42人。其中最为轰动的,是在1952年2月公审枪毙了中共石家庄市委副书记刘青山(时年35岁)和中共天津地委书记张子善(时年37岁)。刘、张两人都是30年代初就入党的老党员,战争期间功勋卓著,新中国成立之后迅速蜕变。据调查,两人共盗用公款171亿元,勾结奸商倒卖钢材,使国家财产损失21亿元,克扣建塘民工的口粮获利22亿元,此外还贪污挥霍了3.7亿元,总计217.7亿元。他们在保定市召开的两万人大会上被公开审判,然后执行枪决。曾有人为"刘、张"向毛泽东主席求情,毛主席答:"是要他俩,还是要新中国?"

就在党内展开"三反"运动后不久,中央又决定在大中城市的资本主义工商业者中开始"五反"运动。

"五反"的目的,毛泽东在一次谈话中有明确的表述。他说:"资产阶级过去虽然挨过一板子,但并不痛,在调整工商业中又嚣张起来了。特别是在抗美援朝加工订货中赚了一大笔钱,政治上也有了一定地位,因而盛气凌人,向我们猖狂进攻起来。现在已到时候了,要抓住资产阶级的'小辫子',把它的气焰整下去。如果不把它整得灰溜溜、臭烘烘的,社会上的人都要倒向资产阶级方面去。"①

如果说,1949年年底发生在上海的3次"经济战役",是新政权对民间资本的一次战略性反击的话,那么,两年多后的这次"五反"运动则是全面的主动出击。毛泽东在3月指出了运动必须达到的一些具体目的:"彻底查明私人工商业的情况;清除资产阶级在工会中的走狗,争取中间分子;控制同业工会与工商联合会;解散资本家秘密结社;建立工人店员监

---

① 见1952年1月毛泽东为中央起草的《关于在城市中限期展开大规模的坚决彻底的"五反"斗争的指示》。

▲"五反"期间,上海米厂工人揭发老板的违法行为

督生产和经营的制度;追回国家的大部分经济损失;在大中型企业建立党组织。"这充分表明,"五反"并不是一场单纯的经济运动,更是一个阶级对另一个阶级的斗争,是对私人资本集团在国民经济中的一次"刨根"。

当时的报纸对资本家的"五毒"有铺天盖地的报道。据京、津、沪等9大城市被审查的45万多户私营工商业统计,犯有不同程度"五毒"行为的占总户数的76%,其中上海为85%,北京90%。另据抽样调查,天津1 807家纳税户中,偷漏税者占82%,上海351家纳税户中,偷漏税者占99%,其偷漏税额一般占应付税款的50%,有的高达80%。一些被披露出来的事实很是让普通公众气愤,如天津40多家私营铁工厂用废料、次料为志愿军制造的17万多把镐、锹,运到前线后,一用就坏,影响了工事修筑。武汉福华药棉厂奸商李寅廷承制志愿军急救包时,把从国家领来的好棉花换成烂棉花,使受伤的志愿军战士致残致死。

在运动中,各地纷纷采取了清算大会、批斗大会等形式,普遍出现给资本家戴"高帽子"和进行体罚的现象。薄一波记录说:"有些工厂商店的工人、店员在诉苦中大声痛哭,检查队女同志亦跟着流泪,群情激奋,

第五部 1949—1958 沸腾的开局

和日本投降后华东农民诉苦复仇运动的情形有些相像。经过诉苦后,一个工厂一个商店的统一战线即可形成,即可迅即转入'五反'。"

中国社会科学院的档案中有一份上海市的总结报告显示,当时投入运动的上海职工达72万人,占私营企业职工总数的96%,它还较详细地记录了"五反"运动的具体做法。一是从诉苦运动着手,充分发动群众,这种激发阶级对立的做法在农村的土地改革中屡试不爽;二是争取高级职员是取得胜利的关键,"这些人平时媚上欺下,手面亦不干净,是突破重点与取胜关键";三是"对资本家充分利用矛盾,多方实行分化。上海的资本家虽颇狡猾,但因损人利己的天性,往往矛盾重重,同行之间,股东之间,帮派之间,当权与不当权之间,甚至夫妻、父子、兄弟之间,均有不少矛盾。只要高度运用机动灵活的策略,实行分化,则往往容易攻破";四是利用资本家的子女,他们不少是党员、团员,可充分利用,进行劝说检举等工作,4月12日这一天,复旦大学就有1 146名学生被动员回家进行劝说工作。为了鼓励检举,上海市政府还专门公布规定,"只要店员、职

▲ 1951年沈阳铁路工人绘制镇压反革命分子的宣传画

员、工人们积极检举不法资本家巨大非法行为,政府保证这些已归店员、职员、工人的利益,一律仍归自己所有,也不作任何追究与处分"。

这些办法的成效是明显的,在很多资本家留存下来的回忆残片中,强大的群众运动所造成的震撼和恐惧心理是他们最终屈服的重要原因。从中国社科院的《全国"五反"运动中对违法工商户判刑统计表》可见,参加"五反"的工商户总数为99万户,被判刑的1 526人,只占总户数的0.15%,其中死刑犯32人,无期徒刑20人。也就是说,真正被处以刑罚的人数非常之少,但这并不妨碍运动的巨大成功。

胜利者与失败者的名誉都取决于胜利者如何书写,这句罗马谚语在本轮运动中得到了验证。在暴风骤雨般的群众怒吼下,资本家成为被鄙视、被彻底妖魔化的族群,甚至连他们都对自己产生了厌恶,这种心理反应是前所未见的。经济学博士桂勇在《私有产权的社会基础》一书中引用了一位资本家的口述,称:"'五反'时工人开始看不起老板了,我们自己也觉得做老板不好。做老板有什么意思呢?冒着这么大的风险,要坐牢的。有人被抓,有人被枪毙,这对我们的影响是非常大的。尽管我周围的老板没有直接坐牢的,但我听到过很多人的事,这使我很害怕。今天钱没了,明天老婆跑了,后天自杀了,那老板还有什么心来搞好这个企业?"[①]正是在这样的恐惧下,大多数人心理崩溃了。

在开展揭发批斗运动的同时,税务部门开展大规模的清查"五毒账",要求私营业主补纳罚缴。上海、天津许多违法资本家被认定的盗窃国家财产,已经接近或超过企业资产总值。有资本家对桂勇回忆说:"工人检举了些什么,我们一直不知道,只好拼命地坦白。不过,我们坦白的与工人所揭发的差距很大,所以关总是过不去。到最后过了关,人的精神状态已经崩溃了。你讲的所有东西都是不对的,如果再争论下去是要坐牢的,因为你抗拒了。关键在于对待运动和坦白的态度,只要承认了,签了字,就

---

① 桂勇著,《私有产权的社会基础》,上海:立信会计出版社,2006年版。

可以过关了。这样,过关时他们说多少就是多少,我签了字,不过自己也不知道五毒究竟是怎么一回事。"①

在"五毒账"中,最普遍的一条是资本家擅自购买原材料和倒卖物资。上海兴中造船厂是沪上最大的私人造船企业,老板就是当年不肯与日本人合作的穆藕初,在"五反"运动中他遭到清算,一份揭发材料记录了这样一件事:"拖轮上应用铜料,原规定全部由国营航运处供应,但当时因政府手中存料不多,一时供应不上。本厂资方即在市场上乘机收购,当时以每吨150美元左右购得五六十吨垫用于工程上,一面仍继续向航运处要求供给。航运处因存货不多,收购困难,致延迟甚久,尚无法全部供给,价格亦扶摇直上。至1951年1月,本厂资方趁此时机以每吨市价600美元,结售于航运处,计垫用钢板64吨,获得非法利润2.88亿元,严重地危害了国家利益。"由这份揭发材料可见,在当时的政策环境下,私营业主已经失去了自主购买原材料的权利,而利用价格变动来获取利润的市场交易行为更被认定为可耻的违法。

在声势浩大的运动中,大量私营工厂歇业、停工,私人工商户停业、半停业,经济活动出现严重的堵塞现象,基本建设项目纷纷推迟,军事订货减少,商品货币流通遇到了障碍。在华北地区,1952年2月份的税收比1月份减少了一半。天津市新歇

▲"三反"运动展开后,各级人民政府都设立人民检举接待室,普遍设置检举箱

---

① 桂勇著,《私有产权的社会基础》,上海:立信会计出版社,2006年版。

业的私营工商户有4 000家，影响到40万人的生计。西南地区，据时任西南局第一书记的邓小平报告，问题也相当严重：第一季度的税收减少了一半，重庆一个区有两万人失业，占该区总人口的1/3。不少农村地区还出现了因不准私商做买卖、合作社无法包揽城乡之间的物资交流、农产品卖不出去、农民砸合作社牌子等严重问题。

1952年6月，主管全国经济工作的陈云就处理公私关系发表讲话，他说："现在我们算资本家的'五毒账'，是不是算多了一点，是否有点像在农村曾经有过的那种苛刻的算法：一只老母鸡下了很多蛋，蛋又孵了鸡，鸡里面又有多少公鸡多少母鸡，母鸡又下了多少蛋，蛋又孵了多少鸡……我看是有的。"他举例说：蚌埠有150家工商户，资本只有1.5万亿元，要退补的税收就达3万亿元。浙江省有几个工厂，"五毒账"超过了加工订货的全部收入。

陈云的担忧成为事实，"五毒账"查补了很多，可是正常的税收却减少得更多。在运动进行得最火热的1952年第一季度，税收比上年同期减少了5万亿元。陈云因此算账说："退补大概能收到4万亿元，税收要收到70万亿元。只要把小的放松一下，把大的收起来，等市场活了以后，那4万亿元也就可能收起来了。如果先补后收，很可能因小失大。"[①]

1952年10月，中央宣布"三反"和"五反"运动胜利结束。据计算，"五反"运动中查补的"五毒账"达30多万亿元，为援朝战费的一半有余。

私营经济的整体下降非常显著，据汪海波在《中国经济年鉴》中的统计：在工业产值方面，全国私营工业占总产值的比重从1951年的38.4%下降为1952年的30.6%，从商业方面来看，上海私营商店的零售总额和批发总额在1951—1952年间，分别下降了24.3%和34.6%。另据对北京、武汉等18个大城市的统计，1952年的私营工商户开业总户数减少64.7%，而歇业总户数则增加19.2%。从利润上看，对上海市123家较大规模私营

---

① 陈云著，《陈云文选：一九二六——九四九》，北京：人民出版社，1995年版。

企业的调查表明，1951年盈余户为119家，亏损户4家，总体净盈1.006万亿元，到1952年，亏损户增为76家，总体净亏228亿元。相对应地，国有经济得到了强化和扩大，据《剑桥中国史》记载，到1952年年底，70%~80%的重工业和40%的轻工业为国家所有，国营贸易机构和合作社的营业额占总营业额的50%以上。

"五反"运动在企业史上具有转折性的意义，对民营资本来说，这是一个"失去的年代"的开始。一方面，它彻底摧毁了私有经济在中国的产业基础和产权基础，为四年后的全面国有化扫除了障碍。事实上，在此次运动之后，民间资本集团已全面分崩瓦解，其消亡已是一个时间和方式问题。另一方面，它以群众运动的方式，从公众道德层面将资本家塑造成一个不劳而获、"五毒俱全"的反进步阶层，甚至让资本家也对自身的存在价值产生自卑和羞耻感。这种意识形态上的塑造影响深远，以至于在后来的数十年中，为自己谋求财产以及从事商业活动成为一种不道德的、无耻的行为。对这种畸形的社会共识的修正，要到1978年才悄悄开始，而其真正瓦解则是在1992年前后。此外，需要记存一笔的是，在这场不容置疑的运动中，没有任何资料显示，有一个公共知识分子发出过一声辩护。

从1952年冬天起，在刘少奇、陈云等人主持下，政策有适度的放松，工商业又开始渐渐复苏。

1952年2月，就在"三反""五反"运动进入高潮的时候，在四川和上海发生了两件事情，一是卢作孚自尽，一是顾准被撤职，这两件事看上去毫不相干，却是这场大运动中共同的悲剧。

2月8日，卢作孚在重庆民国路20号家中服用过量安眠药物自尽。在过去的一年多里，民生公司在长江的航运已全部恢复正常，由上海到华北和东北的沿海航线陆续恢复，留在香港的18艘轮船也全部回到了国内。十多天前的1月28日，他还飞往北京，商讨任务。当时，尽管经营已上正轨，但是财务上还是极其困难，政府对私营企业停止了一切贷款，民生的工资发放都成了问题。据卢作孚之子卢国纶的回忆,在周恩来的亲自安排下,中央曾决定给民生公司特殊对待,破例出贷1 000亿元,并指示西南军政委员会将这一决定转告民生公司。让人不解的是,卢作孚至死没有获悉这个消息。屋漏偏逢连夜雨,2月5日,民生公司的川江主力船"民铎"轮在丰都附近水域发生事故触礁沉没,卢作孚亲赴现场善后。有传言说这个事故是潜伏特务在搞破坏,公司里人心惶惶。

就在这样的混乱时刻,公司内的"五反"运动也正如火如荼。民生公司的很多高级干部都被揪出来斗争了。每次开批斗会,组织者都在最前排、最中间的地方给卢作孚放一把藤椅,与其他职员隔开一两米,看起来是给他享受特殊待遇,实际上的感觉就像审犯人。卢作孚就这么坐着,看自己的老部下在台上被批斗,斗完了,有人判刑,有人枪毙。2月8日上午,民生公司召开"五反"动员大会,会议主题是揭发资方腐蚀国家干部问题。从丰都匆匆赶回的卢作孚又被特别安排在第一排的正中间,会场上有大幅标语——"欢迎卢总经理老实交代"。

会上,公股代表张祥麟带头作检查,内容是与卢作孚一道赴北京出差时,曾和他一起去吃饭、洗澡、看戏等。张祥麟检查后,卢作孚的贴身秘书关怀突然跳上台去,揭发说张祥麟在北京时,接受卢作孚请吃饭、请看戏是受了"糖衣炮弹"的袭击,是受了"资本家"的拉拢腐蚀,他并严厉追问张祥麟还有什么问题没有交代,其间会场多次高呼口号,气氛十分紧张。关怀是卢作孚一手拉扯大的苦孩子,曾让他住在自己家里,亲自教他文化。可是现在,卢作孚不再是一个慈父式的人物,他的面目是可憎的,他在道义和阶级属性上,是应该深感耻辱和忏悔的。甚至在某些激进者看来,这样的罪恶是无法洗刷和赎清的。

动员大会上,卢作孚一言未发,当晚服药自尽,终年59岁。他留给妻子的遗书只有简单的四条:"第一,借用民生公司家具,送还民生公司;第二,民生公司股票交给国家;第三,今后生活依靠儿女;第四,西南军政委员会证章送还军政委员会。"来去两空空。

第五部　1949—1958　沸腾的开局

他被葬在川江南岸民生村附近的一个小山坡上，墓碑上刻的名字是"卢魁先"，这是他祖谱上的曾用名。民生公司董事会决议："卢作孚总经理身后萧条，由行政致送丧葬费人民币1 000万元。至抚恤办法，另案办理。"1 000万元在当年可买大米7 874斤或豆油2 857斤。2月13日，重庆《新华日报》头版醒目位置发表消息《卢作孚自杀》。新华社《内部参考》刊登报道，题为"私营轮船业民生公司总经理卢作孚畏罪自杀"。据称，毛泽东得知卢作孚自杀时说："真可惜啊。"2005年，卢国纶在《南方周末》发表《卢作孚之死》一文曰："他只是接近完人……如果说他有弱点，那就是自尊心太强了。如果他自尊心不强，不会发生1952年那件事。"

世上再无卢作孚。①

在上海，财政局兼税务局局长顾准被撤职，事前毫无预兆。当时，过于激烈的运动气氛已经影响到了工商业的正常运作。华北地区2月份的税收比1月份减少了一半，天津有4 000家私营工商户歇业，影响到40万人生计，西南地区的月税收也减少了一半，百货商店的营业额只有原来的1/3，很多私营工厂停业观望。而震动最大的正是"五毒"最集中的上海，在过去的两个月里，市委共收到检举材料24万件，200多名企业主被抓，发生48起自杀事件，死亡34人。2月中旬，中央紧急部署，决定在上海暂停发动"五反"运动，县以下的"五反"则推迟到春耕以后。

2月25日，主管全国"三反""五反"工作的中央节约检查委员会主任薄一波南下上海指导工作，28日，顾准在电台里作广播讲话。29日，上海市委召开党员干部大会，宣布对8个干部的处分决定，其中一人竟就是顾准。对他的处理决定是："一贯地存在着严重的个人英雄主义，自以为是，目无组织，违反党的方针政策，屡经教育，毫无改进，决定予以撤

---

① 在"五反"运动期间去世的还有全国最大的资本家荣德生，他于7月在无锡病逝，终年77岁，他去世前做的最后一件工作是，为自己修定了一本《乐农自定行年纪事》。他的随葬品是一套线装的地舆学书和一只随身多年的镀金壳钢机芯打簧怀表。荣家事业交到了四子、34岁的荣毅仁手上。

职处分，并令其深刻反省。"

顾准对自己被撤职"感觉十分突然"，日后来看，他被免职的原因有两条，一是他的"依法征税"政策不被采纳，二是"不服用"。

在当财税局长期间，会计师出身的顾准一直试图建立依法征税的体制。他主张依照税法所规定的税率查账征收，强调"依率计征，控制计算"，不同意用运动的方式来征税。他在自己主管的上海《税务通讯》中连续发表论文，对此进行论证和阐述。他的这些想法和做法，被认为是保守的。43年后，经济学家戴园晨在一篇关于顾准的纪念文章中说："这种依法还是不依法的争论，当时以顾准去职告终，而今，税收负担的随意性仍是经济工作的陋习。"① 另外一个原因就是"不服用"。顾准的办事能力和学养有目共睹，可是他的知识分子气质却让人讨厌。据他的弟弟陈敏之回忆，有一位大区负责人曾说，"像顾准这样的干部，我们这个大区内一个也找不到"，同时他又说，"如果顾准再不听话，饭也不给他吃"。1959年，陈敏之在一次会议上遇到陈云，时任上海市委书记陈丕显介绍说，"这是顾准的兄弟"，接着他说，"顾准就是不服用"。

顾准被撤职后，连降数级，先是到筹建中的华东建筑工程部当了办公室主任，接着调至新成立的建筑工业部当财务司司长，随即再下放到洛阳工程局当副局长，1955年，又被送进中央党校的普通班学习一年。正是在这样的颠沛流离中，一个精神独立的伟大思想家诞生了。在共和国历史上，顾准成为严肃反思计划经济的第一人。

如果说顾准在上海被排挤是发生在地方的一次理念分歧，那么，到1952年秋，在中央层面也出现了第一次风波。

9月，就在"三反""五反"运动接近尾声的时候，中财委在薄一波

---

① 戴园晨，《历尽艰困终不悔的经济学家——读＜顾准文集＞》，载《经济研究》1995年01期。

第五部　1949—1958　沸腾的开局

的主持下，研究修正税制的问题。他召集各大区财政部长开会，还听取了工商界人士的意见。经过3个月的酝酿，12月31日，《人民日报》颁发了《关于税制若干修正及实行日期的通告》并配发社论，决定于1953年1月1日起实行新的税制。新税制的两个目的一是保税，一是简化税制。在实施办法上，新税制取消了对国营企业的部分优惠，譬如，规定工业企业从生产、批发到零售要缴纳三道营业税，改变过去"相互拨贷不视为营业行为，不课征税"的做法，取消了对合作社征收营业税打八折的优待，取消成立第一年免纳所得税的规定。在批发环节的征税上，也改变了过去"只征私商，不征国营"的做法。

在这次新税制改革中，最引起社会关注的是《人民日报》社论中出现的一句话："公私一律平等纳税。"正是这8个字掀起了惊天的波澜。薄一波回忆说，社论原稿中写的是"国营企业和私营企业都要按照修改的税制纳税"。他在修改时，简化为"公私一律平等纳税"。

就在《通告》颁发10天后，1月9日，山东省有干部联名上书中央，反映执行新税制引起了物价波动、抢购商品、私商观望、思想混乱等情况，两天后，北京市委也写信反映类似情况，接着各大区、省市财委也纷纷开始写信打电报。1月15日，毛泽东致信周恩来、邓小平、陈云等人，指出："新税制事，中央既未讨论，对各中央局、分局、省市委亦未下达通知，匆率发表，毫无准备。此事似已在全国引起波动……此事我看报始知，我看了亦不大懂。"①2月10日，毛泽东的批评口吻更为严厉，他说：

---

① 修正后的税制公布后，在社会上引起了强烈反响和波动。各大区、各省市财委也纷纷写信、打电报给中财委，反映在执行过程中遇到的困难和问题。这件事引起了毛主席的重视。他于1月15日给周、邓、陈、薄写了一封信，全文如下："新税制事，中央既未讨论，对各中央局、分局、省市委亦未下达通知，匆率发表，毫无准备。此事似已在全国引起波动，不但上海、北京两处而已，究应如何处理，请你们研究告我。此事我看报始知，我看了亦不大懂，无怪向明等人不大懂。究竟新税制与旧税制比较利害如何？何以因税制而引起物价如此波动？请令主管机关条举告我。"

"'公私一律平等纳税'的口号违背了七届二中全会的决议；修正税制事先没有报告中央，可是找资本家商量了，把资本家看得比党中央还重，这个新税制得到资本家叫好，是右倾机会主义的错误。"薄一波回忆说："当时听起来，不免感到震惊。"

新税制改革被强行中止，薄一波受到处分。不过，半年后财政部却坚持认为"新税制确实起到了保税、增税的作用"，根据它提供的数据，1953年前4个月的工商各税完成全年计划的29.64%，比过去3年的情况都要好。财政部副部长吴波在检讨中说："我们认为确是多收了税。犯了错误，不管受什么处分，我说，还是多收了税。"

事实上，此次新税制的触礁是经济治理者在计划经济与市场公平之间的一次挣扎，它所隐含的悖论将长久地困扰着人们。

1953年7月27日，朝鲜战争结束。社会主义中国居然能够与全球最强大的国家打成平手，这是1840年以来的第一次，它大大地提高了共产党在全民中的威信，并让人坚信新制度的优越性。在过去两年多的惊涛骇浪中，东亚地区的政治和经济格局发生了微妙的变化。

首先，中美交战极大地刺激了日本经济的复苏。日本自投降之后，全民陷入绝望，一度认为无法重新站起来。1945年的《芝加哥论坛报》曾经刊登一则逸事，该年8月30日，驻日盟军最高司令、美国名将麦克阿瑟将军叼着玉米棒芯烟斗抵达东京，幕僚建议他去拜见裕仁天皇，将军说："过几天，天皇会亲自来见的。"果然10天后，天皇亲自到美国大使馆拜会麦克阿瑟，后世留下一张两人合影照片——"麦克阿瑟选择了土黄色军服，开着领口，没有表示军衔的装饰或徽章。他直盯着镜头，脸上毫无表情；一只手随意地插在口袋里，另一只手搭在臀部。裕仁在他身旁，只有将军的肩膀那么高，他穿着燕尾服，笔直而僵硬地站着"。[1]在天皇转身离

---

[1] [美]约翰·内森著，周小进译，《无约束的日本》，上海：华东师范大学出版社，2005年版。

去之时，麦克阿瑟看着他的背影，对《芝加哥论坛报》记者说："日本已沦为第四流的国家。再也不可能东山再起、成为世界强国了。"①

谁也没有想到，麦克阿瑟的预言在日后竟然成为一个让人笑出眼泪来的笑话。在战后的前4年里，日本经济曾经陷入物资短缺和通货膨胀的恶性周期之中，全国船舶的80%被炸沉，工业机械损失34%，战后前两年的生产率只有战时的1/3，1946—1949年间甚至爆发了三位数的通货膨胀。朝鲜战争爆发后，美军以日本为战略锚地，对其进行了巨额的援助。大野健一在《从江户到平成：解密日本经济发展之路》一书中写道："这场战争对日本经济来说是极大的强心剂，美军将日本作为补给基地，筹备大批的军需和非军需物资，在日本产业界看来，这次机遇可以与第一次世界大战时曾经经历过的国外需求激增相媲美。经济萧条一扫而光，日本经济再次呈现出发展的趋势。到战争结束时，通货膨胀几乎为零。"② 时任首相吉田茂在《激荡的百年史》中也透露，美国最初并不支持日本经济复兴。幸运的是，朝鲜战争刺激了日本军需出口，经济复苏突然间获得契机。1951年美国与日本媾和，允许日本重整军备，构筑美日共同防御体系，无形中又推动了日本经济持续发展。换句话说，日本战后经济起飞缘起于美国地缘政治的博弈。

到1953年，日本国民的生活已超过了战前水平，电视机、电冰箱、洗衣机开始进入普通人的家庭，被称为家庭的"三种神器"，标志着日本成为第一个进入消费革命时代的亚洲国家。与此相伴的是，大量以生产日

---

① 1968年，日本经济总量跃居世界第二。1970年3月，日本首次承办世界博览会，它史无前例地拿出20亿美元举办这场空前的商业盛会，全球77个国家蜂拥而至，这成为日本复兴的象征性事件。同样是在刊登过"麦克阿瑟预言"的《芝加哥论坛报》上，未来学派创始人之一赫尔曼·康教授首次预言："日本已经进入世界经济强国的行列，21世纪将是日本的世纪。"

② [日]大野健一著，臧新远译，《从江户到平成：解密日本经济发展之路》，北京：中信出版社，2006年。

用电器为主业的日本公司集体崛起，松下、三洋、丰田、索尼等公司以及他们的领导者松下幸之助、井植熏、丰田喜一郎和盛田昭夫，将成为亚洲商业界最响亮的名字。

另外一个从战争中得益的地区是台湾。蒋介石逃遁台湾后，吸取教训，推动了以"农民获地，地主得利"为方针的土地改革，它使得台湾的粮食产量从1953年到1968年保持了令人吃惊的、长达16年之久的持续增长。朝鲜战争爆发后，美国为了遏制中国大陆，重新对蒋介石政权进行援助和扶持，与日本相似，台湾的机械制造业、纺织和面粉业获得了发展的机遇。

从1953年开春之后，朝鲜战事已趋明朗，国内的"三反""五反"运动也告结束，中国领导人的注意力开始专注于经济建设。这时候，"老大哥"的手伸了过来。

企业史人物 | 英东"走私" |

抗美援朝战争期间,美国对中国沿海实施严密封锁。在美国的主导下,联合国大会通过了对中国实施全面封锁禁运的决议,内地物资空前短缺。香港作为比邻内地的唯一自由港,尽管受到英国政府的严厉监控,但仍然是一条最可能的渠道。余绳武、刘蜀永在《二十世纪的香港》一书中记录道:"朝鲜战争给予香港人一个机会,就是暗中供应中国内地急需的物资,有些人就因走私而起家,今天可以跻身于上流社会之中。"[1] 这些人中,最出名的是霍英东。[2]

与绝大多数东南亚华商一样,霍英东出身贫寒。在20世纪20年代,香港还是一个偏僻的小渔港。霍英东出生在一艘逢雨必漏的小渔船上,父母终日以捕捞为生。幸运的是他13岁的时候被送进了当时香港英国政府开办的第一家公立学校,在那里,他受到了全英式的教育。语言与文化的熏陶,使他成为第一批与西方思想对接的华人少年。他的创业史也是从最底层开始的,他当过铲煤工、机场苦力、地下机车司机,稍稍有了一点积蓄以后,办起了一家名叫"有如"的杂货店。他赚到的第一桶金便与倒卖有关,抗战胜利后,政府拍卖战时剩余物资,霍英东借了100元参加投标,拍中一套1.8万元的机器,一转手就赚了2.2万元。从此,他的人生就与贸易勾连在了一起。

霍英东崭露头角正是在朝鲜战争时期。为了打破美国人的封锁,中国政府在香港和澳门分别设立了贸易机构"香港华润公司"和"澳门南光公

---

[1] 余绳武、刘蜀永编,《二十世纪的香港》,香港:香港麒麟书业有限公司,1995年版。

[2] 早在朝鲜战争之前,美国就对中国实施了经济封锁。1949年12月,美国国务院警告美国船主如果驶往中国港口,其航行许可证将会丧失效力。1950年2月,美国要求英国禁运战略物资至中国。3月,美国商务部宣布"战略物资管制办法",公开要求所有接受美援的国家禁运物资到中国,这是美国对华全面禁运的正式开始。

司"，它们采购铁皮、橡胶、药品等物资，然后由香港的民间商人转运到内地。早在战事初起的1950年年底，霍英东即以一艘风帆船，从香港运输柴油至澳门，卖给"南光公司"。一年之后，霍英东已经拥有总吨位约1 000吨的十几艘机帆船。据他的回忆："当时全香港大概只有我有这么多船，还有一批伙计，而且我自己是水上人，熟悉港口情况和水情。所以他们找上了我，要求我用船把那些物资运到内地……我们几乎晚晚开工，没有一天停止过。白天要联络、落货，晚上开船，每天只睡三四个小时。为了避开缉查人员的骚扰，每次装船都必须在一个小时内完成，就像打仗一样。"[①]

当时，黑铁皮是主要的禁运物资之一。正因为中国没有装载汽油的黑铁皮油桶，大批汽油积压在中苏边境，无法运往前线。霍英东的船队加班抢运，6 000吨黑铁皮只用了两个星期就全部运到蛇口，"一天都没有耽误过"，霍英东回忆说。

在接下来的近3年时间里，霍英东不仅承担了在港澳和内地间运输军用物资的主要任务，他还组织了精密的侦察队伍，监控港英当局缉私艇的动向；他的船队每天半夜都从英国海军的军舰旁悄悄绕过，驶向公海；而为了摆脱当局的监视，他甚至一天之内换了3个不同的地点，作为整个运输系统的"指挥部"。每运一船货，霍英东大约可以得到相当于货值20%的运费。

那段历史一直笼罩在迷雾之中，当过中国侨办主任的廖承志曾说："数十万志愿军，要盘尼西林、止血药棉、汽油、轮胎……哪里来？还不是靠上中下、三教九流、八方神圣帮的手？"[②]一个可以确定的事实是，当年有众多东南亚华商，或因为爱国或出于谋利，都积极地从事过向中国大陆偷运物资的活动。印尼的林绍良是最大的肥皂和布匹贩运商，而香港的包玉刚

---

① 冷夏著，《霍英东全传》，北京：中国戏剧出版社，2005年版。
② 李敏生著，《患难之交：抗美援朝霍英东历史解密》，北京：中国社会科学出版社，2003年版。

第五部　1949—1958　沸腾的开局　　181

和霍英东则因此被美国政府列入"黑名单"。也许正是因为这一段战火情义,这些商人与中国政府结下了深厚感情,为日后的商业往来奠下了基石。

霍英东的这段经历在很长时间里都是秘密,港英当局对此进行过长期的调查,霍英东本人则守口如瓶,一直到1995年,他才对自己的传记作者冷夏第一次亲口委婉承认,不过他始终认为,"我没有偷运军火"。

20世纪50年代后期,香港步入繁荣期,人口急剧膨胀,商业超级发达,房市、股市"枝繁叶茂",老一辈的港九巨商,其起家大多与两市有关。新鸿基的创始人郭得胜在当年就有"工业楼宇之王"的称号,恒基的李兆基人称"百搭地王",李嘉诚靠造楼神奇发达的故事更是广为人知。霍英东是最早入楼市的商人之一,他是第一个编印"售楼说明书"的地产商,也是"卖楼花"——分期付款的发明者,正是有了这种销售方式,房地产才变成了一个普通大众都可以参与的投资行业。在这个迅猛成长起来的大市场里,霍英东纵横驰骋,出入从容,成为盛极一时的"楼市大王",据称极盛之时,港九70%的住宅房建设与霍家有关。

1978年,中国改革开放之后,大小港商如过江之鲫涌入大陆,成为经济复兴中最为耀眼和活跃的一支,其初战之功,不可抹忘,其中又可见霍英东的身影。他在广州盖了新中国成立后的第一家五星级宾馆——白天鹅宾馆。此外,他大力投资于慈善和体育事业。据计算,他先后投入了40亿元用于各类慈善事业。为了激励中国运动员在奥运会上夺金,他专门设立基金会,宣布向每名金牌选手馈赠一枚重达1公斤的纯金金牌,单是在2004年雅典奥运会,就颁出奖金3 259万港元。2001年,北京申奥成功,年事已高的霍英东竟激动得夜不能寐,深夜索性跳进游泳池里去"降温"。

霍英东一代人的财富敛聚,大多历经惊险,为时代左右,受时间煎熬,如火中取栗。因而,其进退往往慎独有序,眼光敏锐而在于长远,其一生所染指的行业,往往只有一两项而已。及至晚年,桑梓情结日重,便把大量精力和大笔金钱投注于家乡的建设。自20世纪80年代中期之后,霍英东把很大精力放在了番禺南端的一个叫南沙的小岛开发上。

这是一个面积为 21 平方公里的小岛，若非霍英东，至今仍可能沉睡于荒芜之中。从 1988 年开始，霍英东就发誓要将之建成一个"小广州"。这位以地产成就霸业的"一代大佬"显然想把自己最后的商业梦想，开放在列祖列宗目力可及的土地上。这也许是老一辈华人最值得骄傲的功德。据称，在十多年里，只要身体状况许可，每逢周三他必坐船到南沙，亲自参与各个项目的讨论。资料显示，从 1988 年到 2004 年 8 月，霍英东参加的南沙工作例会就多达 508 次。他修轮渡、建公路、平耕地，先后投入 40 多亿元，以霍家一己之力硬是把南沙建成了一个滨海花园小城市。

　　霍英东的南沙项目在商业上曾被认为是一个"乌托邦"，十余年中，只有支出没有收入，在一些年份，甚至还有"霍英东折戟南沙"的报道出现。他与当地政府的合作也颇为别扭，霍英东基金会顾问何铭思曾记录一事：某次，讨论挖沙造地项目，南沙方提出挖沙费用需每立方米 20 元，霍英东一愣说："你们有没有搞错？"他知道，如果请东莞人来挖，是每立方米 8 元，请中山人来挖，是每立方米 10 元，政府的人嬉笑着说："是呀，我们是漫天要价。"何铭思记录说："霍先生咬紧牙根，似乎内心一阵愤懑，兀自颤动不止。我跟霍先生 40 年，从未见他对人发脾气，当日见他气成那样，可见受伤之重。"霍英东也曾对人坦言："自己一生经历艰难困苦无数，却以开发南沙最为呕心沥血。"但是，尽管如此，这位号称"忍受力全港第一"的大佬却始终不愿放弃。在 2003 年前后，霍英东更是大胆提出以南沙为依托，打造粤、赣、湘"红三角"经济圈的概念。其视野、格局之大，已非寻常商人所为。

　　这些庞大的设想，到霍英东去世都未成型。① "南沙情结"可能是这一代商人最后的传统。事实上，千百年间，每一代人都有各自的际遇，而

---

①　霍英东先生 2006 年 10 月因淋巴癌在京病逝，终年 83 岁。2013 年，就在霍英东先生去世 7 周年之际，霍家子弟因遗产纠纷再次对簿公堂，其中的焦点竟然是霍老先生引以为傲的广东番禺"南沙项目"。目前，南沙项目地皮估值高达 300 亿元人民币，而霍英东先生生前占其中 25% 的权益。

▲ 1984年1月，邓小平在中山和霍英东交谈

所谓"江上千帆争流，熙熙攘攘，皆为名利往来"。名利场从来是一座偌大的锻炼地，人生百味杂陈，世态炎凉无常，待到金钱如流水从指缝间川川淌过之后，即便是再铁石的人都不会无所感悟。霍氏晚年执着于南沙，可能已超出了谋利的意义，而更多带有济世的情怀了。

在香港的巨商中，据称只有霍英东出行是不带保镖的。他对冷夏说："我从来没有负过任何人。"[1]

2006年11月，83岁的霍英东在北京去世，遗下289亿港元的资产，他的官方职务是全国政协副主席，属"党和国家领导人"。他是所有香港商人中获得最高政治地位的人，也可能是中国内地知名度最高的香港商人之一，其得名并非因为财富之巨，而是因为他对国家的热爱与投入。

---

[1] 冷夏著，《霍英东全传》，北京：中国戏剧出版社，2005年版。

1953 / "156工程"

> 我们的门前修了暗沟,院后要填平老明沟,一福。
> 前前后后都修上大马路,二福。
> 我们有了自来水,三福。
> 将来,这里成了手工业区,大家有活作,有饭吃,四福。
> 赶明儿个金鱼池改为公园,作完了活儿有个散逛散逛的地方,五福!
>
> ——老舍:话剧《龙须沟》,1953年

1953年3月5日,苏联领导人斯大林去世。也就在这一个月,北京与莫斯科就中国的第一个五年计划达成共识,苏方同意帮助援助中国156个大型工业项目,这就是中国企业史上影响深远、长期被神秘气氛笼罩的"156工程"。

自1949年之后,西方世界就对中国持敌视的姿态,毛泽东则采取"一边倒"的外交策略。早在1949年7月,刘少奇就赶赴莫斯科会见斯大林,商谈新中国的经济建设问题,8月,苏联派出以科瓦廖

夫为团长的200人专家团。12月，开国大典两月后，毛泽东平生第一次踏出国门，亲赴莫斯科谈判，苏联答应贷款3亿美元。1950年2月，中苏签订《中苏友好同盟条约》和一系列资产移交协定，将苏联在东北的所有财产无偿移交给中方，其中包括旅顺军港、大连行政权、长春铁路公司以及302处不动产。从1949年年末到1952年2月，苏联援助中国建设项目42个，投资折合40亿元（按1953年的新版人民币计算，下同）。

在这里，我们有必要回顾一下1949年新中国成立前后中国的企业状况。

国民政府留下来的是一个满目疮痍的烂摊子。在蒋介石政权统治的20多年里，工业经济的高峰时刻是抗战爆发前的1936年。当时中国的生铁产量占世界第12位，钢占第18位，原煤占第7位，棉布占第4位，这4类产品与美国相比，分别是后者的1/39、1/117、1/11和1/2。经过八年抗战和三年内战，到战火熄灭的1949年，国民经济已遭到毁灭性的打击，真正是江河日下，全国的重工业产值约比1936年降低70%，轻工业产值降低30%，粮食产量约降低24.5%，经济作物产量约降低一半。

▲ 毛泽东赴莫斯科访问

其中，最具指标意义的钢铁产业，生产能力降低了90%，全国只有7座平炉，22座小电炉，发电能力仅剩下114.6万千瓦。生铁产量下降到了25.2万吨，竟不及英国1835年产量的1/4，生产出来的生铁只有一半能炼成钢，而轧钢能力又仅及炼钢的一半。另以石油工业为例，诞生于抗战时期的中国第一个油田——陕西省玉门油矿到1949年的原油产量仅区区9万吨，却占了全国产量的3/4。钢不会炼，油无处采，重化工业自然虚弱不堪。

1949年的中国，基本上是一个农业和手工业国家。国民收入的68.4%来自农业，工业仅为12.6%。在工业领域内部，手工业又占了工业产值的70%，机器制造业多为修配型企业，重工业门类大部分空白，不但体系未成，而且装备和技术水平低下。据上海机器同业工会的计算，在708家机器制造厂中，有制造兼修配能力的工厂只占四分之一，其余的都只能搞一些修配业务。

1949年，除了少数大城市之外，多数中小城市和广大农村基本无电力供应。受战争影响，全国交通运输通信等基础设施破坏殆尽，主干铁路无一条能够全线通车，勉强能通车的铁路只剩1.1万公里，而且大部分在东北地区。重要的"大动脉"京汉铁路已经有12年没通车了，一条从成都到重庆的成渝铁路从晚清修起，修建了半个世纪都没有完工。长途电信的线路支离破碎，互相不能衔接，以京津为中心的华北有线电网全面瘫痪。

人才培育的事业也十分落后。学龄儿童入学率为20%，全国人口80%是文盲。20年间高等学校毕业生加在一起只有18万人，只培养出了200多个硕士，博士数为零。从事科学研究的机构不到40个，研究和技术人员不过5万人，其中专门从事科研的仅600余人，现代科技几乎为一片空白。

这真是一个一穷二白的国家。基础薄弱，民智未开，国库里的黄金被蒋介石劫往台湾，再加上国际势力的封锁挑衅，可谓内外交困，矛盾重重,开国之难,好比另一次长征。

正是在这样的局面下,苏联对我国的援助显得如此之重要和宝贵,在某种意义上,这是共和国经济新建的唯一机会。

从1951年起,陈云等人开始编制第一个五年计划。这也是向苏联"老大哥"学来的经验——苏联从1923年开始设计"五年计划",一直到1990年解体为止,以五年为一个周期,对全国的经济建设进行统筹计划,这一做法已经延续至今①。

据薄一波的回忆,"老实说,在编制'一五'计划之初,我们对工业建设应先搞什么,后搞什么,怎样做到各部门之间的相互配合,还不大明白"。在这一过程中,苏联专家起到了关键性的作用,一些参与编制的人均回忆说,"一五"计划所有的表格都是苏联专家帮助做出来的。

"156工程"是一个统称概念,它的第一个项目实际上从1950年就开始动工了,到"一五"结束的1957年完成大半,其余延续到局势大乱的1969年,实际建成的项目是150个,前后历时19年,投资总额为196.1亿元。这些项目从工业布局、产业结构、技术水平、公司治理制度等方面,对当代中国经济的影响都是革命性的,甚至是决定性的。

先说工业布局。自晚清的洋务运动以降,中国工业的发展都偏重于沿海,在1934年,除了东北地区以外的工业产值,94%集中于上海、天津、青岛、广州、北平、南京和无锡7个城市,在东北地区,辽宁一省集中了东北4/5的工业。到1949年前后,中国工业设施的70%集中在东北和沿

---

① 英国历史学家艾瑞克·霍布斯鲍姆在《极端的年代》中,对苏式"五年计划"模式有很精辟的评论。他认为,这是一种典型的中央号令支配式经济,它以重重"计划"推动建设,将高度集中化的效应发挥到了极致。同时,这种"计划"难免粗糙,其功用仅在创造新工业,而不考虑如何经营,同时形成严重的官僚化和中央集权的过度强大,"要是计划中心要向每个主要生产团体、每个生产单位,都发出指导细则,再加上中间计划层缺乏,中心的工作负担,必然重不堪言"。

海一带，其中，上海和天津两地的工厂数即占主要城市工厂总数的63%，职工人数占61%，东北则占有全国半数以上的重工业。全国90%以上的发电站集中在几个大城市，其中东北占了全国发电量的1/3。在纺织产业，全国500万纱锭中的83.6%集中在江苏、山东、辽宁、上海和天津五地。

占全国土地1/3的大西北，工业产值还不到全国总值的2%，近百年间始终没有工业基点。除了陕西有少量铁路外，其余甘肃、宁夏、青海和新疆大地没有一根铁轨。

"156工程"彻底改变了这一布局，大量的钢铁、有色金属冶炼、化工企业被选定在矿产资源丰富及能源供应充足的中西部地区，机械加工企业则分布于原材料生产基地附近。"156工程"中涉及民用的企业有106个，50个布置在工业老基地东北，其余的29个在中部、21个在西部。44个军工企业中，除了部分造船厂设在沿海之外，有35个在中西部地区。在完成的196.1亿元投资额中，除了东北占87亿元，中部和西部分别为65亿元和39亿元，占去了一半有余。"156工程"的实施彻底改变了中国内陆地区的工业布局，到1960年之后，随着中苏关系交恶，中央政府实施"三线战略"，更是加大了对西部的倚重，中国的工业布局陡然改观。

再说产业结构。毛泽东在筹划第一个五年计划时，有过一段形象的描述："现在我们能造什么？能造桌子椅子，能造茶壶茶碗，能种粮食还能磨成面粉，还能造纸，但是一辆汽车、一架飞机、一辆坦克、一辆拖拉机都不能造。"[①] 因此"一五"计划的重点是优先发展重工业，其投资比重占到了总投资额的85%。在整体规划之下，一些冶金、能源、机械的大工厂迅速建起。仍以钢铁为例，炼铁能力五年内就增加了280万吨、炼钢能力增加253万吨，加上原有钢厂的产能，我国生铁产量从1949年的25.2万吨猛增到467万吨，整整提高了将近20倍。钢的产量也增加到412万吨。这样的增长速度无疑是惊人的。

---

① 见1956年12月毛泽东与民建和工商联负责人的谈话。

与此同时，对基础设施和能源勘探的投资也是巨大的。"一五"期间，铁路交通、地质勘探和建筑业的投资高达121.2亿元，相当于同期工业基建投资的1/2，新建铁路33条，比1952年的通车里程增加了22%，公路通车里程增加了一倍。水利建设的成就也是辉煌的，完成了"千年难题"淮河治理工程，建成了多个大型水库，对长江三峡水利工程进行了论证和预备。

接着说技术水平。在对华援助时期，苏联展现了毫无保留的无私精神，它向中方提供了大量的资料和设计图纸，仅1953年就达23吨，1954年为55吨，几乎把他们所有最好的技术都给了中国。美国学者尼古拉斯·拉迪认为："中国看来已接受了苏联国内最先进的技术，在有些情况下，转让的技术是世界上最佳的。在苏联援助的最重要的钢铁工业中，苏联人在20世纪50年代建造和操作着世界上最好的高炉。苏联人设计的武汉和包头的中国钢铁工厂吸收了苏联的高炉和平炉以及大规模铁矿石富集方面的最新技术。"[1] 正是在苏联专家的无私帮助下，中国的工业技术水平在短短数年间就提高到了20世纪40年代的水平。

那是一个创世纪般的建设年代，在人们激动的欢呼声中，一个接一个的纪录诞生了。

自主研发和制造汽车，是中国的一个梦想。早在1931年，张学良在沈阳建过一个汽车厂，生产出民生牌载重卡车，但试产成功后就被入侵的日本人占领。阎锡山治理山西时也建过一个汽车修造厂，仿造出几十辆美国1.5吨的小货车。蒋介石政府的中国汽车制造公司用进口器件组装过2 000多辆汽车，但这些都是小打小闹，不成气候。汽车梦的真正实现，正是在"一五"时期。

---

[1] 转引自［美］费正清等编，谢亮生等译，《剑桥中华人民共和国史》（上卷），北京：中国社会科学出版社，1998年版。

▲ 1958年5月21日，毛泽东观看第一辆东风牌轿车

1953年3月19日，政务院正式下文批准建设第一汽车制造厂，毛泽东下达死命令，要求3年见到车。一汽的厂址选定在吉林省长春近郊一个叫孟家屯的村庄，工厂设计全部交给了苏联汽车拖拉机设计院。工厂的第一名员工叫陈祖涛，时年25岁。

陈祖涛的父亲是陈昌浩，长征时期当过红四方面军总政委、西路军总指挥，因追随张国焘犯下路线错误，其后一直不被重用。陈祖涛11岁时就被送到苏联，在那里读完了小学、中学，然后考进鲍曼最高技术学院的汽车专业。1951年2月，他提前毕业回国，受命参与筹建汽车工厂。苏联答应帮助中国建设一座综合性汽车制造厂，其规模将与当时苏联最大、最先进的斯大林汽车厂一样，斯大林汽车厂有什么设备，援建中国的就有什么设备，斯大林汽车厂有什么样的生产水平，中国的就有什么样的生产水平。

陈祖涛日后回忆说："整个设计都是苏联人做的，组织了最棒的一批人，把斯大林汽车厂所有技术科长都集中起来，那是很有经验的一批人，头发都是白的。他们的总工艺师叫作赤维特可夫，以他为首组织这些人做设计。我就作为他的助手参加了整个设计工作。"他在《我的汽车生涯》

一书中写道:"1951年12月,初步设计做完了,设计院通知我去,把厚厚的几十本设计书和图纸交给我。当时中苏双方关系很好,这么多的设计资料交给我,既无什么仪式,也不要繁杂的交接手续,连收条都没有。我用外交邮袋装上设计资料,一个人搭乘飞机直飞北京。陈云召集中央各部委对苏方的设计进行审核,大家基本上没有什么讨论就完全通过了,然后盖上鲜红的大印,全部手续就算完成了。"[1]

陈祖涛接着描述说:"做完设计以后,实施这个设计,多少个车间、每个车间用什么设备、什么供电、供水是很复杂的,全部都是他们做的。而且什么设备都是苏联供给的,因为当时西方国家对我们是封锁的,除了苏联的帮助以外,我们拿不到东西。当时在经济危机的时候,30年代西方也不供给苏联设备,苏联是用金子买西方的设备。以后再买,人家就不给了。苏联也是从西方买的,所以他供给我们的很多专用设备、特殊设备只有一台,都是从西方来的,没有第二台,买不到,他们就专门为我们制

▲ 苏联专家在中国工厂

---

[1] 陈祖涛著,《我的汽车生涯》,北京:人民出版社,2005年版。以下陈祖涛的相关回忆基本引自该书,不再一一注明。

造，真的很无私。"

建设一汽的设备总数达1万多台，基本上都是苏联供应的，我方能制造的仅是清洗机等小型辅助机械。陈祖涛举例说，有一台设备是生产汽车车架用的压床，有3 000吨重，这套设备在苏联都没有任何一个制造厂可以制造，因为实在太大了，需用专门的大厂房。为此，苏联在斯大林汽车厂盖了一个超大型的车间，用它为中国铸造了一台。造出来后，要运送过来，因为这台设备又重又宽，所行铁路沿线，对面的火车均需中停避让，苏联铁路系统全线总动员，从斯大林汽车厂到长春，1万多公里长驱送达。

援建设备的同时，苏联又帮助中国培养汽车人才。在斯大林汽车厂厂长克雷罗夫的亲自主持下，苏联专家提出了一个从生产到管理的各个部门、各道生产程序所需的完整的人员清单，其中包括厂长、处长、车间主任、工段长到普通的调整工。这份名单的人数多达518人，全部送到斯大林汽车厂实习，苏联方面给每个人每月发700卢布的津贴——相当于苏联工程师的月薪，并配备了皮大衣、毛料西服等。实习生除了被安排到车间学习外，还根据专业有一对一的专家讲课，讲课时间为：工人300小时，管理干部400小时，技术人员500小时。这批实习生日后成为中国汽车乃至机械制造业的技术和管理核心，其中的优异人才更成为国家领导人，如江泽民、李岚清、叶选平等。当年的江泽民是动力处处长，带他实习的是全苏最出名的动力专家基列夫。

1956年7月13日，第一批10辆汽车下线，它被命名为"解放牌"，由毛泽东题字。它以苏联的吉斯150型为范本，载重量为4吨，装有90匹马力六汽缸发动机，最大车速每小时65公里。

"一五"期间，中国人不但造出了汽车，还试制成功了第一架喷气式飞机，建成了第一个制造机床的工厂，在长江上建成了第一座大桥——武汉长江大桥，开通了北京到拉萨的航空线，在武汉和包头新建了两个大型炼钢厂，完成了鞍山钢铁公司大型轧钢厂项目的兴建，还在洛阳和哈尔滨建成了拖拉机厂和轴承厂，在兰州建成了大型炼油基地。

第五部　1949—1958　沸腾的开局

▲ 建设中的武汉长江大桥

所有这些项目，都离不开苏联的扶持。5年中，有8 500名苏联专家来到了中国，这是一支不应该被遗忘的"国际纵队"。

"156工程"在当时不见于报端，几乎没有任何的公开报道，日后更是被淡忘，数十年后很少有人知晓，甚至对此的全面研究也并不多见，一直到2004年才出版了第一本研究专著《新中国工业的奠基石——156项建设研究》（作者董志凯和吴江），发行量仅5 000册。这其中的原因非常复杂。

其一，"156工程"中有44个为军工企业，还有不少是为军事配套的，所以，很多工厂只有一个代号，譬如首都航天机械公司是国营211厂，沈阳新光机械厂为国营111厂，四川长虹机械厂为国营780厂——当时国内唯一的机载火控雷达生产基地——20世纪90年代之后以彩电制造闻名等。在很长一段时间里，这些工厂的厂址和产品都属保密范围，工作人员均不得对外界甚至家人泄露工厂的情况，他们的工作内容也被视为国家机密。与这些军工厂相关的民用项目，也处在保密状态。正因为这些神秘的厂名和严格的保密纪律，使得"156工程"蒙上了神秘的面纱。

其二，中苏关系在1960年突然交恶，全部苏联专家被召回，造成很多在建项目的困难。从此，我方在公开宣传中，往往强调独立自主，而刻意回避苏联人的援助。

其三，进入20世纪60年代之后的十多年里，中国陷入狂热的"文化大革命"，正常的经济活动被打断，一直到1978年之后，才再度转入经济建设的轨道，因此，"156工程"成了一个遥远的、似乎已经消失的过去。

但事实上，这些苏援项目在很长时期一直是中国经济主体的重要组成部分，当时所建成的很多重工业、军工以及重大水利工程，一直到半个多世纪后仍然在发挥作用，它们真正堪称新中国经济的"奠基石"。这是现代历史上，国家对国家最全面、最慷慨的技术转让。《剑桥中国史》因此评论说："苏联技术援助和资本货物的重要性无论如何估计也不为过，它转让设计能力的成果被描述成技术转让史上前所未有的。"[1]

以全球化的视野来俯瞰，我们看到，在20世纪50年代初期，已然公开对立的东西方世界先后展开过两个规模庞大的国际援助计划：一个是1948—1952年美国为欧洲重建所实施的"马歇尔计划"，另一个便是1953年开始的苏联援助中国的"156工程"。它们都不出预料地达到了振兴经济的目的，不过却有着不同的路径和结果。这是经济史上一个十分有趣的比较课题。

正如美国人向欧洲输出了资金、商品和技术的同时，也输出了它的价值观和社会治理制度一样，苏联人给中国带来了技术和设备，同时也带来了计划经济的整套制度，陈祖涛将之形容为"娘胎的印记"。

事实上，早在第二次世界大战末期，关于计划经济与市场经济的争

---

[1] ［美］费正清等编，谢亮生等译，《剑桥中华人民共和国史》（上卷），北京：中国社会科学出版社，1998年版。

论，就已成为全球经济界的核心焦点。1944年年初，英国经济学家哈耶克出版了《通往奴役之路》一书，他将计划经济称为"伟大的乌托邦"，认为对生产的控制必将造成对消费的控制，从而使得自由的市场竞争变成不可能，这将是一条危险的"通往奴役的道路"。他的观点在很长时间里被认为是异端。在西方经济界，强调国家干预的凯恩斯主义仍是主流，哈耶克的思想一直到20世纪60年代中期才受到重视。而在社会主义阵营，计划经济更是成为不容置疑的治理模式。1952年，斯大林发表《苏联社会主义经济问题》一书，从理论上全面阐述和规划了计划经济模式。在这本经典作品中，产品经济与商品经济是对立和相互排斥的，运用价值规律被认为是落后生产力的做法，用斯大林的话说，生产资料已经"失去商品的属性，不再是商品，并且脱出了价值规律发生作用的范围，仅仅保持着商品的外壳（计价等）"[1]。中国在第一个五年计划中，不但引进了苏联的技术和资金，同样也全面引进了这一已趋成熟的权威理论。

这一制度的引进，体现为高度集中统一的投资管理体系的建立。

为了统一管理全国经济，1952年7月国家计划委员会成立，1954年2月中国建设银行成立——它成为基本建设领域的现金中心、信用中心和结算中心，随后国家建设委员会、国家经济委员会、国家技术委员会和国家物资供应总局等机构又相继成立，这些机构均下设至县级政府，形成了一个封闭、垂直的计划管理体系，这是一只无比庞大、无处不在的"看得见的手"。

"一五"计划和"156工程"就是这一管理体系第一次发挥效力。这是一种由国家"全统全包"的投资分配和管理制度：国家需要建设什么工厂、生产什么产品、培植多大的生产能力，以及产品的产量和投资的规模，都由国家通过计划直接安排。所谓部门分配投资，就是由国家计划部门有计划地把五年计划或年度计划的基本建设投资额切成若干块，分配给

---

[1] [苏] 斯大林著，《苏联社会主义经济问题》，北京：人民出版社，1971年版。

中央各部门，再由各部门分配给所属建设项目。在这一体制下，一切新老企业用于固定资产建设的项目和投资，都由国家统一计划；所需资金，由国家财政统一分配，无偿拨款；建设和生产用的物资，由国家通过商业和物资部门统一调拨；从事建设的施工队伍，由国家统一安排；从事生产的新增劳动力，由国家统一培养和分配；生产出来的产品，由国家统购统销；企业有盈利，全部上缴国家财政；有亏损，也由国家财政补贴。

在这一雄心勃勃的、严密的计划体制下，国家既在宏观上进行投资规模、投资结构、投资布局等宏观决策，又在微观层面上担负着项目决策管理任务。这种体制的优劣将在日后无比清晰地呈现出来，强大的计划性大大提高了资源聚集的能力，能够以"举国之力"办成大事，而它所必然带来的则是低效率、浪费和反应迟缓等病症。日后我们将看到，与计划经济并蒂而生的两个景象将是官僚主义和短缺经济。

长春一汽自1956年建成到1983年，27年间一直只会生产一种车型，它的吨位小、油耗大、车速慢，到20世纪60年代中期以后，各项技术指标均已远远落后于国际汽车水平。其根本原因是，苏联没有帮助一汽设立自主的汽车研发机构。陈祖涛无奈地说："不是他们不给我们，他们自己也没有。"在苏联的汽车产业体系中，生产与研发分别隶属于不同的计划管理部门，呈现"两张皮"的现象，他们同样把这一模式也克隆到了一汽。

除了"两张皮"之外，随"娘胎"而来的毛病还有两个：一是产销脱钩，二是自主资金缺乏。

在计划经济体制之下，企业对产品的改进没有任何积极性。后来长期担任中国汽车产业领导者的陈祖涛描述说："我们的生产计划由国家计委下达，生产的汽车直接入国库，再由计委来分配，用户对汽车的意见到不了我们手里。我们如果自己要对产品进行改进，那要先报告，然后由国家组织专家来评审，评审完成后才能立项，立项完了后再在国家财政排队等拨款，款到了后才能动手。这里面环节众多，手续复杂，随便哪一关都能卡死你。而且,这种修改对我们生产厂家没有任何利益。既劳神费力又没有任何利益,企业怎么可能有积极性呢?于是,多一事不如少一事。这就是典型的计划经济体制弊端。"

在20多年里,一汽能够用于技术改造的资金为利润的0.1%。陈祖涛说:"汽车厂的利润本来就低,0.1%能干什么事?那只是象征性地给你企业一点钱意思意思,而且这0.1%是你先把利润足额交上去,然后国家再给你返还,有时候财政困难,这个返还就拖着,最后拖得不了了之。"当过一汽厂长的刘守华曾说:"我这么大个一汽的厂长,自己有权支配的钱,还不够盖一个100平方米的厕所。"

在"156工程"中,也有一些项目引起了重大的争议,其中最著名的就是三门峡水库的建设。

千百年中,黄河泛滥是中华民族的心头大患,"黄河清,圣人出",成为民间对盛世的一种憧憬。因此,在苏援工程以及第一个五年计划中,"根治黄河"成为一个标志性的头号项目。1954年1月,以苏联电站部列宁格勒水电设计院副总工程师柯洛略夫为组长的苏联专家组来华考察,中苏专家120余人,行程12 000余公里,进行黄河现场大查勘。最终,苏联专家选定了位于陕西、山西和河南三省交界的三门峡坝址。柯洛略夫断定:"任何其他坝址都不能代替三门峡为下游获得那样大的效益,都不能像三门峡那样能综合地解决防洪、灌溉、发电等各方面的问题。"①

1954年年底,黄河规划委员会正式提出《黄河综合利用规划技术经济报告》,三门峡水利枢纽成为第一期工程的主要项目。1955年7月,全国人大一届二次会议通过决议,批准国务院所提出的关于根治黄河水害和开发黄河水利的综合规划的原则和基本内容。

就如同"156工程"中的所有项目一样,苏联专家提出的三门峡方案

---

① 见山东黄河河务局2005年6月22日发布的《修建三门峡水利枢纽》。

几乎没有"证伪"就被确定了下来。1956年年底,水利部召开三门峡水利规划会,70名水利专家与会,不料却有一人站出来反对此案,他就是黄炎培之子、清华大学水利系教授黄万里(1911—2001)。黄万里认为:在三门峡建起一座高坝,水流在库区变缓,黄河在潼关一段本来就是淤积段,水库蓄水拦沙,势必加大此段黄河的淤积,渭河的河床也会急速淤积,渭河入黄河的堑口也会抬高,这将直接威胁到八百里秦川和西安的安全,下游的洪水之灾将移到中游。他预言说:"今日下游的洪水,他年必将在上游出现。"

黄万里还对"黄河清,圣人出"的憧憬提出了科学的质疑,他说,"指望黄河清是违背客观规律的"。黄河流淌到中游时,黄土高原受雨水侵蚀,黄河及各支流对黄土层的切割是一个自然过程,即使黄河两岸没有人为的植被破坏,黄河也是含沙量很大的河流,下游河道的淤积改道也是必然的。黄万里说:"出库的清水将产生可怖的急速冲刷,防止它要费很大的力量。每秒6 000立方米的清水可能比短期每秒10 000立方米的浑水难以

▲ 三门峡大坝

防治。就是一年四季只有每秒600立方米的清水，也是不易应付的。"[1]

黄万里的观点被认为是危险的和"大逆不道"的，在那次规划会上，他与其他专家激辩七日，终于不敌。日后，他回忆说，那些一致赞成修建三门峡大坝的专家们，实际上不是不懂其中的道理，但因为苏联专家说了能修，领导也说了能修，所以这些专家们就开始跟风。他在一篇题为《花丛小语》的散文中，很讽刺地写道："文人多无骨，原不足为奇，主要还是因为我国学者的政治性特别强。你看章某原有他自己的一套治理黄河的意见，等到三门峡的计划一出来，他立刻敏捷地放弃己见，大大歌德一番，并且附和着说，'圣人出而黄河清'，下游治河，他竟放弃了水流必然趋向挟带一定泥沙的原理，而觍颜地说黄水真会清的，下游真会一下子就治好，以讨好领导他的党和政府。试想，这样做，对于人民和政府究竟是有利还是有害？他的动机是爱护政府还是爱护他自己的饭碗？"[2] 因为反对三门峡项目，黄万里被打成右派，失去了教书的权利，被发配到密云水库当苦力。

1957年4月13日，三门峡水利枢纽工程隆重举行开工典礼。1958年11月，三门峡工程开始黄河截流，1960年6月高坝筑至340米，开始拦洪。1960年9月，三门峡大坝建成，大坝下闸蓄水。工程总投资达40亿元，相当于40座武汉长江大桥的造价。

后来发生的事实不幸被黄万里言中。苏联拥有在一般河流上梯级开发的丰富经验，但是在他们的版图上并没有黄河这样多泥沙的大河。由于对黄河流域生态环境及泥沙条件估计不足，就在大坝建成的当年，潼关以上渭河大淤，淹毁良田80万亩。仅一年半之后，水库中已经淤积泥沙15多亿吨，远远超出预计，并在渭河河口形成了拦门沙，渭河也成了地上悬

---

[1] 黄万里1956年5月向黄河流域规划委员会提出的《对于黄河三门峡水库现行规划方法的意见》，发表于《中国水利》1957年杂志第8期。

[2] 1957年5月，黄万里在清华大学校刊《新清华》第182期（5月17日）和第193期（6月7日）上，分两次发表了短篇小说《花丛小语》。

河，对关中平原造成了严重威胁，灾难直逼西安。三门峡蓄水水位从此不敢再抬高。1967年黄河倒灌，渭河口的河槽全被淤塞，尤其是1968年渭河在陕西华县一带决口，造成大面积淹没。三门峡水库改为低水头发电，装机容量一再减少，只有原设计的1/4。

三门峡成为新中国成立后争议最大的水利工程之一，其后数十年反思之声不绝。1979年3月21日，陈云在政治局会议上说："156个大型工程项目中，三门峡工程是经过我手的，就不能说是成功的，是一次失败的教训。"2003年10月，中国科学院、中国工程院院士张光斗和前水利部部长、中国工程院院士钱正英共同呼吁：三门峡水库应该尽快停止蓄水和发电。

除了水利成效不彰之外，三门峡的建设还毁坏了众多人文景观，其中最让人痛心的是潼关的拆毁。

潼关地处关中平原东端，横踞秦岭和黄河之间，虎视长安（今西安），号称"中原第一关"，是中国历史上最著名的人文地标之一。自商周到唐宋，中国的政治中心曾长期在长安和洛阳之间游移摆动，在其之间，潼关就是肩挑两京、力压千钧的支点。在这里，大大小小发生过数百次战争，其中影响到整个中国命运的即达60多次，如殷周时闻太师与姜子牙之战、三国马超大战曹操、唐代安禄山与哥舒翰之战、黄巢起义军攻占潼关、明代李自成与明军的决死之战。在三门峡水库的建设过程中，潼关正处在苏联专家所规划的蓄水水位线之内，因此，潼关旧城被迁毁殆尽。但是事实上，三门峡的蓄水水位从来没有到达和淹没过潼关城，也就是说，一个技术性的误判毁掉了中国历史的一段记忆。

与潼关一起被拆毁的，还有蒲州、朝邑、陕州等古城池。黄万里日后很哀伤地赋诗曰："人间浅识一何多，斩断流沙三门阏！"

"一五"期间，包括苏援工程在内，中国建成了595个大中型建设项目，完成基本建设投资总额588.47亿元，五年新增固定资产相当于1949年接收时的4倍，是1936年到1978年之间，经济增长最快的一个时段。

我们接着来解答两个疑惑：第一，"一五"时期的大规模建设资金是从哪里来的？第二，民营资本在这场大建设中扮演了怎样的角色？

在 500 多亿元的资金中，有 3% 是苏联贷款，其余均为国家投资，其中 79% 来自中央财政。这么庞大的资金供应，主要来自两块，一是全民勒紧腰带抓工业，二是农业对工业的反哺。

为了在短时间内把重工业抓上去，从中央到地方倾全力而为之，计划经济的威力以及因此而形成的"举国效应"发挥了重大作用。以用电量为例，"一五"期间，全国电力的八成以上都用于工业，农村用电只占全国电量的 0.6%，城市生活用电占 13.5%。

此外，农业对工业的反哺非常之大。这也形成了延续数十年的城乡"剪刀差"现象。

就在城里大动土木的时候，广袤的农村正在发生一场粮食危机。从 1952 年到 1954 年，华北和长江淮河流域发生洪灾，再加上工业发展对粮食的需求大增，以及大量人口进城当工人，粮食短缺突然变得十分突出。

1952 年 7 月到 1953 年 6 月的一年中，国家收入粮食 547 亿斤，支出 587 亿斤，赤字 40 亿斤。1953 年的城镇人口比上一年增加 600 万人，农村吃商品粮的人口也高达 1 亿人。[①] 粮食形势十分严峻，许多地方出现了抢购粮食的现象，农民更是囤粮惜售。在河南、湖广等粮区，私人粮贩再度大量出现，民间粮市的牌价比国家收购价格高出 20%~30%。到 1953 年秋天，一些城镇出现数千人以至上万人在国家售粮点排队争购粮食的情景，甚至连北京和天津等大城市，也不得不实行限额配售。全国财经委员会召开紧急会议，讨论的结果是："问题很大，办法不多，难以为继。"

中央决策面临两难，陈云自喻是"挑着一担炸药"。他说，我这个人

---

① 中国人口在 1953 年突破 6 亿，该年进行了第一次人口普查，为 601 938 035 人，其中农民 5.2 亿，城镇人口 8 000 万。

属于温和派，不属于激烈派，总是希望抵抗少一点。但我现在是挑着一担炸药，前面是黑色炸药，后面是黄色炸药，如果搞不到粮食，整个市场就要波动，如果采取征购的办法，农民又可能造反，两个中间要选一个，都是危险家伙。

最后，陈云在深思熟虑之后，提出了最强硬的办法，那就是在农村实行征购，在城市实行配给，简称为"统购统销"。1953年11月23日，政务院发布《关于实行粮食的计划收购和计划供应的命令》，提出定产、定购、定销的"三定"政策，要求全国各地以乡为单位，确定全乡每户的常年计划产量和全乡粮食统购统销的数量，粮食买卖纳入国家的整体计划。这一工作的难度非常之大，中共中央要求"全党动手，全力以赴"，仅中南地区就动员了330万干部和积极分子下乡做农民的思想工作，毛泽东也深知此事的艰难，说："这样做可能出的毛病，第一农民不满，第二市民不满，第三外国舆论不满，问题是看我们的工作。"[①] 他要求，宣传工作要大张旗鼓，但报纸一字不登。

在控制了粮食的购销渠道后，随即在城市实行定量供应。1955年8月25日，国务院全体会议第17次会议通过《市镇粮食定量供应凭证印制暂行办法》，从此，在中国经济史上出现了一个新的名词，粮票。所有城镇居民都配发到一个《居民粮食供应本》，凭此到指定的国营粮店兑换。没有粮票，将无法购买到一粒粮食。粮票的发明是计划经济最生动的体现，从

▲ 粮票

[①] 见毛泽东在1953年10月2日召开的中共中央政治局扩大会议上的总结。

▲ 布票

此，中国进入"票证的年代"，随后，各种民用商品如猪肉、食油、煤球、自行车、糕点、鸡蛋、鱼甚至火柴等，都需要用特定的票证才能购买。

比粮票还要早一年多的是布票。1954年全国棉纱、棉布统购统销后，9月就实行了凭"布票"（又称棉布购买票、购布证、购布券）限量供应棉布的政策，这是工业消费品的第一种票证。

当时，根据南北各地的气候不同、城镇大小不同、对棉布的最低需求量不同，制定了不同的布票定量标准。例如，北京市每人每年发放17尺3寸布票，刚够成人做一套蓝布制服；天津市每人每年可领取13尺，江西省发放11尺；北方冬季漫长又严寒的哈尔滨市每人每年24尺布票，可做一套棉衣；而南方亚热带地区城镇每人每年7尺4寸布票。布票的取消，是在1984年，而粮票的取消则要到1993年。

票证的发明，不但将城镇居民消费彻底纳入计划的轨道上，同时，它与户籍制度形成一种结构性屏蔽，没有票证的农民从此无法在城市里购买到生活必需品，因而不可能任意进城，从而在物资短缺的年代里，减轻了城市的人口压力。

统购统销政策的实行，在当时解决了粮食及商品危机，同时形成了农业对工业的反哺机制，它的后遗症也是深远的。购销两头被卡住后，农民产粮、产棉的利益被刚性化，再加上后来推行的人民公社制度，最终使农民生产积极性严重受挫，农作物产量长期徘徊不前。薄一波反思说："问题和教训在于，大跃进和十年动乱的大曲折，人口增长的失控，不仅使我们长期找不到机会来改变这一政策，而且还不得不从购销两头越勒越死。"

农业发展的停滞，进而造成原料物资及各种产成品的全面紧缺，中国经济逐渐滑入短缺的周期中。

美国的《时代周刊》早在1954年3月就报道了农民生产积极性下降的景象，稍微富裕的农民不敢借出生产工具，即使出借也不敢要租金，一些人干脆把公牛卖了，这使得生产积极性下降，产量也随之下降。1957年12月9日，它更将统购政策、城市配给制度以及工业化建设联系起来，它描述道："北京也和其他城市一样，猪肉实行着配给制。但是即使是在配给制状态下，猪肉仍然供不应求。记者报道上海市民早晨3点钟就起床，为的是在菜市场排在前面能够买到肉。农村虽然不施行配给，但是农民现在吃的肉还不如过去的一半数量，因为国家用固定的底价垄断地购买了猪肉，然后再按照垄断的高价格出售，农民远远买不起这样价格的猪肉。猪肉都去哪里了？答案是政府用肉偿还从苏联进口的工业产品……政府的雄心在于不惜代价地提高工业实力。"

农业对工业的反哺是巨大的。据董志凯和吴江的研究，在"一五"时期，全部工业产值中，以农产品为主要原料的产值约占50%左右，农副产品和用农业原料制成的工业品，在国内市场主要商品供应量中约占80%，在出口总额中约占75%。农民每年把净收入的约7%作为农业税上缴国家，同时，由于工农产品之间的差价，也就是"剪刀差"，农民又把相当于净收入的约5%奉献给国家积累，两项合计为12%。以另外一种方式计算，国家预算收入中，农民所缴农业税约占10%，由于农业及其副业品收购、加工、销售和运输等的利润和税收，间接构成财政收入的40%（其中包括工人所追加的价值），合计为50%。然而，"一五"时期国家对农业的投入比重为基本建设总额的7.1%，加上农村救灾经费、推广优良品种和新式农具、改良农业技术的经费，合计约等于农民缴纳税款的1/3。可见，工业化所需资金主要是由农业积累产生的。

粮食和棉花的统购统销政策将一直执行到1985年，长达32年之久。2007年，中央党校教授周天勇撰文认为："新中国成立后我们一直通过工农价格差、城乡'剪刀差'向城市和工业提供丰厚的原始积累，农民为工业化和城市化提供的积累，最保守地估计高达30万亿元。"[1]

在"一五"建设规划中，私人企业和私人资本的参与度几乎为零，它们已经被彻底地边缘化。随着计划经济体系的确立及国有资本的迅猛扩张，给予它们的空间已经越来越小。在这样的情形下，资本家所期望的最后一件事情是，他们现有的资本及投资收益到底能否保全。

1954年9月，全国人大颁布了新中国的第一部宪法，正式确定了国营经济的主导地位，明确提出国家对资本主义工商业采取"利用、限制和改造"的政策，逐步以全民所有制代替资本家所有制，以发展生产合作社作为改造个体手工业的主要道路。同月，政务院通过《公私合营工业企业暂行条例》。《条例》对"公私合营工业企业"的定义是这样的，"由国家或者公私合营企业投资并由国家派干部，同资本家实行合营的工业企业"。第三条规定"合营企业中，社会主义成分居于领导地位"，第九条规定"公私合营企业受公方领导，由政府主管部门派代表同私方代表负责管理"。这意味着，私人所有者基本上失去了对企业的支配权和管理权，而生产经营的目的不再是为了赢利，而是为了满足国家的需要。

据1954年统计，公股在全部公私合营企业中的比重为40.6%，单个企业公私合营的，平均每1万元资本额，国家实际投资为1 273元。尽管在股权比例上不占多数，但是公方还是合法地成了取代者。关于敏感的企业赢利分配方式，在这个条例的第四章"盈余分配"中，提出了"四马分肥"的方案，即"股东股息红利，加上董事、经理和厂长等人的酬劳金，共可占到全年盈余总额的25%左右"。

"四马分肥"给私人股东留下了1/4的盈余收益，看上去是一个较温和的计算方法，但是，却存在一个显在的争议点，那就是，私营企业的原料供应和成品销售两个渠道都被卡住了，中间的利润多少已经完全受制于

---

[1] 见《中国经济时报》，2007年7月9日。

人。所以，不满和矛盾仍然很突出。1955年，陈云终于想出"赎买定息"的方案，国家根据核定的私股股额按期发给私股股东固定的股息。

关于定息的比例，工商界的普遍想法是"坐三望四"，也就是年息为3%，最好能够到4%。而陈云最终公布的定息为5%，这让资本家们"喜出望外"。根据规定："全国公私合营企业的定息户，不分工商、不分大小、不分盈余户亏损户，不分地区、不分行业、不分老合营新合营，统一规定为年息五厘，即年息5%。"据吴承明在《中国资本主义与国内市场》一书中的记载，当时公私合营企业的私股总额为23.07亿元，其中工业企业为17.83亿元、商业企业为3.53亿元，饮食、服务和运输业为1.29亿元，金融业为0.42亿元，全年发放股息为1.15亿元。按陈云的看法，用这点钱就能使资本家敲锣打鼓地要求进行社会主义改造，使国家能统统把他们买下来，这是值得的。定息从1956年1月1日起计，原定到1962年止息，后延长到"文化大革命"开始前的1965年，利息有所降低。

定息赎买政策为私人资本的消亡设计了一个"退出通道"，它意味着产权改造的实质完成。从此，私人所有者对企业的财产关系发生了彻底的变化，资本家作为企业所有者的身份失去了意义，他们只是一个"银行存款者"，与企业营运本身再无任何财产权利关系。资本的实质已经消失，仅存一个躯壳。据社科院经济所的资料显示，全国拿定息的在职私营业主为71万人，吃息代理人为10万人，这81万人就是残存的资本家阶层。这些人大多集中在沪津等几个大中城市，其中，上海市公私合营企业中的私股为11.2亿元，几乎占总私股的一半。其中私股在500万元以上的5个大户中，有4人属于荣氏家族，第一名是荣毅仁的堂兄荣鸿三（他在香港），占975万元，每年可得定息48.7万元，即每月可得4万元；荣毅仁则占第三位，他在8个城市拥有24家纺织、印染、面粉和机械工厂。

在定息政策出台后，选择公私合营、把企业交给国家几乎成了唯一的选择。

一位资本家日后对口述史记录者桂勇回忆说:"不合营,你也生存不下去。为什么?劳资纠纷不断,就是工人斗你,你也不能开除他,工人即使不干活也得发工资,企业原材料不足、业务不足,国家把金融、原材料等全部控制好了,私营企业拿不到原材料,给你拿到的,也是价格两样的。工人的组织——工会已经成立,税务机构已经较完善了。我们已经是走投无路了,不要说厂里,连家里的钱都拿到厂里开支,到最后家都破产了,资本家风险压力很大。这样,资本家就没有什么内在的积极性了。"①

1955年1月,周恩来在一次中央工作会议上以荣毅仁为例,讲道:"他是全国第一号的资本家,他在这个地方讲,他那个阶级应该消灭,可是,另外碰到的一个人又跟他说,你祖宗三代辛辛苦苦地搞了这点工厂,在你手里送出去实在可惜呀!他也眼泪直流,这是很自然的,合乎情理。两种情形都存在,都是真实的。这种又接受和平改造,又感到痛苦的表现,如实地反映了中国民族资产阶级的心态。如果交出工厂,如弃敝屣,没有一点痛苦,那就不是资产阶级了。"

对于私人资本在中国的命运,决策层的想法在这些年也有一些渐进式的判断。

在1952年的"五反"运动后,毛泽东就断定,私人资本主义与计划经济的矛盾是不可调和的。他说:"资本主义所有制与社会主义所有制的矛盾,资本主义所有制和资本主义的生产社会性之间的矛盾,资本主义生产的无政府状态和国家有计划的经济建设之间的矛盾,资本主义企业内的工人和资本家之间的矛盾,都是不可克服的。"②1953年,他第一次提出让资本主义在中国"绝种",不过,他当时的时间表是15年。在6月的一次讲话中,他说:"所谓过渡时期,就是很剧烈很深刻的变动,按照它的社

---

① 桂勇著,《私有产权的社会基础》,上海:立信会计出版社,2006年版。
② 见《为动员一切力量把我国建设成为一个伟大的社会主义国家而斗争》,1953年12月制发。

会的深刻性来说，资本主义到 15 年后基本绝种了。过去枪炮很激烈，不决定资本主义绝种。"根据过渡时期总路线的规划，私人资本在中国的消亡时间是 1967 年。

两年多后的 1955 年 10 月，他的时间表突然提前了，在《农业合作社的一场辩论和当前的阶级斗争》一文中，他明确提出要让资本主义马上"绝种"。他在七届六中全会上说，"马克思主义是有那么凶哩，良心不多哩，就是要使帝国主义绝种，封建主义绝种，资本主义绝种，小生产也绝种。这方面，良心少一点好"，"我们的目的就是要使资本主义绝种，要使它在地球上绝种，变成历史的东西"。

工商界的头面人物也都意识到了历史的必然，最后的时刻到了。11 月 1 日，全国工商联首届执行委员会举行第二次会议，主任委员、前浙江兴业银行董事陈叔通在开幕词中，号召一切爱国的工商业者把自己的命运和国家发展的前途联系起来，在现有的基础上进一步接受社会主义改造。执委会在《告全国工商界书》中写道："我们工商业当前的首要任务是应该坚守爱国守法的立场，积极接受社会主义改造。"

两个月后，私人资本和资产阶级作为一种经济成分和阶级结构，果然在中国"绝种"了。

企业史人物 ｜ 工厂798 ｜

在"156工程"中，被安排在首都北京的项目有四个，一个民用，三个军工，其中之一就是798工厂。半个世纪后，798成为北京城里最出名的艺术家群落。

在京的四个项目中，有两个是电子企业，它们都在东郊的酒仙桥地区，一是北京有线电总厂，编号738，另外一个就是华北无线电器材联合厂，它由718、798、706、707、797、751六个工厂联合组成，其中798的名气最大，当地人就把这一片厂区统称为798大院。738研制出了我们的第一台电子计算机、第一部自动电话交换机和第一台银行自动柜员机；798最出名的记录是，在1958年自主研制出了纯度在99.99%以上的单晶硅，这是中国半导体产业的革命性突破。在后来的30多年里，798工厂一直是半导体产业的领先者，它为全国30多条国产化半导体生产线配套供应前工序设备，连续承担和完成了国家下达的众多科技攻关任务。

与其他"156工程"不同的是，798是由东欧的民主德国援助建设的。当时的民主德国副总理厄斯纳亲自组织成立了718联合厂工程后援小组，利用民主德国的技术、专家和设备生产线，完成了这项工程。除了技术的先进性外，它最独特的地方是具有典型的德国包豪斯①建筑风格。它的建筑设计商是德绍建筑机构，它和著名的包豪斯学校在同一个城市。因此，联合厂具有典型的包豪斯风格，是实用和简洁完美结合的典范。德国人在建筑质量上追求高标准。比如，抗震强度的设计在8级以上，而当时中苏的标准都只有6~7级；再比如，为了保证坚固性，使用了500号建筑砖；还有，厂房窗户向北，而当时一般建筑物的窗户都朝南，这种设计可以充

---

① 包豪斯：1919年，格罗皮乌斯在德国魏玛成立包豪斯学校，在抽象艺术的影响下，形成了一种新的工艺美术风格和建筑风格。其主要特点是：注重满足实用要求，发挥新材料和新结构的技术性能和美学性能，造型简洁。这一建筑理念和风格被广泛应用，形成包豪斯学派。

分利用天光和反射光,这就保持了光线的均匀和稳定。

798和738曾经是北京最出名和最神秘的大工厂之一,在这里工作是一件值得骄傲的事情,谁要是问他们在哪儿工作,回答都说是军工厂,其他一概保密,这种神秘感能引起无数人的羡慕。曾有工人回忆他到798工作第一天时的情形:我当时在大山子下了车,车站附近是一片居民区,最显眼的就是一个由解放军把守的大院子。这个大院子里面全是花草树木,就像是一个大花园,在树木的掩映下依稀能看见里面的红砖楼。我上前询问把守的解放军:"706厂在哪儿?"但是得到的答案却是不知道,可是此地不再有其他更像工厂的建筑了。这个谜底直到我正式工作后才解开,原来"706"是军工厂的代码,在当时是要保密的。我当时询问的地方就是798大院。

1960年,738大院出了一个工人指挥家束衡,他创作了一首《有线电厂在前进》的进行曲。在有关部门的安排下,6月5日,车工束衡走上北京人民剧场的舞台,指挥中央交响乐团演出由他创作的乐曲。在演出节目单上,工人指挥束衡的名字排在中国最著名的指挥家李德伦的前面,这在当年是一个十分轰动的新闻,它证明了工人阶级的先进性和无所不能。

然而,从20世纪80年代末开始,738和798与所有的国营企业一样,渐渐跟不上时代的脚步了,各个工厂的衰败开始显现。人们不再以进大院工作为荣,相反,但凡有点门路的人都想方设法调动工作。到90年代中期,红极一时的大院企业陷于停产半停产状态,工厂一半以上的工人下岗分流,大多数生产车间停止运行,798的在职人员从近两万人递减到不足4 000人。工厂实在没活儿干,只好靠出租闲置厂房和卖地皮来赚钱。

2002年,一位名叫洪晃的女文化人突然瞄上了它,洪晃是民国政治家章士钊的外孙女、共和国外交部长乔冠华的继女。她看中798独特的国营工厂气息——衰败、僵硬,与商业气氛格格不入,于是在这里以极便宜的价格租了一个车间,当作自己的艺术工作室。跟她一起看中798的,还有做艺术网站的美国人罗伯特,他租下了120平方米的回民食堂,改造成前店后公司的模样。在洪晃和罗伯特的鼓吹和示范下,一些前卫艺术家也先后看中了这里宽敞的空间和低廉的租金，纷纷租下一些厂房作为工作室或展示空间，798艺术家群体的"雪球"就这样滚了起来。美国《时代周刊》将这里评为最有文化标志性的22个城市艺术中心之一。《纽约时报》甚至将这里与纽约当代艺术家聚集区SOHO相提并论。

就这样，一个濒临死亡的国营工厂突然摇身变成了北京城最具时尚气息的地方。

798厂区内的所有车间、厂房甚至斑驳的机床、生产线等都被保留下来。它们像一堆已经被掏空了灵魂的躯体，艺术家们用各自的表现手法将之彻底地"波普化"，那曾经荡漾了40多年的劳动热情、革命纪律和政治崇拜突然被凝固下来，并呈现出一种很夸张和怪异的神情。到2004年，这里已经聚集了200多家来自十来个国家的文化机构和个人工作室，北京市政府已经决定将这里列为"优秀近现代建筑"进行保留。很多年后，当全中国的老牌国营工厂都已经被拆迁一空之后，798作为唯一的幸存者被留存下来。当然，这是一种谁也没有预料到的方式。

2008年，一家报纸用这样的细节展开了它对798的描写："慷慨激昂的《有线电厂在前进》进行曲过后，在798，妩媚、阴柔的昆曲正在响起。这天晚上，《仁》俱乐部举办答谢酒会，请来两位戏剧梅花奖得主，演出昆曲《长生殿》。"

半个世纪前，这个吟唱唐明皇、杨贵妃爱情故事的地方，是798大院的大食堂，每次开饭前，这里的工人都要站着高歌一首激情昂扬的革命歌曲。

▲ 今日798

1956 / "绝种"

> 西边的太阳快要落山了，
> 微山湖上静悄悄；
> 弹起我心爱的土琵琶，
> 唱起那动人的歌谣。
>
> ——芦芒：电影《铁道游击队》插曲，1956年

私人资本在中国的"绝种"，仅仅用了一个月的时间。

私营企业家积极配合了政府的决策，其中，北方的代表人物是乐松生，他是国内最出名的百年药号同仁堂的总经理，南方的领头者则是最大私营企业集团上海申新公司的荣毅仁，他们先后都当上了北京市和上海市的副市长，一时人称"北乐南荣"。

1956年1月1日，北京市私营工商业者提出了实行全行业公私合营的申请。到1月10日，只用了10天，全市的私营工商业宣告全部实现了全行业公私合营，已经跑步进入社会主义。

同日，毛泽东南下到上海申新棉纺织印染厂视察。他风趣地对时年40岁的荣毅仁说："你是大资本家，要带头。现在工人阶级当家做主了，老板换了。"随后他问："公私合营后生产怎么样？"荣毅仁回答说："比以前要好。"

在视察后，荣毅仁当即代表上海工商界集体给毛泽东写信，表示要在6天内实现上海全行业公私合营。新华社记者问起荣毅仁今后的打算，他回答说："我的企业已经实行公私合营，还准备实行定息的办法，这样每年利润更有了保证。我已经在上海市人民代表大会会议上表示了决心：我一定把所得的利润以投资企业和购买公债的方式，用来支援国家的建设。我个人愿意在任何工作岗位上来尽我的责任，做一个对国家、对社会主义有贡献的人。"

1月15日，北京市在天安门广场举行庆祝社会主义改造胜利大会。在20万民众的欢呼声中，乐松生登上天安门城楼，代表北京工商界向毛泽东主席献上北京全行业实行公私合营的喜报。由新华社摄影记者侯波拍摄的《乐松生向毛泽东送喜报》，第二天登上了全国所有报纸的头版，这是一个历史性的时刻。《人民日报》发表社论说："远大的理想，已经开始

▲ 1956年，乐松生向毛泽东送喜报

变成现实,在我们的国家里,已经出现了第一个社会主义的城市。"

1月20日,上海召开公私合营大会,工商界报喜队的一名代表装扮成"天官赐福"的样子来到会场向人们报喜,宣布全市205个行业、10万多户私营工商业全部实行公私合营。第二天,在早春的细雨中,上海举行20万人的盛大游行,敲锣打鼓庆祝社会主义改造的完

▲ 1956年1月,全国出现了全行业公私合营的高潮

成。据当时的报纸描述:"大会在诵读完写给毛主席的报喜信后,人群立即欢腾起来。无数气球在人们头顶上方飞舞,宛如五彩缤纷的海涛。鞭炮的青烟在蒙蒙细雨中凝结成一片片云雾,久久挥之不去。人群中最惹人注目的,是由西装革履的工商界人士组成的队伍,诸多年老的资本家一边扭着秧歌,一边向周围的群众欢呼招手。从这一刻起,他们及其家属将放弃剥削,学会本领,争取成为自食其力的劳动者。"在热烈的人群中,荣毅仁大声地朗诵道:"社会主义改造对于我失去的是属于我个人的一些剥削所得,得到的却是一个人人富裕繁荣强盛的社会主义国家。对于我,失去的是剥削阶级人与人的尔虞我诈互不信任,得到的是作为劳动人民的人与人之间的友爱和信任,这是金钱所不能买到的。"

随后,全国各大中城市一个接一个地完成了工商业的社会主义改造。在天津,盛大的游行队伍第一排是由一群资本家的太太们组成的,一年后的《人民画报》对其中的7个人进行了追踪采访,龚锦成了天津市第四医院X光部的护士,沈恩秀进入天津人民造纸厂当了文化教员,张玉英成了社区托儿所的一名老师,岳东平进入夜校学习,蒋恩钿大部分时间在做翻

译工作，另两位也在"努力学习，争取成为自食其力的劳动者"。

薄一波在《若干重大决策与事件的回顾》中说："应于1967年完成对资本主义工商业的社会主义改造，现在基本完成的时间，比原计划提前12年。这个速度不仅超出我们大家的预料，而且也超出毛主席本人的预料。"1月25日，毛泽东在第六次最高国务会议上说："公私合营走得很快，这是没有预料到的。谁料得到？现在又没有孔明，意料不到那么快。"①

变化比计划快，这是中国常有的事。不过，事情快起来之后，也会发生预料之外的状况。正是在这次重要的最高国务会议上，毛泽东突然向陈云提出了一个"小问题"：为什么东来顺的羊肉变得不好吃了？

东来顺是北京城里一家有150年历史的老字号饭馆，它以涮羊肉出名，其羊肉"薄如纸、匀如晶、齐如线、美如花"，投入汤中一涮即熟，吃起来又香又嫩，不膻不腻。1955年，东来顺搞了公私合营，改名为民族饭庄，从此它的羊肉再也涮不出原来的鲜美味道了。民间因此有人调侃说："资本主义的羊肉经社会主义改造后，就不好吃了。"这些言论传到了毛泽东的耳朵里。

陈云对这一现象也早已观察到了，自从公私合营之后，很多老字号的质量明显下滑，除了东来顺的羊肉，常常被群众议论的还有全聚德的烤鸭，这家烤鸭店的烤鸭变得"烤不脆、咬不动、不好吃了"。陈云专门针对东来顺羊肉和全聚德烤鸭去做了调研。所以，当毛泽东向他提问时，他当即给出了回答。

东来顺的问题是"我们轻易地改变了它的规矩。东来顺原先只用

---

① 就当中国跑步进入社会主义的时候，苏联发生了一个大事件。1956年2月14日，苏联共产党召开斯大林去世后的第一次全国党代会，新任领导人赫鲁晓夫做了题为"关于个人崇拜及其后果"的长篇秘密报告，对斯大林在理论和实践上进行了不留情面的批判。这一秘密报告传到中国后，引起领导人的特别警惕。它以及同年年底发生的"匈牙利事件"，为中国1957年的"反右运动"埋下了伏笔。

35~42斤的小尾巴羊,这种羊,肉相当嫩。我们现在山羊也给它,老绵羊也给它,冻羊肉也给它,涮羊肉怎么能好吃?羊肉价钱原来一斤是一块两毛八,合营以后要它和一般铺子一样,统统减到一块零八,说是为人民服务,为消费者服务。这样它就把那些本来不该拿来做涮羊肉的也拿来用了,于是羊肉就老了。本来一个人一天切30斤羊肉,切得很薄,合营后要求提高劳动效率,规定每天切50斤,结果只好切得厚一些。羊肉老了厚了,当然就不如原来的好吃了"。

全聚德的烤鸭也是同样的问题,原来的烤鸭用的是专门喂养100天左右的鸭子,有严格的喂养规矩,饲料主要是绿豆和小米,粮食统购统销和公私合营后,烤鸭店的原料由国家统一调配,给他们的是农场喂养的老鸭子,结果自然是不好吃了。

毛主席问陈云,怎么解决这个问题呢?陈云坦言了他的看法,他谈道:从北京开始发起全行业合营后,全国各地的私营工商业很快都公私合营了,天天敲锣打鼓,放鞭炮。但是应该看到,现在全行业公私合营的工作仅仅是开始,并不是已经结束了……商店中的大店、小店,连夫妻老婆店,统统合营了。以北京为例,私营商业共20万户,雇店员的不到1万户,50%以上是不用店员的。政府对于不雇店员的商店本来是要采取经销、代销的方式,但是高潮一来,他们天天敲锣打鼓,放鞭炮,递申请书,要求公私合营。没有办法,只好批准。他们人数很多,铺子很多,如果一律采取对待资本主义商业那种方式,对营业是不利的。

陈云还以自己家门口的一个小铺子为例,详细阐述了他对个体小商业的看法。他说:"那是一个只能站两个顾客的小店,但是它卖的东西适合那个地方群众的需要,有文房四宝、牙刷牙膏、针头线脑,直至邮票,样样都有。这种小铺子看居民需要什么就卖什么,对群众很方便。他们卖的方法也跟百货公司不同。百货公司的信封,是成扎卖的,他们一个也卖。百货公司的信纸是成本卖的,他们一张也卖。售货时间也不一样,百货公司是8小时工作制,到点关门,他们是晚上12点敲门也卖东西。这样的铺子居民很需要，所以能够存在下去。如果他们也跟我们一样，干不干二斤半，做不做二尺五，①一律30块、35块发工资，我相信品种就不会那么齐了，半夜12点钟门也敲不开了。全部改变以后，他们的经营积极性就会大为降低，对消费者造成很大的不便。所以，对这些人要继续采取经销、代销的方式。这种小铺子可以向两方面发展，一部分吸收到国营公司里来，或者变成公私合营的商店；还有一部分，在很长时间里要保留单独经营方式。手工业者、摊贩等，更要长期让他们单独经营。比如雕刻，如果这种人也组成合作社，进货是统一的，销路是统一的，那他的手工艺品就做不好。北京的馄饨担怎么办？上海弄堂里的白糖莲心粥怎么办？对他们应该很宽很宽。他要求加入合作社，也只能是挂个牌子，报个名，登记一下就算了。把他们组织起来，每个人要在一个小组，统一进货，统一经营，统一核算，那就有一种危险，即馄饨皮子就不是那么薄，而是厚了；肉不是鲜的，而是臭的了。所以要长期保留这种单独经营的方式。把他们搞掉了，对人民对国家都是不利的。我们是要改组工商业的，但并不是每个小厂统统需要改组，也不是所有的商店都要调整。如果轻率地并厂并店，就会给经济生活带来很多不便。"

陈云因此得出的结论是："我看社会主义社会，长时期内还需要夫妻店。"此外，他还对私营工厂的效率和质量下降提出了建议，认为，私营工商业公私合营以后，原有的生产方法、经营方法应该在一个时期内照旧维持不变，以免把以前好的东西也改掉了。"不能保持好的品种、好的质量的情况，在统购统销以后就发生了，因为我们没有什么竞争，统统是国家收购的，结果大家愿意生产大路货，不愿意生产数量比较少和质量比较高的东西。"②

---

① 二斤半，指供给制时期每人每天的伙食标准（包括主食和副食）是二斤半小米。二尺五，指穿的衣服（上身）是二尺五长。

② 陈云著，《陈云文选》（第二卷），北京：人民出版社，1995年版。

在热火朝天的 1956 年，东来顺的羊肉变得不好吃了，看上去只是一个不起眼的小问题。但是，敏感的人还是从中读出了巨大的体制性隐患，它将困扰人们长达 22 年之久。就当陈云提出了他的解决方案时，中国两位学者却从制度层面上开始了破冰式的反思。

他们是顾准和孙冶方（原名薛萼果，1908—1983）。

此时的顾准正在中央党校潜心学习，他从早到晚都钻在图书馆的书库里读书。过去的 3 年里，他通读了马克思的 3 卷《资本论》、苏联理论家们的计划经济理论、黑格尔以及凯恩斯的著作，此外还读完了《中古世界史》《中国通史》和《中国近代史资料选编》，浩大而孤独的阅读经验，让他变成了一个独立而敏锐的思想家。他对国家的经济建设模式，渐渐形成了体系式的看法。在 1955 年 12 月的日记中，他如此评论"一五"计划："工业建设，必须使用现代技术，迎头赶上。但是，如果仅仅依靠输入的计划工作，输入的工业化方案，这不只是经济建设上的教条主义，也不是从中国土地上生长起来的东西。"① 这样的言论在当年无疑是大逆不道。就在这时，顾准开始对社会主义条件下的商品货币关系和价值问题进行了深入的思考。

▲ 孙冶方

与顾准达到同样思想高度的另外一个学者，是他的江苏老乡孙冶方。这是一个 1924 年就入党的老党员，1949 年当过上海市军管会工业部副部长、部长，与顾准有过同事的经历。1954 年他赴京升任国家统计局副局长，接着又到中国科学院经济研究所当所长。正是在这一时期，两位老友又相聚在一起。

---

① 顾准著，《顾准日记》，北京：经济日报出版社，1997 年版。

有一次，顾准翻出马克思在《资本论》第二卷第七篇的一段引文，与孙冶方进行讨论，这段文字是："在资本主义生产方式废止以后，但社会化的生产维持下去，价值规律就仍然在这个意义上有支配作用：劳动时间的调节和社会劳动在不同各类生产间的分配，最后和这各种事项有关的簿记，会比以前任何时候变得更重要。"

对这段文字的再三推研，让两人的思想打开了一扇危险的窗户。1956年6月，孙冶方在《经济研究》杂志上发表《把计划和统计放在价值规律的基础上》一文。1957年，顾准发表《试论社会主义制度下的商品生产和价值规律》。他们破天荒地认为"我们必须研究社会主义下面的商品生产问题"[1]，提出了社会主义的生产也可以由市场规律自发调节的惊人观点。

事实上，在1956年前后，已有不少人在自觉或不自觉地反思计划经济的运作规律。譬如孙冶方的堂兄、时任中财委秘书长兼私营企业局局长的薛暮桥也在1957年的春天撰写了《经济工作中的若干理论问题》一文，提出了困扰内心的四个问题："第一，社会主义经济是否需要百分之百的社会主义，是否可容许小商品经济甚至资本主义经济在一定时期、一定范围内存在，并有一些发展，然后慢慢改造它们？第二，社会主义国家应当采用什么办法来使消费品的生产能够适合人民的多方面和多样化的需要？第三，怎样能够在社会主义建设中保持国民经济各方面的平衡？第四，在我国目前的条件下，国家的基本建设投资应当首先用于什么方面？"[2] 不过，当时的薛暮桥还不敢像顾准、孙冶方那样思考，他在晚年的回忆录中说："我国绝大多数经济学家（包括我自己在内），是一直把价值规律同商品生产和商品流通联系起来研究的，认为价值规律是商品生产和商品流通的规律，在商品经济消灭以后，价值规律也就不起作用了。"[3]

---

[1] 简称《试论》，见《经济研究》1957年第3期。

[2] 该文当时并未发表，收录于薛暮桥著，《薛暮桥学术精华录》，北京：北京师范学院出版社，1988年版。

[3] 薛暮桥著，《薛暮桥回忆录》，天津：天津人民出版社，2006年1月版。

只有顾准和孙冶方超出同时代的所有人,他们因此成了异端,也正因此,在很多年后,他们被并称为"中国经济学界提出在社会主义条件下实行市场经济的先驱"。

在《试论》一文中,顾准更是展现了让人仰止的道德勇气。他无比大胆地写道:"可以知道,经过几十年的历史发展,社会主义经济已经形成一个体系。这个体系的全部细节,是马克思、恩格斯所没有全部预见,也不可能全部预见的。为什么现在社会主义各国还存在着商品生产与货币经济呢?应该从这个体系的内部关系的分析中去找答案。"

作为一个会计学专家,顾准在文章中一再挑战经典理论。他写道:"社会主义经济是计划经济,马克思、恩格斯再三指明过;社会主义是实行经济核算的计划经济,马克思、恩格斯从未指明过。相反,他们确切指明社会主义社会将没有货币,产品将不转化为价值。"他认为,这是一些需要修正和演进的理念,"让全社会成为一个大核算单位是不能的。全社会必须有一个统一的经济计划,具体的经济核算单位则必须划小,至少以每个生产企业为单位进行核算,巨大的生产企业,其具体核算单位还必须划小"。他像先知一样对正在形成中的大一统计划经济提出了最直接的挑战,很多年后我们仍能感受到他思想的灼热。

1956年,是很多人记忆中的"最后一个春天"。随着"一五"计划接近尾声、公私合营的全面完成以及粮食危机缓解,新国家的建设蒸蒸日上,几乎每月都有重要的工业项目胜利建成的喜讯。第一辆国产汽车下线了,第一架国产喷气式歼击机试飞成功了,鹰潭至厦门铁路铺轨工程全部完工,全国所有县通了电报,95%以上的县通了电话,大部分县都建立了有线广播站。

这年1月,周恩来代表中共中央宣布,知识分子经过几年的改造,"他们中间的绝大部分已经成为国家工作人员,已经为社会主义服务,已经成为工人阶级的一部分"①。这让很多人大大松了一口气。日后来看，这意味着中国知识分子作为一个独立阶层的消失。4月，毛泽东提出"百花齐放，百家争鸣"，鼓励知识分子大鸣大放，广议国政，舆论因此欢呼"春天来了"。

在农村，一场影响深远的"合作化运动"正在开展。几年前分到农民手中的土地又以合作社的方式被收归为集体所有，它为几年后的人民公社奏响了前曲。到年底，中国5亿农民基本上都被纳入100多万个合作社之中，开始了集体化的生产和生活。刚刚当上国务院专家局副局长的社会学家费孝通描绘了他的家乡成立合作社前后的情景："在合作化高潮卷到这个村子里的时候，热烈的场面真是动人。高级社成立前几天，号召大家积肥献礼，每只船都出动了，罱得满船的河泥，把几条河都挤住了。几村的人都穿上节日的衣服，一队队向会场里集中。一路上放爆竹，生产积极性的奔放，使得每个人都感受到气象更新……肥料加到地里，青青的水稻那样得意地长起来，使农民心花怒放……农民们从田里回家谁都怀着兴奋的心情，'700斤'没问题，接下去的口头禅是'一天三顿干饭，吃到社会主义'。"②

一年多后，费孝通开始对合作社经济模式产生了怀疑，并因此受到批判。20多年后，中共中央对这次合作化运动进行了反思，在1981年《关于建国以来党的若干历史问题的决议》中写道："在1955年夏季以后，农业合作化以及对手工业和个体商业的改造要求过急，工作过粗，改变过快，形式也过于简单划一，以致在长期间遗留了一些问题。"

经济上的成就，也为社会环境的宽松创造了条件。春暖花开的时候，团中央和全国妇联召开了一次研究妇女着装问题座谈会，提倡妇女打扮得漂亮一些，衣服穿得美一些。《中国青年》也发表文章，号召："姑娘们，

---

① 见周恩来1956年1月中共中央关于知识分子问题会议上的所作的报告。
② 费孝通著，《江村农民生活及其变迁》，兰州：敦煌文艺出版社，2004年版。

穿起花衣服来吧。"报纸杂志纷纷向大家推荐新的服装样式以及搭配方法，并讽刺不好意思穿花衣服的妇女。不久，上海、北京、天津相继举行了盛大的时装展览会，最新时装里有传统的旗袍，也有各种款式的花衣服。《人民画报》还以两个整版介绍了新上市的皮鞋款式。但是，对于许多女孩子来说，穿花衣服的号召又引起了新的烦恼，因为市场上的花布种类太少，买到一块中意的花布并不容易。《中国青年》杂志呼吁："印花布不是一件小事情。我国妇女儿童占总人口70%左右，除去一部分人可能不愿意穿花布外，最少有3亿以上的人口要穿。花布穿在3亿人身上，如果花样不好看，6亿人看了都要不舒服。"

在城市商店里，日用消费品比前些年都要丰富一些，电子管收音机和自行车、手表、缝纫机是最受欢迎的商品，它们被老百姓并称为"四大件"。

1956年，创办南洋烟草的简玉阶以87岁高龄去世。他在回忆文章《我的喜悦和安慰》中说："看见洋商的纸烟在中国市场上被彻底打垮，是我一生最大的幸福。这个多年的愿望今天实现了。"[1]

9月30日，老上海的商业名人刘鸿生也去世了。在临终前的那个深夜，他在病床上用极低沉的声音，对四子刘念智说了最后几句话："四儿，你从国外回来后，一直跟在我的身边，你应该最了解我。我生平最担心的有两件事：一件是怕企业倒闭，另一件是怕子女堕落，在我死后抢家当。现在这两件事都由共产党给我解决了，企业不会倒闭了，子女不会堕落了。我可以安心地离开你们了……"话毕，即陷入昏迷。

次日早上，69岁的刘鸿生停止呼吸时，刘念智正在参加"十一"国庆游行，他担任了上海市工商联的游行大队大队长，没能守护在父亲的身边。8点钟，他在游行队伍中突然听到广播喊人："刘念智，鸿老刚刚去世，

---

[1] 简玉阶著，《我的喜悦和安慰》，载《中国新闻》第721期，1956年2月16日。

你赶快回去吧!"

1957年1月,在上海市人民代表大会二届一次会议上,荣毅仁当选副市长,这是荣宗敬兄弟自创业经商以来,第一位荣家子弟担任政府公职。不久前,毛泽东与陈毅等人议论国内著名的资本家时说:"这荣家是我国民族资本家的首户,在国际上称得起财团的,我国恐怕也没有几家子。"荣毅仁的"红色资本家首户"称号由此得来。据回忆,在代表大会期间,已经升任国务院副总理的陈毅亲自南下为荣毅仁助选,陈毅对代表们说:"我匆匆赶回来,因为毛泽东给了我一个特殊任务,要我和上海的朋友商量一下,请投荣毅仁一票,把他选上副市长。"

就是在鼓励大鸣大放的大氛围中,围绕如何对待私人资本、如何搞好合营企业的问题,发生了几场大争论。如果说,顾准和孙冶方代表了共产党内知识分子的思考高度,那么,来自私人资本阶层的人士也发出了自己的声音。

争论最早起源于1957年1月的上海。

就在荣毅仁当选副市长的代表大会上,鸿兴织造厂董事长、中国钟表厂总经理、萃众织造厂经理李康年递交议案,建议政府发行"工商企业改造赎买存单",发行额定为人民币22亿元(减除1956年、1957年两年定息),于1958年1月开始发行,分18年兑现,每一季度兑现2 750万元,每年11 000万元,到1975年第四季度全部兑讫;在完成对资本家的"赎买"之后,全部公私合营企业一律改为国营,私方人员即变为公家职位。

5月17日,北京的《人民日报》刊登了这个"赎买20年建议",供全社会讨论。李康年还拟出了一些具体的执行方法,他建议政府指令交通银行增辟信托部,代民族资产阶级保管股票,出席股东会、董事会,代收股息红利定息,代办储蓄投资或建造房屋,或代为捐献转赠他人,或缴纳国库。在发给资本家的22亿元赎买金中留出1/10,作为对资方代理人、董监事与需要照顾的资产阶级分子,给予一次酬劳或慰藉金,如再有余额,即拨交全国工商联,作为私方生活互助基金。

李康年的建议,当即在全国引起轩然大波。在工商界内部,有人支持李康年的提案,认为此议保障了私人资本的长期权益,也有人反对,认为定息已经成了有名无实、有害无益的东西,再拖20年怎么受得了。云南省工商联副秘书长聂叙伦就说,昆明有的饮食店业主半年只有七厘钱的定息,有的一户每季只有四分钱的定息,因此有些人要求摘掉定息户的"帽子"。北京市第二五金工业公司副经理于熙钟说,中小户青年工商业者看了李康年提出的延长定息20年的意见都很生气,有的甚至说再提就咬他的耳朵。全国工商联副主任委员毕鸣岐说,提出定息延长20年,工人阶级反对是理所当然;民族资产阶级中多数的人也不会接受,而我们民族资产阶级的子女也不会答应。

▲ 李康年的钟牌414毛巾

而一些参与执政的人士则从意识形态的高度反对李康年提案。中国民主同盟党员、时任中央私营企业局副局长千家驹就认为,李氏的主张是"是消极性的表现,想一辈子吃剥削饭",工商业者应该认识到,现行的赎买政策是国家对他们进行改造的一种安排,也在于使他们安心改造。李康年的错误在于"把赎买视为国家欠了资本家一笔债,非还不可,拿定息是理所当然的,是光荣的事。这种想法是不利于改造的。因为他们把剥削可耻的根本道理都忘记了"。

6月6日,李康年在《人民日报》再次发表4 000字的长篇文章,对千家驹的观点进行反驳,他说:"自从我的建议书提出后,所受到的,多半是无理的谩骂,而得不到真理的帮助与批评。"对于"想吃剥削饭一辈子"的指责,李康年说:"我今年60岁了,难道我一定能活到80岁吗?

孩子们多已大学毕业做医生了,他们也不会要的,况且我的定息每月不过二三百元,目前都已买公债了,我的家境也不很困难,何必要计较这些呢?千家驹同志认为我想一辈子吃剥削饭未免武断。"他还认为千家驹把财产赎买与资本家改造等同起来,是混淆了政策,"因为和平改造方针有两个内容,第一,对物(生产资料)——赎买(利用、限制、改造)——成为社会主义生产机构;第二,对人(资本家)——教育(生活、思想、安排)——成为社会主义劳动人民。两者之间虽互相关联,而各有区别,他说赎买是对他们进行改造的一种安排,似觉不可理解"。最后,他还认为"赎买应从定息起付之日算起",而不应该像千家驹所说的从1949年算起,因为"如果赎买确定为1949年开始,则8年以来所开新厂新店怎么办呢?其问题有工人阶级劳动所得而由政府鼓励他们创办的,又将怎么办呢"?

就在李康年的"赎买20年建议"引起众多争辩时,5月15日至6月8日,统战部邀集全国民主党派以及工商联负责人在北京召开一个座谈会。在这次会议上,工商界人士纷纷谈及公私合营企业在管理上的种种弊病,并对现行政策提出了批评性意见。当时的《人民日报》对此进行了多次详尽的报道。

沈阳市工商联副秘书长马春霖说,私方人员一向有精打细算的习惯和经验,在试制新产品、提高生产率和技术措施计划上,一般都能做到少花钱多办事。现在企业扩大了,讲排场作风在企业中逐渐滋长,一般工厂都设有八大科,每个车间又在科的系统下设有八大员,机构庞大,人浮于事的现象非常严重。私方人员提过意见,但得到的不是尊重,而是讽刺,说小家子气,作坊作风。

一些人谈到合营之后私方人员生计困难。四川省工商联秘书长李仲平说,成都市一个机电厂厂长(私方人员),有技术,每月收入40元左右,家里6口人,平均每人7元,生活很困难,专业公司要他自己想办法,他说:我的资本都交了出来,我人在工厂,叫我到哪儿去想办法呢?全国工商联副秘书长经叔平说，据湖南代表反映，高潮后，有少数小商小贩因生活所迫自杀了。经叔平提出，要解决小商小贩生活困难的问题，就要给他们适当自由经营的出路，不要把自发工厂叫"地下工厂"，叫"地下工厂"就意味着不合法，而他们做的事是人民需要的，为什么不让他们做呢？

在公私合营企业中公方私方人员的关系上，全国工商联副主任委员、曾经当过上海市副市长的资本家盛丕华说，公私共事关系中最突出的问题是私方人员的职权问题。许多私方人员反映他们的苦闷说：多做了工作，怕被说成是争夺领导权；少做了又怕被批评为不负责任，觉得进退两难。湖南省工商联秘书长彭六安说，公方人员以改造者自居，相处时总强调阶级关系，私方人员得不到企业和党以及社会舆论的支持，例如有个私方人员有了一件发明创造，但报纸发表时却说是工人的。有个民建会员提了一件合理化建议，已经试验成功并达到国际水平，但轻工业部对这件事评价很低。在私方人员的安排方面，有的有技术却安排搞一般工作，有的有管理经验却安排下车间。在福利待遇方面，私方家属生病就不能同公方人员、工人家属一样到医院去治疗。

安徽省工商联秘书长胡庆照说，安庆市国药总店公私合营时，公方让私方提意见，私方提了意见，公方代表说，我是政府派来的，我们对你们客气，你们却把它当成福气，神气起来了。私方人员就不敢再提意见。后来这件事反映上去，市工商局召集国药总店全体职工开大会对证，私方人员在这种场合下哪敢再说话。胡庆照还说，合肥市一个搪瓷厂的私方人员为了研究一件产品，不慎把仪器弄坏了，有个团员，不分青红皂白，说他是破坏分子，并把这事登在黑板报上，他气得跑到民建会去哭了一场。

广西工商联秘书长张国英说，南宁和行腊味店的公方是个转业军人，用军队的方法来管理企业，7点钟上班，私方人员迟到一些马上批评；私方人员第二天6点半到店，他叫职工不要开门。职工问为什么不准私方人员提早进店，他说，他们是资产阶级，没有改造好，他们还会偷钱的。他整天站在柜台看着。私方人员为了避免嫌疑，就高声报告每笔营业收入。

在工厂里,私方人员听见公方代表的皮鞋声,工作已做完的还得东摸西摸,表示还有工作做。梧州市兴华电池厂私方人员是技术副厂长,厂里改变电池配方时,他提出在没有试验成功时不要大量生产。公方代表对他说:你是保守思想,是不是想破坏生产?不准你发言。结果因质量不好,损失40多万元。

还有人对"一五"计划中的失误进行了批评。上海市工商联副主任委员胡子婴说她到西北视察,看到上海一批工厂搬迁到西北以后的情形。她说,第一,当初在迁厂迁店时就有盲目性,没有很好研究当地的情况。在提出迁厂迁店要求时,好像皇帝选妃一般,点着哪一家就是哪一家。例如迁到洛阳去的都是上海南京路上第一流的名牌店,这样并不是太合适。迁到兰州去的丽华墨水厂实际上除了水是当地的以外,什么原料仍都从上海运过去,结果成本反比从上海运去的墨水价钱高。第二,动员时乱许愿,说什么住洋房,牛奶当开水喝等,而实际情况不是那样。第三,吃饭住房样样都分等级,以致造成很深的鸿沟。第四,凡是给领导提意见就认为是落后,甚至提合理化建议,也看成是捣蛋。兰州丽华墨水厂一位会计因为提理化建议竟被调到别的单位去。从上海迁到兰州去的王荣康西服店的私方人员王嘉明的兄弟因为提意见,被调到百货商店当办事员。兰州财贸部田广仁部长对信大祥的职工报告时说,"你要民主,我要专政;你要自由,我要纪律",甚至在大会上骂王荣康的牌子不值两角钱。这位田广仁部长去买皮包竟打掉一个私方人员的牙齿,结果告到派出所给了6块钱的药费糊糊涂涂了事。第五,是非不明。例如洛阳有的机关买布不给布票,问题闹到专业公司,专业公司经理反把责任推到私方人员身上。此外,胡子婴还谈到兰州大中华菜馆勤杂工打私方人员、信大祥职工打私方人员,向专业公司、民建、工商联反映都得不到解决;还谈到有些转业军人以功臣自居,转业几年仍不学习业务,认为过去有功,现在应该享福了。

老资格的民主人士、当过轻工业部部长的黄炎培还谈到了"内外有别"的苦恼。他说:"当部长总想做些部长的事,我管八九十个厂,我想把局长、厂长的名单抄一份在办公室挂出来，秘书说，党总支不同意，要保密。我说政务院还要公布名单呢，这有什么保密？不久，我在一位党员司长办公室看见一个名单清清楚楚挂出来了。"他进而还点名批评国务院第八办公室："实在是充分地表现出不关心工商界人士的疾苦，高高在上，十足官僚主义的作风。"

天津造纸公司经理董少臣提出了"撤出合营企业公方代表"的大胆建议。他说，公方代表光有政治资本没有技术经验，是搞不好生产的。私方人员自己觉得并不是"饭桶"，过去他们也曾管理好自己的企业；况且合营已经一年多了，国营企业的管理方法也学到了不少。因此他主张：在一个企业里，只要有党支部的，在党支部领导和支持下，把生产管理权交给私方执行一年，试试看行不行。他说，把职权交给私方，把私方这笔"财富"挖出来，把公方代表调到真正需要的岗位上，这也是增产节约。

北京裕生祥电机厂副厂长吴金萃则对"向工人阶级学习"的口号表示了异议。他认为：中国资产阶级向工人阶级学习是没有问题的，但不是具体到每个工商业者都不加分析地向每个工人去学，也可以说学的时候不能把每个工人的各个方面都笼统地、一概地去学。因为，工人阶级存在于我们国家里，当然也存在于我们自己所存在的工厂、商店里。阶级是由人集成的，我们就找到了这个阶级里的人——工人和店员，要向他们学习，然而发现他们（也可以说原来就知道他们）并不那样理想，他们的品质并不那样高贵，他们的言行当中有很多我们看来不能去学。比如工厂里的工人有的常常是不爱惜公共财物，浪费材料，损毁工具，有的不遵守劳动纪律，有的请病假去逛公园逛商场，有的打人骂人，甚至偷东西……在商店里有的店员服务态度很不好，有的工作不积极，具体表现出来不是理想的工人阶级品质，这些品质在我们身上去之犹恐不及，万万不能去学。

在所有的发言者中，最让人印象深刻、观点最为激进的是既办过私人企业，又有经济理论修养的粮食部部长章乃器——他同时还是全国工商联副主任和中国民主建国会中央副主任。作为20年前的"七君子"之一，他不改直言本色。在过去的一年,他以发表文章、讲话的方式阐述了自己的很多观点,主要有三个方面。

第一是关于生产效率和官僚主义。章乃器问:"何以有些公私合营企业的工作效率反而不如私营时期呢?何以有些社会主义企业甚至有些国家机关的工作效率反而不如现代化的资本主义企业呢?"他的答案是,存在官僚主义。现代化的资本主义企业之所以有较高的工作效率,是因为资本家除了要图利之外,还有一种企业心。为了图利,为了搞好企业,他们自然要用人才。他们并不愚蠢,他们很会精打细算。他们知道,只要一个人能做三个人的事,就可以大赚其钱,同时也搞好了企业;反之,如果五个人只能做一个人的事,那就要破产。而现在的某些企业、机关在人事方面"德重于才,以资代德"等是非不明的偏向,在现代化的资本主义企业中是很难公然存在的。

章乃器进而说,官僚主义是比资本主义更危险的敌人。因为资本主义已经肯定不可能在我国复辟,而官僚主义却随时可以在我们的思想中甚至工作中复辟。在资本主义当中,我们还可以取其精华,去其糟粕,找出一些在生产、经营上有益的经验和知识,为社会主义服务;而官僚主义则是"一无是处"的糟粕。这就是为什么一个社会主义企业加上了官僚主义,效率反而不如现代化的资本主义企业的理由。

第二是关于民族资产阶级的两面性问题。章乃器认为,民族资产阶级的两面性,在全行业合营后,已经基本上消灭了。在工人阶级领导之下成为一个革命阶级的中国民族资产阶级,说它是红色资产阶级是说不到什么夸张的。他甚至说,他不赞成对资产阶级的改造要"脱胎换骨"这种提法,以为这样是把改造工作神秘化起来,使人望而生畏。工商界进入社会主义,能交出企业而无所留恋,比那些赤手空拳、喊口号、贴标语的人进入社会主义还好些。

第三是反对教条主义和个人崇拜。他说,现在已经有一些以"改造者"自居的人物,自命已经"脱胎换骨,超凡入圣"。这种人很危险,他们会在有意无意中变成特权人物。如果深入地进行检查，可能会在他们的身上发现痕迹不断加深的"小资产阶级"的烙印。我坦白地说，我很怕做圣人。做了一名高级干部，人们平时对你提意见有顾虑，接近也有顾虑，已经很不好受。倘若再做了圣人，在一片歌颂声中天天受人崇拜，随便说一句话人们就把它当作"圣旨"，弄得坐立不安，吃饭睡觉都不自在，那可真有点活不下去。

章乃器等人的观点是大胆的。在过去的一个多月里，《人民日报》《大公报》等报刊连篇累牍地刊登了这些言论，有附和赞同，也有反对驳斥，一时非常的热闹。

到6月8日，风向突然大变。

这一天，中共中央发出《关于组织力量准备反击右派分子进攻的指示》，要求各省市级机关、高等学校和各级党报都要积极准备反击右派分子的进攻。指示认为："这是一场大战（战场既在党内，又在党外），不打胜这一仗，社会主义是建不成的，并且有出匈牙利事件[①]的某些危险。"同日，《人民日报》发表题为"这是为什么？"的社论，指出有人向拥护共产党的人写恐吓信，这是"某些人利用党的整风运动进行尖锐的阶级斗争的信号"，"我们还必须用阶级斗争的观点来观察当前的种种现象，并且得出正确的结论"。

从此，一场全国范围的大规模的反右派斗争开始了。

就在这一天，从上个月15日就开始的统战部座谈会仍在进行中。在上午的会议上，很多人还没有看到《人民日报》的社论，因此发言仍然踊跃，当年跟随范旭东创办精盐厂的李烛尘此时是食品工业部部长、全国

[①] 匈牙利事件：1956年10月23日，匈牙利首都布达佩斯爆发10万市民示威游行，呼吁实行新的经济政策，其间发生暴乱，纳吉·伊姆雷出任新总理，宣布取消一党执政，组成四党联合政府，退出华沙公约组织。11月4日，苏联红军进入布达佩斯。两年后，纳吉被判处死刑。在匈牙利事件中，死亡2 700人，另有约20余万匈牙利人逃往西方。

▲ 反右时期的宣传画

工商联副主任和民建中央副主委，他还在发言中说，现在，从中央到地方，热火朝天地掀起了帮助党整风、对党提意见的浪潮，全国工商界座谈会上，大家都谈得很好。从民建会收到的各地的材料看起来，有些工商业者对于"鸣、放"是有顾虑的，他们的顾虑不是没有原因的。到了下午，座谈会基调骤然大变。

6月12日，全国工商界的反右派斗争开始。而第一个遭到批判的就是章乃器，他被认定是"第一号大右派""右派的祖宗"。倔强的章乃器写出三万言的反省材料《根据事实，全面检查》，这引来更大、更愤怒的批斗浪潮，民建中央整风工作委员会还迅速编著出一本《章乃器反共三十年》。1958年1月，他被撤去粮食部部长一职。

开始于1957年夏季的这场反右派运动，日后被认定是一场灾难，全国有55万人被打成"右派"，工商界是首当其冲的"重灾区"之一，数以十万计的人士受到公开批判。仅据8月5日的新华社新闻稿报道，各地划出的右派分子中较为知名的就有：北京——市工商联副主任委员刘一峰，市工商联常委阎少青，裕生祥机电厂副厂长吴金萃；上海——市纺织工业公司副经理汪君良，公私合营新现代劳英教材工艺社私方经理黄苗夫；天津——市工商联主任委员毕鸣岐，市工商联常委荣子正；武汉——市工商联主任委员王一鸣，民建中央常委彭一湖；云南——民建市主任委员杨克成；江苏——省工商联主任委员钱孙卿；福州——市工商联主任委员刘栋业；河北——省工商联秘书长高振声；四川——省工商联秘书长李仲平、康心如等。

在铺天盖地的大运动中，连一向积极配合国家政策、刚刚当了上海市副市长的荣毅仁也被波及。

▲ 荣毅仁在1956年的"春节大联欢"

在过去几年里，荣毅仁与年纪、背景相近的盛康年①（上海市政协副秘书长）、经叔平（荣毅仁的大学校友、华成卷烟公司总经理）、严谔声（上海著名报人）等人过从甚密，常常在一起搞"星二聚餐会"。大鸣大放时期，盛康年等人认同李康年的"20年赎买建议"，还发表了很多批评性言论。反右开始后，他们被认定为"荣盛小集团"，是"搞小圈圈的人，密谋策划，拉帮结派，在工商联和民建中排挤左派、打击积极分子"。②盛康年先后写了11次书面交代，严谔声也写了9次材料。荣毅仁悲观地认定"这次我们一些代表人物大概要完蛋了"。后来，是毛泽东亲自出面保他，他才算没有受到公开批判。1957年8月1日，上海市有关领导与荣毅仁谈话，荣毅仁说："不谈大道理，谈小道理，我跟党是相依为命的。"两年后，侥幸过关的荣毅仁被调离上海，赴京出任纺织部副部长。

---

① 盛康年的父亲是盛丕华（1882—1961），早年与虞洽卿等人合办上海证券物品交易所，是东南银行、中一银行的董事，1949年后曾出任上海市副市长。

② 所谓"荣盛小集团"到1983年才被平反。盛康年因为思想包袱很重，成天闷闷不乐，喝烂酒，于1965年10月因食道癌去世，年仅51岁。

第五部　1949—1958　沸腾的开局

到1957年年底，开始于1953年的第一个五年计划完成了。这五年中，工农业总产值平均增长10.9%，GDP（国内生产总值）平均增长率达到9.2%——这个数字与1978—2008年的平均数9.4%非常接近，占世界份额为5.5%。在亚洲地区，中国与日本并列为工业经济增长最快的国家，两国的经济总量相近，而后来崛起的韩国，此时的经济总量只相当于中国的山东省。①

▲ 1956年1月毛泽东在陈毅、荣毅仁陪同下视察上海申新九厂

毛泽东认为，速度还可以更快一点。早在1956年8月的第八次全国人民代表大会预备会议上，他就发表了著名的"开除球籍"的论断。他说："中国是有6亿人口的国家，在地球上只有一个。过去人家看不起我们，因为没有贡献。钢一年只有几十万吨，1956年是400多万吨，1957年可突破500万吨，第二个五年计划超过1 000万吨，第三个五年计划就可能超过2 000万吨。美国是世界上最强大的资本主义国家，它建国只有180年，它的钢在60年前也只有400万吨。假如再有50年、60年，就完全应赶过它，这是一种责任……你有那么多人，你有那么一块大地方，资源那么丰富，又听说搞了社会主义，据说是有优越性，结果你搞了五六十年还不能超过美国，你像个什么样呢？那就要从地球上开除你球籍！"这

---

① 到1960年，中国的国民生产总值为1 457亿元，与日本相当。1955—1960年，日本经济年均增长8.5%，1960—1965年为9.8%，1965—1970年为11.8%。

时候，他提出的超越美国的时间表是 50~60 年。

1957 年 10 月 4 日和 11 月 3 日，苏联相继成功发射了两颗人造地球卫星，这更增加了毛泽东的紧迫感。11 月，他第二次赴莫斯科，参加十月革命胜利 40 周年庆典。赫鲁晓夫告诉他，苏联将在 15 年后超过世界头号资本主义国家——美国。毛泽东应声回答说，15 年后，我们可能赶上或超过英国。正是在这种热烈的赶超情绪下，一个新的名词引起了他极大的兴趣。

10 月 27 日，《人民日报》发表社论《建设社会主义农村的伟大纲领》，要求"有关农业和农村的各方面的工作在 12 年内都按照必要和可能，实现一个巨大的跃进"。11 月 13 日，在《发动全民，讨论 40 条纲要，掀起农业生产的新高潮》中，又出现了"跃进"这个名词："有些人犯了右倾保守的毛病，像蜗牛一样爬得很慢，他们不了解在农业合作化以后，我们就有条件也有必要在生产战线上来一个大的跃进。"

毛泽东对这两篇社论十分欣赏，盛赞使用"跃进"这个词的人，"功不在禹下"。他说，如果要颁发博士头衔的话，建议第一号博士，赠予发明"跃进"这个伟大口号的那一位（或者几位）科学家。

就这样，"大跃进"成了下一个年份最嘹亮、最激进的口号。

1958 / "超英赶美"

天上没有玉皇，
地上没有龙王，
我就是玉皇，
我就是龙王。
喝令三山五岳开道，
我来了！

——新民谣，1958年

在诗人北岛的记忆中，1958年的春天他一直在兴奋地打麻雀。

"1958年春季，几乎所有的北京市民都投入到打麻雀的战役中。学校放假，我在我家阳台上从早到晚敲着破脸盆和空饼干桶。整整三天三夜，全北京陷入疯狂，摇旗呐喊，惊天动地，日夜不停。我的嗓子哑了，眼睛红了，手臂又酸又疼。但对一个还不到9岁的孩子来说，那是他所能想象的最伟大的狂欢。由于麻雀无处落脚，最后因疲惫饥渴坠地而死。据统计，仅在北京地区就歼灭了40多万只麻雀。"

与8岁的北岛一样，整天在草地上敲脸盆的还有写出过《家》《春》《秋》三部曲的著名作家巴金，他满头大汗地驱赶树上的麻雀，还认真地写下了押韵的新诗："老鼠奸，麻雀坏，苍蝇蚊子像右派。吸人血，招病害，偷人幸福搞破坏。千家万户快动手，擂鼓鸣金除四害。"

麻雀之所以成为"全民公敌"，是因为人们认定它是吃粮食的罪魁祸首。4月20日的《人民日报》以"人民首都不容麻雀生存"为题报道说："从19日清晨5时许，首都布下天罗地网，

▲"人人动手消除四害"的月历封面

围剿害鸟——麻雀。全市300万人民经过整日战斗，战果极为辉煌。到19日晚上10时止，据不完全统计，全市共累死、毒死、打死麻雀83 249只。"报道最后说："傍晚之后，青年突击队到树林、城墙、房檐等处掏窝、堵窝、捕捉麻雀。全市人民正在养精蓄锐，好迎接新的一天的战斗。"

一个国家首都的300万人，一起精神抖擞地打麻雀，这大概算是一个空前绝后的纪录。这一年，全国共捕杀麻雀2.1亿余只。第二年开春，北京、上海等大城市街道两侧的树叶几乎被害虫吃光，人们才停止了杀麻雀行动。

让人叹息的是，在"惊天动地"的1958年，全民杀麻雀还不是最最荒唐的事情。

毛泽东提出15年超过英国的重要指标，是用钢产量来计算的——他因此发明了"钢铁元帅"一词，将成语"纲举目张"改成"钢举目张"。在莫斯科期间，他与英国共产党负责人波兰特和高兰交谈，了解到再过15年，英国的钢产量可从现在的2 000万吨增长到3 000万吨，而按计划，中国再过15年可达到4 000万吨。据此，他在各国共产党和工人党代表会议上公开表示，中国今年有了520万吨钢，再过5年，可达到1 000万~1 500万吨钢，15年后，可以达到3 500万~4 000万吨钢。

15年超过英国，这已经是一个让全世界都十分吃惊的赶超目标了，可是仅仅4个月后，这个时间表缩短到了7年，又过了两个月，更是缩短到了两年。这就是发生在1958年的大跃进故事。它的赶超经过是这样的：

先是从政治的高度"统一"了思想。刘少奇、周恩来、邓小平和陈云等人曾多次表达对经济冒进的担忧，周恩来要求各地领导"用冷水洗洗，可能会清醒些"，陈云则警告"现在马跑得很危险，这样骑下去，后年、大后年更危险"。1958年1月，中共中央在南宁召开会议，毛泽东发言说，不要提"反冒进"这个名词，这是政治问题，一反就泄了气，6亿人一泄了气不得了。这些都属于政治问题，而不属于业务问题。他还直接点名周恩来，说："你不是反冒进吗？我是反反冒进的！"在南宁会议上，周恩来、陈云等人都做了检讨。从此，党内再无人敢提反冒进。

12月2日，《人民日报》发表题为"我们的行动口号——反对浪费，勤俭建国"的社论，首次提出国民经济"全面大跃进"的口号，说："我们的国家现在正面临着一个全国大跃进的形势，工业建设和工业生产要大跃进，农业生产要大跃进，文教卫生事业也要大跃进。"

在此前，国家经委已经完成了本年度的国民经济规划，工业总产值拟定为643.7亿元，比上一年增长14.6%，其中钢指标为624.8万吨，比1957年的535万吨增长19.2%。在大跃进口号的鼓励下，经委在4月紧急做出了《关于1958年计划和预算第二本账的意见》，将指标大幅度提高了，工业产值提高为903.8亿元，增长33%，钢为700万吨，增长35.5%。

可是，这本账还是不能让人满意，接着就有了第三本账，钢的指标被定在了1 070万吨，相当于要增长一倍。《工作方法六十条（草案）》明确要求："生产计划三本账，中央两本账，一本是必成的计划，这一本公布，第二本是期成的计划，这一本不公布。地方也有两本账。地方的第一本就是中央的第二本，这在地方是必成的；第二本在地方是期成的，评比以中央的第二本账为标准。"这样的要求就为计划的层层加码打开了一个重要的缺口，中央带头搞两本账，各级就都搞自己的两本账，下到基层，同一个指标就有六七本账了，上欲鼓之，下则逐之，鼓逐之下，自然便风起云涌。

毛泽东好像很着迷于这样的数字游戏，4月15日，他踌躇满志地写道："10年可以赶上英国，再有10年可以赶上美国，说25年或者更多一点时间赶上英美，是留了5~7年的余地。"5月7日，他在人大会议上发言，提出我们的钢铁生产发展速度要超过苏联过去的速度。5月18日，在《卑贱者最聪明，高贵者最愚蠢》的批语中，毛泽东明确提出："7年赶上英国，再加8年或者10年赶上美国。"后来这两句话就被响亮地缩称为"超英赶美"。

经济指标写在纸上、挂在嘴上是一回事，要落成事实却是另一回事。要让钢的产量一年翻一番，仅仅依靠中央企业是难以做到的。在反右派和大跃进的亢奋氛围中，谁也不敢提反对和质疑的意见，于是经委的专家们只好再动脑筋，经济列车被强行提速。很快，一份《让中小型工厂遍地开花的一些设想》递交到中央经济工作会议上讨论了。这份文件提供了一些具体的办法：一是凡蕴藏有煤炭资源的县份，每县根据情况至少建设一个小煤窑，一座小水泥窑，一个小的炼油厂，一个小的电站等，建设这些小型的基本工业，全部投资不过740万~2 165万元，而它们建成后一年的生产总值，可以超过400万元，大约2~3年就可以收回全部投资；二是那些有铁矿资源的县份，可以至少建设一座年产400~500吨的小高炉，投资只要8 000~10 000元，两月建成，半年可以收回全部投资；三是那些有铜矿的县份，还可以至少建设一座年产30吨的小铜矿，投资只需8 000元，半年可以建成。此外，有些县份还可以根据当地的农副业原料资源，建设小榨油厂、小制糖厂、小造纸厂、小纺织厂等为农村副业加工的小型工厂。总之，有什么资源就办什么工业，每一个县都不应该有空白。

按照这样的思路，各地马上出现了大办工业的热潮。4月30日的《人民日报》在"全民办工业，厂矿遍城乡"的通栏标题下报道了各地的景象：江西省在一个月的时间里办起工厂5 000多个，平均每天约有170个工厂建成；云南3个月来新建成的中小型厂矿2 068个，全省100多个县已大部分建成电力、炼铁、农机和农产品加工等10个以上的小型厂矿；西北各省的地方工业投资总额比去年增加90%。辽宁、河南、浙江和广东4省，新建中小型厂矿1.5万个。

这样的"人民战争"景象，自然让人产生无穷的联想。6月18日，在一次谈话中，毛泽东对薄一波说，现在农业已经有办法了，叫作"以粮

▲ 1958年出产的"人民第一号"火车

为纲，全面发展"，你工业怎么办？薄一波没有多加思索，就回答说，工业就"以钢为纲，带动一切"吧！毛泽东说，对，就按这么办。3天后，冶金部向中央报送《产钢计划》，提出明年的钢产量可以超过3 000万吨，1962年可能争取八九千万吨。同日，毛泽东在军委扩大会议的讲话中称，我们3年基本超过英国，10年超过美国，有充分把握。现场响起猛烈而持久的掌声和欢呼声。

仅仅过了一天，赶超时间再次缩短。6月22日，毛泽东在一份汇报提纲上批示："赶超英国，不是15年，也不是7年，只需要2~3年，两年是可能的。这里主要是钢。只要1959年达到2 500万吨，我们就在钢的产量上超过英国了。"他修改了汇报提纲的标题，正题改成"两年超过英国"，副题是"国家经委党组向政治局的报告"。

在决策层，也有人对这样的目标心存怀疑。薛暮桥回忆，有一次，他与经委副主任宋劭文一起去见陈云，希望他找毛泽东谈谈他对"大跃进"的一些看法，陈云说："现在不是毛主席一个人热，全国许多领导都热，不吃一点苦头，这些话是听不进去的。"

7月31日，苏共领导人赫鲁晓夫来华访问。毛泽东告诉他，中国今年要生产钢1 070万吨，明年是2 500万~3 000万吨。赫氏搞过技术，对大工业建设有经验，中国的工业基础还是苏联帮着搞起来的，有多大家底，自然瞒不过他。听说钢产量一年要翻番，他当然不太相信，他用外交辞令回答说："中国同志提出来的计划，我们相信大概可以完成。"说完这句话，再无下文，怎么完成，有什么条件，具体情况怎样，他也不再问及。

随同他来访的还有苏联援华专家团的总顾问阿尔希波夫，在一次宴会期间，陈云在私下交谈中问这位老朋友："你看我们明年的钢产量计划，完成得了完成不了？"阿氏没有正面回答，只是笑着说："很大的计划，伟大的计划，能完成80%~90%，也是很好的。"当宴会结束，阿氏与薄一波走在一起，给出了明确的意见："你们的计划太高了，恐怕实现不了。"

▲ 毛泽东与赫鲁晓夫交谈

薄一波说，我们有群众路线，把土法炼铁炼钢加上去，计划一定能实现。阿氏苦笑着说："土法炼钢再多也没有用的。"

赫鲁晓夫一行离开后，8月17日，中共中央主要领导人到北戴河集体避暑，在这里举行了政治局扩大会议。会上，经委拿出了上半年的经济数据，钢产量只完成了370万吨，离1 070万吨的指标差距很大。毛泽东很焦急，他特别强调，钢铁指标是政治任务，少一吨都不行！他做出了8点指示，其中要求各省市自治区党委每星期抓一次钢铁生产，要有铁的纪律，没有完成生产和调拨任务的，区别情况给予警告、记过、撤职留任、留党察看、撤职及开除党籍处分。他还命令各省市自治区主管工业的书记马上赶到北戴河，开一次工业书记会议。

8月25日，工业书记会议开幕，薄一波转达毛泽东的指示："对土炉子要有信心，不能泄气。即使在100个土炉子中，只有一个出铁，那就很好，就算插上了红旗，其余99个都应当向它学习。"几天后的30日下午，薄一波领着主要钢铁产区的工业书记，以及鞍钢、武钢、太钢等几家大钢厂的党委书记，去毛泽东住所，向他当面担保。

毛泽东挨个向与会者核实：1 070万吨，行不行？

首先问上海市副市长马天水，行不行，马天水说可以。接着问鞍山市委书记赵敏，行不行，赵敏说可以。又问武汉、太原、重庆、北京、天津、唐山、马鞍山的市委书记、工业书记，行不行？回答都是，行。问到冶金部副部长刘彬，毛泽东说："就看你拿主意啦。"刘彬答："可以，我们都做计算了。"问到冶金部办公厅主任袁宝华："你是经常接触基层的，你说究竟有没有把握？"袁宝华答："冶金工业的生产，从矿山、冶炼、轧制到机修、运输等有10个环节，我们树了10面红旗，只要10面红旗能站得住，他们的经验能够推广，我看有希望。"问到冶金部部长王鹤寿，他说："主席只要下了决心，我们可以动员全国的力量实现这个目标，我们认为，实现这个目标是可以的。"

最后问薄一波，薄一波出了一个破釜沉舟的主意："我建议把1 070万吨登报，登报以后，大家都看得到了，义无反顾，就会努力奋斗。"毛泽东说，这是个好主意。

尽管所有大将都立下了军令状，毛泽东还是有点不放心，毕竟只剩下4个月，任务才完成1/3。他念了一句古诗，"夕阳无限好，只是近黄昏"。他提醒在场各位，"钢铁尚未完成，同志仍须努力"。

同工业书记们谈话后，毛泽东对陈云说：1 070万吨看来还是可以的。陈云把王鹤寿和袁宝华找来谈了一次，他说："究竟怎么样，你们算个细账给我，毛主席那里不能算细账，在我这里你们算个细账。"袁宝华、王鹤寿两人当即把数字细细算了一遍，从现有的基础能生产多少，新建小高炉能生产多少，所有的生产能力还都打了折扣。这样一路细算下来，连谨慎的陈云也觉得，看起来是有希望的。

9月1日，北戴河会议通过了《号召全党全民为生产1 070万吨钢而奋斗》的公报，同日，《人民日报》发表社论《立即行动起来，完成把钢产量翻一番的伟大任务》，4天后又发表社论《全力保证钢铁生产》，号召与钢铁生产无直接关系的部门"停车让路"。

就这样,一个全民炼钢的高潮被掀起了。全国各地建起了数以十万计的小高炉,人们满怀热情地日夜炼钢,很多人把家里的铁锅、铁盆、铁门把等都捐献了出来,倒进火红的炉膛中。从当年的报纸中,仍能读出那份难以想象的狂热景象。

8月22日的《人民日报》刊登了一篇很抒情的小特写:月光下,一片叮当之声。我一口气穿过了几条大街和小巷,看到家家都在敲碎碗片。我问一位老大爷:"你敲这干吗?"老大爷回答说:"做耐火砖呀!"说罢用手指指月光下的红字标语,一字一字地念道:"全党全民动手大办钢铁工业!"老大爷接着说:"我们泰州市计划要造300个高炉,20天内就要全部出铁呢!造高炉就要耐火砖,现在我们每家计划要交6斤碎碗片敲成的细粉,可单是前四天我就敲了20斤。我和我的小孙子要争取交60斤呢!"老大爷停了一会儿,转过脸来问:"小牛你能保证吗?"在旁边筛粉的小牛,大声喊着说:"爷爷,能保证!"

9月28日的《工人日报》报道,"鞍钢二钢厂发射高产卫星,9座平炉一日炼出7 030吨钢",他们的经验是"工人们在溶化时间冒着高温往炉里吹压缩空气,用大铁棒来回搅动提高温度"。该厂的钢水罐只有20个,一班出9炉钢,需要27个罐,修罐工人在"出钢就有罐"的口号下,勇敢地跳进火红的钢罐里去,防热服被烤得冒烟,鞋底被烧得直响,汗水直流,不顾一切地进行抢修,使修罐时间由一小时缩短到20多分钟,保证了平炉生产。鞍钢经理袁振还写了一首"有胆就有产"的诗歌:"人有多

▲ 大炼钢铁奖状

大的胆，钢就有多大的产；二炼钢有那么些胆大包天的好汉，又放了个卫星上天；同志们，有了 6 000 就不愁 7 000，有了 7 000 就一定会来 8 000，有 8 000 就一定会来 1 万……"当时，中国人对苏联造出了人造卫星十分羡慕，于是就把高产的典型都称为"放卫星"。

《光明日报》报道了教育界的炼钢热潮，10 月 4 日的报道称，开封师范学院和河南医学院两校停课炼钢，日夜鏖战，仅用 24 小时就炼出优质钢 17 吨。一个叫闻传烈的教授把自己家里烧饭用的破煤火炉抬出来支援炼钢，别人说他年纪大，冬天还要烤火，他坚决地说："烤火是小事，炼钢才是大事。" 23 日，该报报道四川农学院的师生在"分秒必争，斤两必抓"的口号下，对本单位和自己家里的东西进行了翻箱倒柜的清理，一周时间里捐献了"废铁铜"12 吨半。26 日，又报道洛阳市西工区的 12 个小学联合起来办了一个红领巾炼铁厂，有 3 个化铁炉、10 个铁水包、14 个小型土法炼钢炉和两个 0.5 公尺的转炉，可日产钢 40 吨，有 4 700 多个小学教师和小学生参加了炼钢工作。小学生半天学习，半天炼钢，从 7 岁到 9 岁的低年级学生参加拾废铁、挖掏铁砂、捡木柴和拾缸瓦片等劳动，十四五岁的参加砂型、配料、机械管理、吹氧等劳动，年纪更大一些的就抬铁水包、锻造、搪炉子等。14 岁的少先队员白春祥还当上了吹氧炼钢车间的副主任。

10 月 20 日的《中国青年报》报道，广西鹿寨县放出了全国最大的生铁卫星。这个县在一天内生产出生铁 20.724 3 万吨，另产烧结铁 28.813 9 万吨，这个产量等于当年国家分配给广西壮族自治区的全年任务。为了放出这样大的高产卫星，全县涌上前线的"钢铁野战军"有 11 万人，同时还得到了邻近四个县 2.7 万人的大力支援。它的主要经验是集中了群众的智慧，把小炼铁窑改成大窑，并广泛利用旧的砖瓦窑、石灰窑、炮楼、碉堡等来炼铁。

10 月 31 日的《天津日报》报道，该市河东医院建成了一个小土炉，在欢腾的锣鼓声中，150 多位白衣战士展开了一场夺钢的激烈战斗，年轻

▲ 1958年的小火炉炼钢

的女护士们组成了钢铁运输队,她们从十多里地远的地方一夜之间就运来了20多吨废铁。医生们在炼钢炉边忙个不停,有的用铁钎伸入炉里搅拌,有的用大锤锻打,留在科室的人一有空闲就放下听诊器,拿起20多斤重的大锤去砸钢。

后世的人们,读到这里,也许你在笑,但是,你的眼里也许带着泪。

12月5日,《人民日报》传来喜讯,大炼钢铁取得了决定性的胜利,到11月底,全国钢产量已达到969万吨,1 070万吨宏伟目标的实现已指日可待,山西、河南、山东、湖南等省份已提前超额完成全年计划。1959年1月,冶金部宣布,在全民炼钢的伟大运动中,钢产量达到创纪录的1 108万吨,超额完成了一个不可能的任务。

但是,在这个数字的背后,却隐藏着一系列无比沉重的事实。

其一,1 108万吨钢中,有相当比例是靠土法上马的小高炉炼出来的,其中300多万吨是毫无用处的废钢。一份材料显示,小高炉炼出的900多万吨生铁,含硫量超过冶金部规定0.2%标准的有40%~50%,这些生铁既不能用于铸造，也不能在炼钢后轧成有用的钢材。

其二，全民炼钢不但中断了正常的经济活动，更严重破坏了生态环境。一个个机关、厂矿、学校都搭起炼铁炉。有人回忆河南省大炼钢铁的场面：晚上在一个炼铁点，人山人海，火光映天，人们通宵不眠，大干特干。为了炼铁，山上的树全砍光了，群众家里的铁锅进了炼铁炉，正当收获季节，9 000万青壮劳力上山炼铁，辛辛苦苦种了一年的庄稼却无暇收割而烂在地里。最终，小高炉炼出来的却是根本不能用的"海绵铁"。

其三，片面强调"小土群"——小高炉、土法炼钢和群众运动，宣称"愈土愈好""以土为主"。武汉钢铁厂置现代化设备不用，也在厂区遍设小土群，追求产量"大跃进"。所有的大钢铁厂拼命提高产量，不顾质量、不顾设备地加速损耗和能源消耗。为了图快图省，有的厂房建设连地基也没有打好，就匆匆上马炼铁炼钢。一些年产5万吨的炼钢车间也用砖木结构，甚至连勘察设计的基本程序都不顾了，画张草图就敢上马，工人不经任何培训，一窝蜂上岗。仅在下半年，建筑工程系统就因事故死亡435人。

其四，因为全民炼钢，使得劳动力空前紧张，从8月份开始，各地迅猛从农村招人进城，到年底，全国企业和国家机关职工人数达到4 532万人，比上一年末整整多了2 082万人，其中，从农村招收的人数则为1 104万人。城里一下子多了那么多人，粮食供应立刻严峻起来，而农村的生产力则同时在下降，这成为后来发生大饥荒的起因之一。

盲目的乐观和激进战略，造成了国力的严重虚耗。5月召开的中共八大二次会议，通过了"鼓足干劲，力争上游，多快好省地建设社会主义"的总路线，提出中国正处在"一天等于20年"的伟大时期。除了钢铁之外，其他所有行业也都提出了大跃进的目标，机械部门提出"二五"计划期间要平均每年递增50%，铁道部门提出要"全民办铁路"，未来5年修铁路3万公里。1958年，仅中央和省一级的建设性投资就达235亿元，比上一年猛增87%，几乎是"一五"计划的一半，全年建成的大中型厂矿项目就达700个，平均12小时就有一个，地方的中小型工厂更如雨后春笋。

因为投资效率极其低下，稍稍积蓄起来的国力被无端消耗掉了一大半，从而造成财政上的紧张。

这一年的9月，因为写文章被打成右派的顾准，下放到河北省赞皇县劳动改造，在那里他参加了大规模的土法炼铁运动。在10年后的一份交代材料中，他描述道："我对土法炼铁根本没有信心，有一位青年同志到石家庄去学习地下炼铁炉，回来后传授大家照石家庄的炉式挖炉，他说了炉的式样、挖法以后，我追问尺寸大小，详细规格，他答复得不详尽，而且说差一点不要紧之类以后，我就大发脾气，说这怎么能算是传授先进方式云云。其实，我这不是对这位同志发脾气，而是对全民炼铁这一根本方针发脾气。还有一次，和另一位同志一起抬焦炭，我大发牢骚，说什么劳动中创造一点什么东西是极愉快的，可是这种劳动却根本无益。我明明知道全民炼钢是毛主席和党中央的伟大决策，具有极其伟大的政治意义，我却用算经济账来代替政治账……"

在无比荒唐的1958年，无论是全民杀麻雀还是全民炼钢，都还不是荒唐的全部。当工业领域自乱阵脚、忙成一团的时候，在广袤的中国农村，5亿中国农民正在干三件事情：大炼钢铁、"放粮食卫星"和抱着免费吃饭的幻想集体迈进人民公社。

大炼钢铁的景象，在前面已经描述过了，大江南北竖起了上百万个小高炉，人们把山上的树都砍光，把家里的铁锅砸烂了扔进火炉里，昼夜奔忙，然后在欢呼声中，炼出一炉炉没有任何用处的"海绵铁"。

"放卫星"则是提高粮食产量的一个新发明。在大跃进的氛围中，粮食和棉花指标也当然水涨船高。1957年，粮食产量为3 700亿斤，棉花3 280万担，一开始，1958年的粮食指标初定为3 920亿斤，棉花3 500万担，当钢铁指标翻番之后，粮食指标也马上涨到8 000亿斤，棉花则窜上6 700万担，都比上一年增了一倍多。

如果说，1 070万吨钢指标还可以通过全民总动员的办法勉强"完成"——尽管炼出来的是废钢,至少还有东西堆在那里,那么,粮食指标就只能靠作假来"完成"了。

早在1957年12月25日,第一个"高产典型"就出现了,《人民日报》报道,广东省汕头区的澄海县宣布实现了亩产1 257斤。几天后,河北省沧县声称,他们那里的亩产达到了1 500斤。到了1958年夏收结束,各地的高产纪录不断被刷新:6月8日,河南省遂平县宣布,小麦亩产2 105斤。4天后,这个县又宣称亩产增加到了3 530斤。6月12日,《人民日报》报道,遂平县嵖岈山卫星集体农庄实现小麦亩产3 530斤,新闻的标题为"卫星农业社发出第二颗卫星"。这是第一次出现"放卫星"这个高产专用词。

凡是稍稍有点农业知识的人,对于一亩地能够产出多少粮食,大抵都有一些基本的常识,新中国的领导人大半出身农村,并长期在农村从事军事活动,为什么对遂平县这样的"卫星"不产生怀疑呢?这是一个很值得研究的话题。但在1958年发生的事实却是,几乎所有的人都对此深信不疑。

就在嵖岈山卫星集体农庄放出"卫星"后的第四天,中国知名度最高的科学家、中科院力学研究所所长钱学森发表《粮食亩产会有多少?》一文,详尽而"科学地"论证说:"现在我们来算一算:把每年射到一亩土地上的太阳光能的30%作为植物可以利用的部分,而植物利用太阳光能的30%把空气里的二氧化碳和水分制造成养料,其中1/5算是可吃的粮食,那么稻麦亩产量就不是现在的2 000多斤,而是2 000多斤的20多倍!这并不是空谈。"在另一篇发表在《知识就是力量》杂志上的文章《农业中的力学问题——亩产万斤不是问题》中,钱学森进一步从力学专业的角度进行了更细致的计算:"我们算了一下,一年中落在一亩地上的阳光,一共折合约94万斤碳水化合物。如果植物利用太阳光的效率真的是100%,那么单位面积干物质年产量就应该是这个数字,94万斤!自然,高等植物叶子利用太阳光的效率不可能是100%,估计最高也不过是1/6,这就是说，单位面积干物质的年产量大约是 15.6 万斤。但是植物生长中所积累的物质，只有一部分粮食，像稻、麦这一类作物的谷粒重量，约占重量的一半，所以照这样算来，单位面积的粮食的年产量应该是 7.8 万斤。这是说全年 365 天都是晴天。如果因为阴天而损失 25%，那么粮食的亩产量应该是 5.85 万斤。这是说，作物要在全年都生长，如果仅在暖季才长，也许要再打一个 2/3 的折扣，那么平均亩产量是 3.9 万斤了。"①

钱学森的论文为各地大放卫星提供了充足的"科学论证"，并深深影响了最高决策。② 正是在这些文章发表后，"粮食卫星"从亩产数千斤一下子蹿升到了数万斤。很多年后，北大教授季羡林回忆说："我是坚信的。我在心中还暗暗地嘲笑那一些'思想没有解放'的'胆小鬼'。觉得唯我独马，唯我独革。"③

7 月 12 日，与遂平县邻近的西平县和平农业社宣布小麦高产 7 320 斤，足足比嵖岈山的"卫星"高出一倍多，一时震惊全国。新华社记者在新闻稿中这样栩栩如生地描写道：这二亩小麦长得特别好，穗大且长，籽粒饱满，稠密均匀，每亩平均 1 486 200 株，密得老鼠也钻不进地。最大的麦穗有 130 粒，一般的麦穗有七八十粒，最小的麦穗也有 50 粒左右。这二亩小麦是 6 月 18 日收割，7 月 1 日过秤入仓。参加这次收割、打场、扬场、过秤的还有中共城关镇委、西平县党政负责同志。为了进一步核实产

---

① 现有专家认为前一篇文章是《中国青年报》编辑所为，其中部分内容选自钱学森在"高产卫星"现象之前的科普展望文章，并认为后一篇文章发表于"高产卫星"已被批评纠正的 1959 年 9 月 25 日，与"高产卫星"无关，但前一篇文章确实对决策者产生了极大的影响。相关文章可见 2011 年 3 月 2 日《南方周末》的报道《钱学森"万斤亩"公案始末》。

② 1959 年 7 月 11 日，在庐山会议期间，毛泽东与周小舟、李锐等人夜谈时说："敢想敢干，八大二次会议是高峰，还有钱学森文章，捷报不断传来，当然乱想起来。"可见，钱学森的文章对决策者的影响之大。

③ 季羡林著，《我的心是一面镜子》，北京：华艺出版社，2008 年版。

量，中共河南省委又指示西平县委和城关镇委复查。最后证明高额丰产完全属实。

30年后，当事人回忆了真实的情况。

当西平邻近的遂平县放出了小麦亩产3 530斤的"卫星"后，信阳地委书记（西平时属信阳地区，今属驻马店市）对西平县委书记说，西平的条件比遂平好，亩产一定要超过遂平。根据地委领导的指示，西平县委召开四级干部会议，中心议题是解决小麦高产数字的问题。会上，县委领导要各农业社自报产量。一开始报了亩产200斤，县委领导对此很不满意。于是，又相继报出了400斤、600斤、800斤，但仍离遂平的3 530斤相差太大，一直没有得到县委领导的认可。县委书记反复介绍了遂平小麦亩产3 530斤的高产"经验"，并大讲"思想有多高，产量就有多高"的道理。尽管如此，各农业社仍然不敢再往高报。于是，县委领导就采取个别鼓动的办法，召以往产量较高的和平、猛进两个农业社的负责人开座谈会，动员这两个社报产量。开始时，猛进社只报了300斤，县委领导坐在一旁不吭气。两个农业社的负责人一看气氛不对，就不断地将产量往高报，猛进社一下报出了亩产7 201斤。这时，和平社所在的城关镇党委书记立即鼓动和平社再报高一点。在这种情况下，和平社社长报出了7 320斤。这样，座谈会才算结束。

紧接着，和平农业社开始找亩产7 320斤的"依据"，办法是按小麦的颗数、穗数、粒数进行推算，先算出1斤小麦有多少粒，再算出一穗有多少粒，一颗有多少穗，最后算出一亩地有1 486 200穗，每穗平均75粒，可收7 560多斤。随后，和平社组织全社壮劳力，套了两辆大车，从全社12个生产队拉来了14 640斤麦子（平均每亩7 320斤），全部拉到那块"试验田"里，然后向县委报喜，县委再组织"验收"。随后，《河南日报》《人民日报》等报纸相继报道了和平社小麦亩产7 320斤的消息，并由此吸引了全国24个省市的参观者，前后达3个月之久，甚至苏联和捷克斯洛伐克政府还专门来信，要求中国有关方面介绍西平县小麦"丰产"的经验。

第五部　1949—1958　沸腾的开局

▲ 1958年毛泽东视察农村

历史的悲剧在于，就是这个连续创造了全国粮食高产纪录的河南信阳，在后来的"三年大饥荒"时期饿死上百万人，成为全国非正常死亡人数最多的地区之一。

和平农业社没有风光多久，不久就有新的"卫星"超过了它，8月1日，《人民日报》报道湖北孝感县长风社早稻亩产达到了15 361斤。"卫星"放得那么高，连毛泽东也想看个究竟。

8月4~13日，他离开北京，到河北、河南和山东三省视察，所到之地，省级、县级及农业社干部都汇报说，粮食亩产正在成倍、成十倍地增长。安国县的县委书记报告人均产粮有4 000斤，山东历城一个农业社主任汇报说，过去一亩只能产两三百斤，现在达到亩产2万斤，明年要争取4万斤。毛泽东兴致勃勃地听着这些汇报，他还戴上草帽，亲自到丰收的农田去查看。站在麦穗摇荡的田野里，眼前的种种景象似乎在告诉他，中国的粮食难题真的解决了。

在河北徐水县视察时，县委书记张国忠汇报说：今年全县夏收两季一共计划要拿到12亿斤粮食，平均每亩产2 000斤。毛泽东问："你们全县31万人口，怎么吃得完那么多粮食啊！你们粮食多了怎么办？"张国忠答道："我们粮食多了换机器。"毛泽东说："不光是你们粮食多，哪一个县粮食都多！你换机器，人家不要你的粮食呀！"旁边有人说："我们拿山药造酒精。"毛泽东说："那就是每个县都造酒精，哪里用得了那么多酒精啊?"张国忠很憨厚地回答说:"我们只是光考虑怎么多打粮食。"就是在这样的对答中,毛泽东开始认真地思考这个新冒出来的问题:"粮食多了怎么办?"

就当毛泽东回到北京的当天,湖北麻城县又放出了颗大"卫星"。《人民日报》报道,该县的建国一社创造了平均亩产干谷36 956斤的惊人纪录,成为"天下第一田"。一个叫于建澄的新华社记者还配发了一张照片,4个小孩子站在密密层层的稻谷上,脸上洋溢着纯真无邪的欢笑,配图文字曰,"这块高产田里的早稻长得密密层层,孩子站在上面就像在沙发上似的"。此照片广为流传,日后被称为"新中国成立以来最有影响的虚假照片"。

很多年后,当事人是这样回忆的——建国一社选了一块面积为1.016亩的稻田,先深翻了1尺5寸,然后施了大量的底肥:陈墙土300担,塘泥1 000担,水粪30担,石膏6斤,石灰30斤。在禾苗移来时,又施了豆饼180斤,硫酸铵70斤,过磷酸钙80斤,水粪60担,草木灰240斤。移栽的那天,全社动员4个生产队的劳动力,将另外8亩稻田的禾苗连根带泥拔出,用门板或梯子抬着,运到这块试验田中,移栽在一起。由于移并过来的禾苗太多,密不透风,据说把鸡蛋随便地放在禾苗上面滚动也不会掉下去。为了使禾苗不至于沤烂,他们就用细长的竹竿把禾苗一蔸一蔸地分开,又用喷雾器喷射井里的凉水,还派人到县城借来一台鼓风机,日夜不停地给禾苗鼓风。

8月27日《人民日报》发表社论《人有多大胆,地有多大产》,它马上成为1958年最出名、最响彻云天的一个口号。这篇社论配发的是中共中央办公厅派赴山东寿张县了解情况的人写回来的信。信中写道:这次寿张之行,是思想再一次的大解放。今年寿张的粮食单位产量,县委的口号是"确保双千斤,力争三千斤"。但实际在搞全县范围的亩产万斤粮的高额丰产运动。一亩地要产五万斤、十万斤以至几十万斤红薯,一亩地要产一两万斤玉米、谷子,这样高的指标,当地干部和群众讲起来像很平常,一点也不神秘。一般的社也是八千斤、七千斤，提五千斤指标的已经很少。至于亩产一两千斤，根本没人提了。这里给人的印象首先是气魄大。

当"大胆"成为"大产"的唯一条件，再大的"卫星"都不再让人吃惊了。9月18日，一颗终结式"大卫星"把这场闹剧终于推到了最高潮。广西僮族自治区环江县红旗人民公社宣布，他们成功地运用了高度并禾密植方法，获得中稻平均亩产13.0434万斤10两4钱的高产新纪录（当时1斤为16两）。

9月30日，新华社向全世界宣布，中国1958年粮食总产量将达到3.5万亿斤，几乎是去年的10倍，远远高于预计的8000亿斤，一跃成为世界第一大产粮国。12月，北京召开八届六中全会，与会者一致同意减少耕地，多种一些观赏植物，在《关于人民公社若干问题的决议》中这样写道："过去人们经常忧患我们的人口多，耕地少，但是1958年农业大丰收的事实，把这种论断推翻了……应当争取在若干年内，根据地方条件，把现有种农作物的耕地面积逐步缩减到例如1/3左右，而以其他的一部分实行轮休，种牧草、肥田草，另一部分土地植树造林，挖湖蓄水，在平地、山上和水面上都可以大种其万紫千红的观赏植物，实行大地园林化。"[①]

无论是大炼钢铁还是"放卫星"，都离不开制度性的变化。正是在1958年，一个前所未见的农村基层组织——人民公社诞生了，它在未来的20年内深刻地影响了中国经济的起伏。人民公社的出现，既是一个乌托邦式的社会试验，又是计划经济体制的必然产物。

自20世纪初以来，尝试建设一个人人平等、一切财产公有的社会，是无数中国精英分子的梦想，师范生时期的毛泽东就曾幻想在岳麓山下建

---

① 根据国家统计局后来的核实，1958年的粮食总产量实际为4000亿斤，比上一年增加了2.5%，因为大炼钢铁，还有400亿~600亿斤的粮食烂在地里没有收回。这个收成是不错的，但无论如何，远远没有宣布的那么多。

一个类似的社区。早在1949年新中国成立前后,全国进行了土地改革运动,土地被平均分配给所有的农民。为了提高生产效率,各地组织了各种形式的农业生产合作社,它们的规模都很小,一般二三十户为一社。1955年,毛泽东在他主编的《中国农村的社会主义高潮》一书中对合作社的规模亮明了他的观点,他认为:"小社人少地少资金少,不能进行大规模的经营,不能使用机器。这种小社仍然束缚生产力的发展,不能停留太久,应当逐步合并。"[①]进入1958年的"大跃进"之后,随着大炼钢铁和粮食高产运动的风起云涌,各地农村组织"大兵团作战",将农村的青壮年劳动力按军事化的编制进行"共产主义大协作"。3月20日,河南封丘县向中央报告,该县的应举农业生产合作社依靠集体力量,战胜自然灾害,改变了贫穷落后的面貌,毛泽东很振奋地写下《介绍一个合作社》一文,认定大集体化的农村组织是一个不可多得的新发明。4月12日,《人民日报》头版头条,以"联乡并社发展生产力"为题,报道了福建闽侯县把城门、下洋、龙江3个乡合并为1个乡、把23个农业生产合作社合并为1个社的消息,将之作为重要经验向全国推广。这以后,各地迅速开始了小社并大社的工作。辽宁于5月下半月,即将9272个社合并为1461个社,基本是一乡一社,平均每社约2000户左右,最大的为18000多户。紧接着,河南、河北、江苏、浙江也相继完成并社。河南由38286个社合并为2700多个社,平均每社4000户左右;北京郊区农村,由原来的1680个社合并为218个社,平均每社1600户。

5月19日,在中共八大二次会议上,宣传部长陆定一在发言中形象地描述了主要领导者心目中的农村组织形态,他说:"毛主席和少奇同志谈到几十年以后我国的情景时,曾经这样说,那时我国的乡村中将是许多共产主义的公社,每个公社有自己的农业、工业,有大学、中学、小学,有医院,有科学研究机关,有商店和服务行业,有交通事业,有托儿所和

[①] 毛泽东著,《中国农村的社会主义高潮》,北京:人民出版社,1956年。

公共食堂，有俱乐部，也有维持治安的民警，等等。若干乡村公社围绕着城市，又成为更大的共产主义公社。前人的乌托邦想法，将被实现，并将超过。"

公社这个名称，出自欧洲中世纪，专指当时西欧实行自治的城镇。1824年前后，空想社会主义者罗伯特·欧文在美洲购置土地成立"欧文公社"，2 000多人组成一个生产和消费的组织，进行未来理想社会的试验。在公社内部，纯粹个人日用品以外的一切东西都变为公有财产，产品按需分配，每个人可在公社仓库领取必需的物品。史上最著名的公社当属法国大革命时期的"巴黎公社"。在合并大社的运动中，初期的叫法五花八门，有的叫集体农庄，有的叫农场，有的叫社会主义大院或社会主义大家庭。"人民公社"一词的首次出现，是在7月1日出版的《红旗》杂志上，它的首倡人便是当年发明了"四大家族"一词的党内理论家陈伯达，他此时的身份是《红旗》总编辑。陈伯达在《全新的社会，全新的人》一文中说，新出现的农村基层组织"实际上是农业和工业相结合的人民公社"[①]。

据各种材料显示，最早形成公社体制的基层典型，便是因为"放卫星"而名震全国的河北省遂平县嵖岈山卫星集体农庄。它第一个提出了"组织军事化、行动战斗化、生活集体化"的公社模式，毛泽东曾赞扬说，巴黎公社是世界上第一个公社，遂平"卫星"是第二个。而第一家公开使用"人民公社"名称的，则是河南省新乡县七里营人民公社，时间是8月1日。到1958年年底，全国原有的74万个农业社变成了2.65万个"一大二公"的人民公社。

根据人民公社的章程，农村的一切财产和生产资料都归公有，社员交出全部自留地和私有的牲畜、林木等，仅可保留小量的、供自己食用的家禽。农民实行集体劳动，早上排着队、唱着歌一起去农田，晚上再一起回家，报酬实行工资（工分）制，粮食实行供给制，公社还实行全民武装，

---

① 陈伯达著，《全新的社会，全新的人》，载《红旗》第3期，1958年7月1日。

青壮年都被编成民兵，接受军事训练。

农民之所以愿意把土地和财产全部上缴、兴高采烈地加入公社，除了对集体经济的信心之外，还有一个重要的原因是，他们得到承诺，从此将可以"放开肚子吃饭"。8月10日的《人民日报》刊登了一篇题为"家常话"的特写，新闻这样

▲ 人民公社吃大锅饭

写道：前些天，我到郊区去，在李二嫂家里一坐半天，快到中午吃饭的时候，总也不见她做饭。我想，大概拉起家常来，忘记做饭了。一会儿，她要我去吃饭，我开玩笑说："你让我去吃什么呀？"我这一说，李二嫂笑开了，她一口气向我介绍了农村办"公共食堂"的新鲜事儿。

据李二嫂的描述，公社办起了一个大食堂，农民从此将不需要自己做饭了，而且吃饭吃到饱，还不需要钱。到1958年年底，全国出现了345万个公共食堂，在食堂吃饭的农民占全国农村人口的90%以上，"大锅饭"一词由此而生。江苏省江阴县马镇人民公社还传唱出了一首民歌："男的听到吃饭不要钱，浑身干劲冲破天；女的听到吃饭不要钱，做活赶在男人前……做活想到吃饭不要钱，一分一秒都争先；睡觉想到吃饭不要钱，越想心里越是甜；为什么心里越想越是甜？共产主义快实现！"吃饭不要钱的公共食堂，一直开到4年后的1961年。

第五部　1949—1958　沸腾的开局

如果说，1956年的私营企业上缴意味着城市私人资本的彻底消亡，那么，人民公社的诞生，则表明农村私人资本，特别是土地私有化的终结。事实上，从经济治理角度来看，当统购统销政策被确定下来后，土地的公有化便已是一个必然的趋势。人民公社制度延续了20多年，在相当长的时间里，它限制了农民的生产积极性，成为短缺经济的主要根源之一。这一制度一直到1982年年底才彻底解体。

值得记一笔的是，在1958年，因大炼钢铁和搞人民公社，各地农村出现了一大批社队企业，它们制造并修理农耕必需的各种农具，这些设备极其简陋、制造水平极其低下的工业作坊日后将成为乡镇企业的最早胚胎。

在经济史上，1958年是一个虚假的、带有强烈自残倾向的年份，它让后人在相当长的时间里对当时发生的景象无法理解和充满了惊悚感。对高成长的迷恋以及致命的自负，使得全国上下都陷入了空前的疯魔，理性被激情屏蔽，幻觉成为真实。当所有的"假想敌"都被消灭或压制之后，缺乏约束和制衡的最高权力，最终成为伤害自身的、最尖锐的武器。这是一个令人扼腕的事实：在过去的十年里，饱受百年战乱之苦的中国终于获得了和平与稳定，中央政府通过强有力的手段建构了一个计划经济体制，并因此通过"举国战略"，建成了规模化的产业体系，集聚了一定的国家财富，中国经济在亚洲重新崛起。然而，到了1958年，仅仅用了一年时间，就把一切秩序全部打乱推翻，国力、财力和人力被平白消耗，国民经济从此陷入长达20年之久的系统性紊乱。这种景象的产生根源，已经成为一个世界性的命题，一直到今天还在被人们不断地研究与反思。

除了发生在工业和农业领域的种种荒唐事件之外，在一向以严谨科学为立命之本的科研界也非常不幸地出现了无比浮夸的景象，它似乎意味着更让人绝望的人文堕落。

早在2月，中国科学院就举行各研究所所长会议，部署科学工作的"大跃进"。会上，院长郭沫若号召科学工作者拿出吃奶的力气来，促进科学大跃进。2月21日的《光明日报》引用科学家钱学森话说,"我相信理想的、极乐的世界不久的将来就会在我们这块土地上建立起来"。

很快,耀眼的"科研卫星"从各个地方放了出来。5月下旬,中科院北京地区共青团第二届代表大会上传出"捷报",青年科学家们创制的产品有7项达到了国际先进水平,有11项是以往没有研制过的。

7月1日,新华社发布消息:"首都科学界向党汇报成果,许多研究项目超过英美水平。"其中,中国科学院应用物理研究所对于半导体晶体管的研究成果,是目前世界上功率最大、频率最高的半导体晶体,它比美国的同类产品还要高,更值得骄傲的是,这个成果是研究所在20天内突击完成的。化学所研究出了"尼龙9",而国外还没有正式生产。地质所对于岩石分析、钶钽铁矿分析、独居石分析、锂云母分析等研究成果以及远距离操纵,自动化研究所的无触地远距离信号设备、脉冲频率制远测设备"也大大超过了英美水平"。同日,中科院机关党委召开第二次代表大会,各研究单位共向大会献出研究成果300余项,"其中超过国际水平和达到国际水平的共有25项"。

▲ 1958年北京搪瓷厂的"工作汇报"

过了12天，《光明日报》报道说，科学院北京地区研究单位完成1 000项研究项目，其中100多项达到或超过国际水平。这些成果中，有应用物理所的半导体晶体管、晶粒取向矽钢片，化学所为研究海水淡化而研制的离子交换机，原子能所的钳工万能机、金属三级油扩散真空抽气机等。

在首都科学家们的鼓励下，其他城市的科研机构当然也不甘落后。8月8日，上海举行科学技术研究工作跃进展览会，上海地方工业、上海高校、中科院和中央各部委在上海的研究机构共60个单位参展，共展出实物、图片、图表2 600多件，"其中440多项达到或超过了国际水平，其余更多是国内或上海首创的"。参加展览的单位还提出了进一步的跃进计划，如煤炭变珠宝，废气变黄金，陶瓷像钢铁坚硬，钢铁像陶瓷耐高温，做到肿瘤低头，高血压让路。

在科研单位拼命大放"卫星"的同时，高等学校的科研跃进也让人咋舌。中国最重要、最著名的高校——北京大学自称在半个月内完成680项科研项目，超过了过去三年科研项目的总和，其中100多项是尖端技术科学，有50多项达到国际先进水平。仅仅半个月之后，北大的科研成果就突然达到了3 406项，其中达到或超过国际水平的有119项，属于国内首创的有981项。而1952—1956年的4年间，北大定出的科研项目只有100项，1956—1957年也只有400项。可这3 400多项成果，从8月1日开始算起，只用了40天的时间。这种耻辱性的记录让这家有着光荣传统的大学蒙羞。

北大的科研"卫星"放出之后，捷克斯洛伐克向中国提出，希望中方提供北大已经达到"国际水平"的科研成果的清单、技术报告和资料。有关部门碍于兄弟国家的情面，只得要求北大提供相关材料。很快，中国的"科研卫星"成了一个国际笑话。

南开大学的科研进展也很神速。8月10日开始，南开党委领导4 000多名师生掀起大搞科学研究、大办工厂的高潮。第一夜就提出2 000多个科研项目，其中大部分是属于尖端科学的，不少是"以前想都不敢想的"。南开师生提出了"与火箭争速度，和日月比高低"的口号，8月11~25日，共完成研究工作165项，其中理科各系试制成功属于全国第一次生产的产品30多种，达到国际水平的19种，世界独创的2种。

7月上旬，全国科联和北京科联组织中科院生物学部、中国农科院和北京农业大学的科学家，与来自河北、河南、湖北等省的30多位种田能手举行丰产座谈会。会前，科学家们提出了自己认为够高的亩产指标。指标是按照当时盛行的"两本账""三本账"制定的：小麦1.5万斤、2万斤、3万斤；水稻2万斤、3万斤、4万斤；甘薯15万斤、20万斤、26万斤；籽棉3 000斤、4 000斤、6 000斤。

可是，等到丰产座谈会一召开，听了种田能手的报告后，科学家们大吃一惊，先前准备公开的三项指标显然大大落后于农民兄弟，于是，他们只得临时修改自己的指标，提出"第一本账"小麦3万斤，水稻3万斤，甘薯40万斤，籽棉1万斤。而生物学部与农科院间也展开了挑战赛，生物学部的指标是小麦6万斤，水稻6.5万斤，甘薯50万斤，籽棉2万斤。

▲ 行为艺术家重新演绎"大跃进"

中央党校的党史专家罗平汉日后评论说:"出生于农家的毛泽东本来对那些放出来的农业高产卫星是将信将疑的,而科学家从科学原理对农业高产的论证,却使他相信粮食高产是有可能的。"[1]

就在这次丰产座谈会开过不久,毛泽东在徐水等地视察,提出了"粮食多了怎么办"的疑问,很快,它被当成最高指示传达给了中国科学院。中科院党组将此作为第一紧急任务,组织全国顶级的科学家进行攻关,长春应用化学研究所、大连石油研究所、北京化学研究所、上海有机化学研究所、上海生物化学研究所和上海植物生理研究所的专家们纷纷献计献策,研究出了粮食转化为工业原料的众多方法。

可笑而可悲的正是,就当科学家们在实验室里为粮食转化日夜鏖战的时候,一场黑色的大饥荒降临了。

---

[1] 罗平汉著,《当代历史问题札记》,南昌:广西师范大学出版社,2003年版。

第六部

1959—1977
以"革命"的名义

1959 / 最苦难的三年

> 我虽近 80 岁，明知寡不敌众，
> 自当单枪匹马，出来应战，直至战死为止，
> 决不向专以力压服不以理说服的那种批判者投降。[①]
> ——马寅初，1959 年

从 1959 年到 1961 年，后世称为"三年灾害"时期，国民经济由前一年的疯狂跃进陡然跌入空前的萧条低迷。全国工厂关停近半，2 000 多万新招职工被驱回农村。因粮食短缺，广大乡村爆发大面积的饿死人现象，非正常死亡人口超过 2 000 万，个别地方甚至出现了"人相食"的惨况。

如此惨烈景象的发生，有客观和主观两方面的

[①] 1959 年，北京大学校长马寅初因为建议计划生育而遭到批判，这是他当年奋起应战时的答词。鼓励生育的政策导致中国人口持续增多，1949 年，全国人口 5.4 亿，1964 年为 7.2 亿，到马寅初去世的 1982 年，全国第三次人口普查，为 10.3 亿人。

原因，用刘少奇的话说，是"三分天灾，七分人祸"。

关于这三年中国是否发生了严重的自然灾害，后世有两种不同的观察。

英国《泰晤士报》在1960年11月9日的一则报道中说："1959—1960年，将以大旱灾被载入中国的历史。在北方的广大地区约有200天没有下雨，也没有下雪，在夏末干旱中断后，许多地区又被大雨所淹没……共产党人在天气上一直难得是幸运的，但是过去这一年是最坏的一年。"据国家统计局、民政部编撰的《1949—1995中国灾情报告》记载，1959年全国出现了"受灾范围之大，在50年代是前所未有的"严重自然灾害，受灾面积达4 463万公顷，且集中在主要产粮区河南、山东、四川、安徽、湖北、湖南、黑龙江等省区，除旱灾、霜冻、洪涝、风雹外，还出现了不多见的蝗灾、黏虫灾、鼠灾。1960年，灾情继续扩大，北方持续爆发特大旱灾，东部沿海省区则受严重台风洪水冲击，受灾农田面积扩大到6 546万公顷。进入1961年后，灾情未得缓解，大旱蔓延黄河、淮河和整个长江流域，河北、山东、河南三个主要产粮区的小麦比上一年最低水平又减产50%，很多农田颗粒无收。8~10月间，东南沿海诸省遭受台风袭击11次，其中12级以上的占9次，为新中国成立以来之最。

然而，也有学者认为，这三年发生的自然灾情不能算是全国性特大灾害。据《中国水旱灾害》一书描绘的1959—1961年全国各省市干燥度距离平均值图显示，三年全国干燥度距离平均值均在正常变化范围之内。另外，据气象专家编制的1895—1979年"全国各地历年旱涝等级资料表"表明，这三年没有发生严重的自然灾害，属于正常年景，若以旱灾而论，1960年的旱情轻于1972年和1978年。《时代周刊》在1961年1月6日的一则报道中认为："不是所有的西方观察家都认为干旱和洪水应该为粮食紧缺负责。他们指出日本的气象报告显示，中国今年的气象并无什么异常，他们怀疑所谓自然灾害乃是被发明与夸大的，为的是掩盖食物短缺的真正原因：政府剥夺食物出口到国外换取工业建设用的机器与设备。"到9月15日，这家杂志又引用香港大学经济学家斯达特·科比（E. Stuart

Kirby）的研究指出，香港、台湾和广东有着十分相似的天气，天气确实不好，但是香港农作物减产8%，台湾减产13%，广东则是30%。科比教授的结论是，中国的问题不仅仅是因为天气，还有农民广泛的士气消沉。

科比教授的观察应该是比较接近真相的，粮食的大幅度减产，既与自然灾害有关，同时也是过激政策的后果。

"大跃进"的后遗症是严重的。首先是"放卫星"导致的高征收。产量是虚的，征购可是实的，1958年的粮食产量实际只有4 000亿斤，却按虚报的7 500亿斤征购，全国征了1 095亿斤，占年产量的27.3%，已达到农村承受能力的极限。然而，1959年征购却高达1 348亿斤，占年产量的39.6%，农民的口粮和下一年的种子也被征走了，农民不愿交，就搞反右倾、反瞒产、反私分，甚至抓人、关人、打人。其次是大量青壮年农民仍然被拉去大炼钢铁和大修水库，在旱情严重的1959年秋冬，仅山东就有887万青壮年在炼钢铁和修水库，全省秋播面积不及往年的3/4，在3年中，山东共荒芜农田5 000万~6 000万亩。可怕的粮食危机就这样降临了，到1960年，全国的粮、棉、油和生猪拥有量分别比1957年下降了29.7%、38.5%、56.1%和36.4%，粮食产量实际已猛降到了2 870亿斤，而征购额却比上一年还要多，高达1 408亿斤。赵发生在《当代中国的粮食工作》一书中更披露了一个事实：由于对形势的判断失误，中国甚至还在1958—1960年3年中大量出口粮食，其中，1958年净出口65亿斤，比1957年猛增73.1%，1959年净出口94.8亿斤，又比上一年增加45.8%，1960年仍净出口20亿斤。

当悲剧发生的时候，"放卫星"最积极的地方，就是景象最悲惨的地方，全国的"卫星"以河南放得最多，河南又以出了"嵖岈山卫星"的信阳地区最耀眼。三年中，河南非正常死亡人口在200万以上，死亡牲畜74万多头，荒芜土地440余万亩，为全国最惨烈的省份。一向为豫东南"鱼米之乡"的信阳地区更是饿死100多万人，很多乡村绝炊绝户，浮肿病大面积蔓延，农民大量外逃或饿死，爆发了震惊全国的"信阳事件"。时任湖北省委第一书记、受中央委托去河南实地调查的王任重回忆说："(信阳)西平县因为放小麦'卫星'，受打击的有1万多人，打跑7 000人，打死300多人，这是多么残忍的事情！"① 河南省委在向中央检讨时，也称这个时期的信阳"一时间成了一个恐怖世界、黑暗世界"。

从1959年春季开始，粮食危机就已经烧进了大城市。2月，美国《时代周刊》记者发现，在北方最普通不过的卷心菜居然成了"配给物资"。它的记者描述道："尽管上个月中国政府号称粮食增产了102%，但是城市粮食配给的定量却被削减了，卷心菜开始第一次登上了配给物资的列表，之后洗衣服的肥皂也开始需要配给，每人每月的食糖被减低到略高于1磅。在沿海的广东省出现鱼肉短缺，上海则是难以买到肉食。"在随后的两年里，关于食品短缺和人口死亡的报道不时出现，1960年5月16日的报道称："来自某个公社的消息说那里50%的儿童都因为营养不良而死亡，虽然没有大量的歉收报道，但是很明显中国把广东的农产品运到城里给产业

▲ 人们在凭票供应年代抢购商品

---

① 王任重著，《王任重文集》，北京：中央文献出版社，1999年版。

工人，或者卖到国外换取外汇，在一个地方，农民使一辆火车出轨，抢夺了把他们的谷物送往北方的列车。"在8月22日的一则报道中，记者援引福州一位母亲给她在香港的儿子的信说，"要不是你寄点钱回来，我们一年也吃不到一块肉"。

实际的情况，与《时代周刊》记者的零星描述相去并不太远。到1960年6月，北京库存粮食只够7天的销量，天津仅够10天，上海已无库存，靠借外贸部门的出口大米度日，连一向为中国粮仓的东三省和四川都向中央告急要米。中部最大的钢铁企业武汉钢铁厂存米无多，工人们只好发明了"超声波"蒸米法，把大米连蒸几次，使之膨胀而能"填饱"肚子。清华大学则成功地发明了"增饭法"：一锅下米300斤，水要逐步加入。先干煮40分钟，然后第一次加水120斤；过15分钟，第二次加水200斤；再过15分钟，第三次加水520斤；在米下锅以后，最后加水100斤，等10分钟，就可以开饭。这个办法被当成重大科研发明广为推广。

9月，中央发出指示，要求各地群众"低标准，瓜菜代"，大搞代用食品。不久前还在为"粮食多了怎么办"而日夜攻关的科学家们专门"研制"出了"代食品"，如玉米根粉、小麦根粉、玉米秆曲粉、人造肉精、小球藻等，这些名词看上去很"科学"，其实就是把原本当肥料或喂猪的玉米、小麦秆子碾碎了当粮食吃，所谓"人造肉精"则是一种食用酵母。

代食品中，最有名的是"小球藻"，这是一种水面浮生植物。1960年7月6日，《人民日报》发表社论《大量生产小球藻》，认为小球藻不仅是很好的精饲料，而且具有很高的食用价值。社论写道：小球藻"蛋白质含量比大米高5倍，比小麦高3倍多"，"用小球藻试制的糕点、面包，质高味美，清香可口"。

一个名叫周孜仁的学生当时就读于成都五中，他在回忆文章中详细记叙了当年培植"小球藻"的经历：把原来宿舍区供学生洗衣取水的池子改为"藻类繁殖池"。先满灌清水，再加上小便。因为据说"小球藻"在小便浓度较大的环境里，繁殖尤为迅速。接着把"藻"苗倒进去，搅拌十天半月，池水先是发绿，继而发黑，最后发臭，藻类培养宣告成功，于是舀出两桶往大食堂的锅里倒，同时，向水池补足新尿两桶。如此反复，以确保同学们每顿饭里都有充足的小球藻。

就在国内经济形势急剧恶化的时候，在外交上则同时发生了一件大事：1960年7月16日，苏联突然宣布召回全部援华专家，世界上最大的两个社会主义国家彻底决裂。

中苏关系自斯大林去世，特别是赫鲁晓夫发表了"秘密报告"之后，就变得别别扭扭。1958年年初，毛泽东提出"反教条主义"，对苏联发展经济的做法提出了批评，他认为苏联的根本问题是"见物不见人"，依靠官僚技术阶层和他们制定的规章制度管理经济，其要害是限制了广大群众的积极性。苏联对中国的经济发展战略也不能理解，该年7月26日，新华社《内部参考》刊登一篇电讯稿，透露部分苏联官员和专家对中国的"大跃进"和人民公社不以为然，甚至在报纸上对热火朝天的人民公社运动只字不提，这很是让中国领导人恼火。

这种矛盾很自然地反应到数千名援华专家身上。曾任鞍钢副总经理兼总工程师的马宾在30年后对历史学者罗时叙讲过一段回忆：1958年，他在北戴河亲耳听了毛主席关于钢产量由535万吨翻番达到1 070万吨的讲话，会上群情激昂，有人当场作诗曰："坐八百看一千，土办法不花钱，大家一起努力干，年底一定会实现。"马宾对这个目标很是怀疑，可是却不敢公开质疑，回到工厂后，"苏联专家规定的章程不要了，高炉拼命装料，眼见就是胡来，不合格的钢也出炉了。炼钢车间把规章都烧了，对产品质量也不进行检查了"[①]。后来的结果是，鞍钢生产出来的一级钢轨的产量由过去的93%降低到了42%。

---

① 罗时叙著，《由蜜月到反目：苏联专家在中国》，北京：世界知识出版社，1999年版。

这种跃进做法让苏联专家很是不解。广西有了新建的炼铁厂要请苏联专家去指导,可是专家们从报上看到那个厂炼铁是用木柴烧的,就死活也不肯去。齐齐哈尔的富拉尔基钢铁厂是完全由苏联人援助建成的,为当时国内规模最大、技术水平最好的特种钢厂,在生产汽轮机的大型锻钉时,中方为了创造纪录,违反既定的工艺规程,热火朝天地一阵猛干,结果炼出大量的废品。一些苏联专家对钢铁领域发生的盲目过热很担心,他们向苏联使馆做了反映,再由使馆向中方上级提意见,结果当然引来很大的反感。

发生在钢铁领域的冲突并非个例。第二机械工业部的二〇二厂发生了这样一件事情:这个工厂是研制核武器部件的,当时正处在设计阶段,苏联专家按常规提出设计工作应分为三步,即初步设计、技术设计和施工设计。但中方认为,在当前大跃进的大好形势下,应打破常规,三步并做两步走,取消技术设计环节。为了说服苏联专家,中方特别组织他们参观了创造万斤亩产纪录的徐水县,试图用中国农民的"放卫星"精神打动他们,谁料,专家们一到田头,又对粮食产量的真实性产生了怀疑。在争执不下的情况下,中方决定不听苏联人的意见了,结果在后来的施工过程中,不断遇到麻烦,大大小小的修改达几百次之多。

在水利和电力系统服务的别斯托夫斯基报告说:"中国同志决定简化电力装置,这将降低它们的可靠性,其结果不可避免地将导致事故的发生。"哈尔滨火电厂专家组组长克利莫夫在1959年7~10月间向中方递交了十多封抗议信和申诉信,报告工厂违反锅炉的操作规章贸然跃进,但一直无人问津,最后引起工厂大爆炸,造成重大人员伤亡。最可笑的是北京航空学院,它要求苏联专家帮助设计时速3 700公里的飞机,这让他们十分为难,因为只有火箭才能达到这样的速度。

1959年年初,很多苏联专家向国内抱怨,中方的一些企业撤销了按苏联技术方案和技术规程设立的技术部门,取消了必要的技术规格和标准,他们表面上仍留在岗位上,享受薪金,承担合同规定的生产责任,但实际上已无法履行自己的职责。武汉冶金公司的12位苏联工程师说他们已经有3个月没有工作了。第一机械工业部第一设计院的中方领导有8个月没有与苏方专家见面。

最能生动地体现中国自主性的事件，是"鞍钢宪法"的诞生。

鞍山钢铁厂是当时中国最大的钢铁联合企业，被称为"共和国钢铁工业的长子"。"一五"计划时期，鞍钢共完成基建投资总额15.45亿元，占全国同期冶金工业基建投资总额的1/3。五年累计，鞍钢共生产铁1 090万吨，钢846万吨，钢材566万吨，分别占全国同期总产量的54.3%、50.8%、42.91%，可谓是半壁江山。1960年3月11日，中共鞍山市委向中央写了《关于工业战线上技术革新和技术革命运动开展情况的报告》，在列举大量事实后，提出要"继续彻底地批判坚持一长制、实行经济和技术挂帅、依靠少数专家办企业的资产阶级路线，坚决地贯彻执行坚持党的领导、坚持政治挂帅、依靠广大群众办企业的无产阶级路线；继续彻底地批判和克服教条主义，进一步树立敢想敢说敢做的共产主义风格，使运动一浪高一浪地向前发展"。

毛泽东看了这个报告，非常兴奋，于3月22日做了重要批示："鞍钢是全国第一个最大的企业，职工十多万，过去他们认为这个企业是现代化的了，用不着再有所谓技术革命，更反对大搞群众运动，反对两参一改三结合的方针，反对政治挂帅，只信任少数人冷冷清清地去干，许多人主张一长制，反对党委领导下的厂长负责制。他们认为'马钢宪法'是神圣不可侵犯的。这是1958年大跃进以前的情形，这是第一阶段。1959年为第二阶段，人们开始想问题，开始相信群众运动，开始怀疑一长制，开始怀疑'马钢宪法'……现在的这个报告，更加进步，不是'马钢宪法'那一套，而是创造了一个'鞍钢宪法'。'鞍钢宪法'在远东，在中国出现了。"

马钢即苏联的马格尼托哥尔斯克钢铁公司，是当时世界上最大的钢铁联合企业，它形成了一套富有特色的管理和技术标准，被尊称为"马钢宪法"，是苏联工业模式的一个骄傲。"鞍钢宪法"的提出，显然是针对"马钢宪法"而言的。

"鞍钢宪法"的核心经验有两条，一是"两参一改三结合"，二是政治挂帅。

"两参一改三结合"即：干部参加集体生产劳动，工人参加企业管理，改革不合理的规章制度，在生产、技术、管理等改革和改进上实行领导干部、技术人员和工人相结合，它被认为是"我国对工业企业实行民主管理和科学管理的一条极具特色的重要经验"。

关于政治挂帅，时任鞍山市委第二书记、鞍钢党委第一书记兼经理袁振的表述是这样的："'鞍钢宪法'的基本内容，就是坚持党的领导，坚持政治挂帅，坚持大搞群众运动，坚持不断革命，坚持总路线、大跃进。'鞍钢宪法'是毛泽东思想在经济工作中的具体体现，是无产阶级办企业的根本路线。"辽宁省委书记李东冶则直接将"鞍钢宪法"与"马钢宪法"进行了对比，他说："鞍钢宪法的实质是什么呢？中央批示中指出，实质是党委领导下的厂长负责制的问题，就是党的领导，政治挂帅，大搞群众运动……'马钢宪法'是什么？一不要党的领导，二不要群众运动，三是单纯技术观点。"①

5月23日，冶金部在鞍山召开现场会议，号召全国企业学习和推广"鞍钢宪法"。

一个多月后的7月16日，苏联政府突然照会中国政府，提出撤走全部在华工作的专家。在外交照会中，苏方提出的理由是："最近，中国方面在处理在中国工作的苏联专家问题上开始推行一条显然是对苏联不友好的路线，这与条约的规定以及社会主义国家间通常的关系准则是相抵触的……所有这些都伤害了苏联专家们的感情，中国方面对他们的不信任引

---

① 袁振与李东冶的发言稿现存鞍钢档案馆。

起了他们的愤怒,使得他们被迫向苏联政府提出回国。"① 从 7 月 28 日到 9 月 1 日,苏方撤回专家 1 390 人,停止派遣专家 900 多人,同时中止专家合同和合同补充书 343 份,废除科学技术合作项目 257 项。到 1960 年 12 月,留在中国的苏联专家只剩下一个人。

苏联专家的撤走,是中苏两国在多种立场、利益上的分歧的总爆发,两国关系从此彻底毁坏。

"撤走令"事先毫无预兆,今日贸然下令,明天卷席走人,没有任何商量的余地,充分体现了赫鲁晓夫粗暴、独断的领导风格。就在这一年 4 月初,中国国务院外国专家局还呈送了一份报告,认为"专家工作有了很大的改进,专家们心情舒畅,干劲充足,工作效率显著提高"。5 月 20 日,国务院按照惯例发出了下一年聘请苏联专家有关事项的通知,要求各部门做好续聘和增聘工作,直到 6 月 17 日,国家科委和外国专家局还联合制

▲ 苏联专家撤离中国

---

① 《苏联使馆向中国递交的关于撤退专家的照会》,转引自美国威尔逊国际学者中心编,《冷战国际史项目公报》,1996 年。

定了苏联专家帮助中国进行重大科研攻关的分工管理办法，并下发全国。这表明，尽管两国在过去几年有种种的摩擦、争吵和不愉快，却没有导致决裂的必然性。可见，7月的"撤走令"来得有多么突然和绝情，它不但扰乱了中国的工业化进程，更伤害了中国人民的自尊心。

不过，后世也有专家对"撤走令"的客观后果有自己的观察。沈志华在《苏联专家在中国》一书中便认为，苏联专家的全面撤走对中国经济建设的负面影响，过去似乎估计过高。他认为："由于政治上的原因，中国官方过分强调了苏联撤退专家在造成20世纪60年代初经济困难中的作用。"[1]据他的研究，自"156工程"完成之后，在第二个五年计划期间，苏联专家对中国的援助重点放在了军事工业上，特别是核武器的研发上。从1 000多名经济专家分布来看，八成以上集中在国防企业及与国防工业有关的部委和科研机构中，还有一成多为冶金、化工和水电专家，在煤炭、石油、建设、轻工、农业及铁路运输等部门，都只有极少量专家，最少的1个人，最多的7个人，而在水产、粮食、纺织等部门则已经没有苏联专家。因此，就如同在农业领域发生的问题一样，苏联专家的撤走对工业经济的影响并不是决定性的，经济的衰退大多是因为决策的失误。事实上，苏联人的撤走造成了两个连带性的后果。

一是因悲情而引发的新一轮激进。1958年之后，中美关系因台湾海峡问题持续紧张，美国太平洋舰队游弋于东部海域；在西面，中国与印度因领土纠纷爆发区域性战争；而中苏关系一紧张，整个北方地区又受到威胁。于是，一种孤立感以及因此而引发的巨大悲情，使得中国领导人陷入更大的自我封闭和自傲情结之中。

二是因外来威胁的加大，导致了工业布局的畸形化。一些原本设立在东北和沿海等地的重要工厂内迁到中部地区，工业布局以"备战备荒"为战略指导，到1964年，开始大规模的"大三线"建设。

---

[1] 沈志华著，《苏联专家在中国》，北京：中国国际广播出版社，2003年5月版。

内外交困，时局艰险，年轻的共和国在它的第十个年头遭遇了空前的困难。让人叹息的是，在这期间，中央决策又因种种原因发生了几次进退摇摆。

在灾情初起的1959年，钢产量指标仍然被高高地定在1 300万吨。这一年7~9月，中共中央在江西庐山召开政治局扩大会议，原本决定对当前的失控进行反思，而最终的结果却以更激进的方式闭幕，对"大跃进"持有不同看法的国防部长彭德怀元帅等人遭到严厉批判，会议最终达成的共识是：形势大好，前途光明，继续大跃进。

庐山会议的风向突变让中国失去了一次清醒的机会。到1960年年初，决策层内的反思声音再起，各种经济指标被压了下来，可是，中苏关系交恶后，激进情绪再度陡然升温，又提出要炼"争气钢"，争取当年生产钢2 000万吨。正因为这种政策上的失误，局势日渐恶化，最终酿成重大的悲剧。

一直到1961年，为了走出绝境，中央才逐渐调整激进的经济政策，提出"调整、巩固、充实、提高"的8字方针。当时主要展开的工作有两块，一是解决吃饭问题，二是把工业速度降下来。

当务之急，自然是缓解粮食危机。要在短时间内迅速提高粮食产量，是绝无可能的事情，而仅仅靠清华大学的"增饭法"，却只能暂时骗骗肚子。于是，中央政府采取特别方式，从进口粮食和减少城镇人口两个方面下手施救。

1961年1月，国务院决定从国外紧急进口粮食。先是确定进口150万吨，很快就增到250万吨。经办此事的外贸部副部长雷任民回忆，在对待进口粮问题上，当时党内的思想是不一致的，因为不久前还在喊粮食吃不完了，现在突然要向万恶、腐朽、即将灭亡的资本主义国家买米吃，丢不起这个脸，因此，粮食进口工作一直处在极其保密的状态下。相关事宜是委托香港的中资公司华润和中国银行经办的，先是从澳大利亚、加拿大和法国订购了大量粮食，后来连美国粮食也通过转口贸易进来了。从1961

年到1965年,国家每年进口粮食500万吨左右。

进口粮食需要外汇,能够换回外汇的商品不多,除了煤炭之外,主要的就是棉花,于是就缩减棉布的供应。1960年,全国居民所分配到的布票人均少了1尺。据外贸部的计算,每人减少1尺布,用于出口可得5美元,全国总计就是3 500万美元,能多进口10亿斤麦子。

历史学者陈明远在《布票的故事》一文中记载,四川城镇起初每年每人15尺布票,可以做一套衣裤,1959年,布票一下子减少为每年每人7尺4寸布票,个子小的还能做件上衣,个子大的就顶多混条裤子了。到1960年再减半,只发3尺7寸布票,当时买一双袜子要2寸布票,也就是一个人一年分到的布票只够买十多双袜子。1961年上半年,上海市区每人只发给2尺6寸布票,一家四口的布票不够缝制一套成人的衣服。山东城镇每人的布票更只有1尺6寸。物资的空前短缺,可见一斑。

即便全国人民少吃减穿,还是无法缓解粮食危机。1961年6月28日,中共中央下发《关于精减职工工作若干问题的通知》,提出在三年内减少城镇人口2 000万以上。客观地说,在粮食供应无法增多的情况下,这个不无残酷的决策最终起到了缓解的作用。

从1958年起,为了大炼钢铁,大量农村青壮年劳力被征调到城市里,在三年里共新招收职工2 500多万人,城市人口从9 900多万陡增到近1.3亿,这自然造成了粮食的供应紧张。当经济突然大萧条后,工厂里马上出现了人浮于事的现象,纺织工业停了500万锭,食品工业三年增加了55万人,很多工厂的工人无工可做。根据计算,从城里精简2 000万人,可减少供应粮食30亿斤。中央的《精减通知》指出:"这次精减的主要对象,是1958年1月以来参加工作的来自农村的新职工(包括临时工、合同工、学徒和正式工),使他们回到各自的家乡,参加农业生产。"

从精简政策实施到1963年6月,全国职工减少1 887万人,城镇人口减少2 600万人,吃商品粮人数减少2 800万人。事实表明,这一政策缓解了城市供应的紧绷状况,也对农业的休养生息起到了复苏的作用。以

第六部　1959—1977　以"革命"的名义

▲ 1962年广东民众因粮食危机掀起"逃港潮"

坚忍和温顺出名的中国农民从来是中国经济最大的支撑者,他们在正常的年景里贡献廉价的农产品,一旦发生危机,广袤的农村就成为成本最低的"泄洪区",这种情景在日后将一再发生。在这个意义上,中国工商经济的成长从来就是吃"农民的红利",城里人亏欠农民的实在太多。

在2 000多万被精简下乡的人中,就有一个16岁的农村青年名叫鲁冠球。

鲁冠球的家乡在浙江省萧山县的金一村童家塘,与杭州市隔钱塘江相望,他从小的梦想就是能够进城当一个工人。1958年,在大炼钢铁的热潮中,小学还没有毕业的他就被征调进了萧山县城,在一个打铁合作社当上了锻工。三年学徒期满,工资从最初的14元加到了36.5元,这让他很是满意。可是就在新工资拿了两个月之后,他突然被精减掉了,卷起铺盖回到了童家塘。很多年后,他回忆说:"那时,我想得很清楚,不种地。我觉得农民吃不饱,穿不暖,所以一心就想做工人。我筹了110块钱,搭起草棚开了一间修理铺,开始为村里修自行车。那时农村自行车少,生意很淡。"

发生在1961年的这次大精减在少年鲁冠球的心里留下了严重的后遗症,金一村距萧山县城不到两公里,可从此他再也没有回去工作过。他说:"我发誓从此不再进城,我就在农村办工厂。"20年后,一心想做工人的鲁冠球成了中国最著名的农民企业家。

在设法缓解粮食危机的同时,国家还必须把过快的工业速度降下来。

1961年第一季度,各项工业指标发生重大溃乱,25种主要工业产品中,除了食糖,其余均比上一年第四季度下降30%~40%,决策层这才承认现实,开始踩急刹车。在5月21日召开的中央工作会议上,各项指标大幅下调,提出"坚决后退"和"必须退够"。毛泽东无奈地说:"退得够,这样好。无非是外国人骂,说中国人不行。我们现在就要老老实实地承认没有学会,还要11年才能搞好,至少要10年。不退,你有什么办法?"

8月,中共中央在庐山召开工作会议,通过了《国营工业企业工作条例(草案)》——简称《工业七十条》,它一方面继续强调"国营工业企业是社会主义的全民所有制的经济组织。它的生产活动,服从国家的统一计划。它的产品,由国家统一调拨"。同时,则把大跃进时的"按需分配"改成了"按劳分配",对遭到批判的计件工资制等制度予以恢复。

1962年,全国的基本建设投资规模压缩到了46亿元,仅为1960年384亿元的12%,到年底,全国关停倒闭的工厂数达4.4万个,占1960年9.6万个企业数的44.8%,也就是说,在一年时间里关掉了将近一半的工厂。其中,冶金企业减少了70%,建材企业减少50%,化工企业减少42%,机械企业减少31%。同1960年相比,工业总产值大幅下降了47%,其中重工业下降57%,钢产量跌到了667万吨。在当时的工业界,把关停工厂和精减工人统称为"拆庙搬和尚"。

大跃进对中国经济的灾难性后果,日后有无数论文和书籍进行了反思、总结。国家统计部门的数据显示,"二五"计划期间(1958—1962),全国工农业生产总值的年均增长率仅为0.6%,远远低于"一五"时期(1953—1957)的10.9%。据美国学者麦克法夸尔在《"文化大革命"的起源》一书中的测算,"大跃进给国民经济造成的全部损失,估计是1 000亿元,几乎相当于'一五'期间基本建设投资总额的两倍"。

在三年灾害时期，还有两个经济事件值得记录，一是包产到户的试验和夭折，二是大庆油田的发现。

"吃饭不要钱""一大二公"的人民公社，只在很短的时间里让农民感到幸福，很快，计划经济的低效率和荒诞性便非常清晰地一一呈现了出来。1961年3月，中共中央起草颁布了《农村人民公社工作条例（草案）》——简称"农业六十条"，取消了农村部分供给制和公共食堂，但是人民公社的模式却被肯定和固化了下来。

这年6月，陈云回到家乡青浦县小蒸公社作了半个月的调研，同行的秘书周太和、经济学家薛暮桥等人在日后都回忆了那次难忘的行程。

地处上海城郊的青浦县自古是最富足的鱼米之乡，可是，"大跃进"之后，这里的农民也只能顿顿喝稀粥。吃不饱饭的时候，农民把原本用做绿肥的红花草也吃光了。陈云等人走在小镇上，看见许多农民门口晾着麦秆，据当地人说，这是生产队碾麦后分给农民的，可是家家户户都把麦秆重新晾晒后，放在簸箕里搓，结果还能搓下来许多麦子。陈云问一个老农妇，这么搓能搓下来多少麦子。老农妇说，攒起来能有一斗。陈云大惊。他很快猜出了答案：这是农民们故意在打麦场上不碾干净，然后再把麦秆分回到家里，私下留了一点口粮。陈云感叹地说，我们不能多拿农民的东西，你要拿，他们总是有办法应付的。

陈云去参观公社的养猪场，干部们告诉他，去年一年公社养猪没赚到钱，反而亏了3.8万元，平均每个农户要负担16元，建猪场，搞基建还花了7万元。陈云算了一笔账，允许私人养猪的时候，平均一头母猪一年生十四五头苗猪，苗猪死亡率为6%，实行公养后，一头母猪全年平均只生四五头苗猪，苗猪死亡率竟高达89%。这么强烈的对比，又让陈云大吃一惊。

更让陈云吃惊的荒唐事还有不少。到了傍晚，陈云听到小镇上合作商店的店员在吆喝："棒冰，棒冰，两分一碗。"他很好奇，棒冰应该论根卖，怎么会用碗卖呢？出去一看才知道，原来棒冰是上海做的，然后通过

肉牛与粮食交换比价				
（肉牛每百斤交换粮食）				
年份	小麦(伏地白)(斤)	玉米(伏地三号)(斤)	小米(伏地二号)(斤)	红粮(伏地三号)(斤)
1950	315.2	405.1	301.7	556
1951	337.4	483.2	340.5	687.6
1952	355.5	480	349	629.5
1953	326.5	484.2	361	620.4
1954	377	560.9	418.1	718.7
1955	383.5	569.3	418.1	718.7
1956	382.6	569.3	424.3	729.3
1957	433.5	634.9	473.2	813.4
1958	483.4	707.4	527.2	906.2
1959	483.5	707.4	527.2	906.2
1960	483.4	707.4	527.2	906.2
1961	428.5	617	471.5	698.7
1962	428.5	617	471.5	698.7
1963上半年	428.5	617	471.5	698.7
63年与50年相比%	+35.3	+52.3	+56.0	+25.5
63年与57年相比%	-1.6	-2.8	-0.3	+14.1

注：肉牛规格是每年每头出肉量180斤。

纸烟零售价					
					（元）
年份	中华20支盒(盒)	牡丹门20支盒(盒)	牡丹大20支盒(盒)	万象20支(盒)	绿叶20支(盒)
1950	0.483	0.304	0.175	0.134	0.05
1951	0.483	0.335	0.274	0.195	0.09
1952	0.432	0.308	0.274	0.18	0.09
1953	0.403	0.294	0.252	0.164	0.11
1954	0.43	0.301	0.26	0.163	0.113
1955	0.44	0.32	0.27	0.18	0.113
1956	0.44	0.32	0.27	0.18	0.11
1957	0.48	0.335	0.285	0.18	0.11
1958	0.50	0.331	0.281	0.18	0.11
1959	0.50	0.32	0.27	0.18	0.11
1960	0.50	0.32	0.27	0.18	0.11
1961	0.50	0.32	0.27	0.18	0.11
1962	0.504	0.323	0.273	0.181	0.111
1963上半年	0.55	0.36	0.31	0.20	0.12

注：绿叶烟1950—1951年没货，用金枪价格代替。

▲ 1963年北京市副食品商业局编印的《北京市副食品商业资料汇编》（1949—1963）

国营商业渠道，运到县里，再从县里用汽车、小船运到各公社，公社再往大队、小队分，到了基层的商店，棒冰就成了棒冰水，店员舍不得倒掉，就只好用碗来卖了。陈云听了直摇头叹息：现在商品流通是按行政区划来管理的，不合理，可是又改不过来。

小蒸公社靠近黄浦江，过去有许多渔民下午开船到江上去捕鱼，黎明运到上海城里去卖。实行统购统销之后，青浦县禁止渔民私自贩售，捕上的鱼必须运回青浦，卖给国营的县水产公司和下属的收购点，再由它们运到上海去完成供应任务。这样多次来回运输，自然就耽误了时间，把活鱼生生运成了死鱼。渔民只好把鲜鱼做成咸鱼上交，从此，上海城里的鲜鱼越来越少，甚至连咸鱼也因为运输费和手续费一加，价格比以前高了不少。陈云了解到这一情况后非常惊讶。他亲自找来青浦县委和水产局的负责人谈话，劝他们准许渔民直接去上海卖鱼。那些负责人很为难，他们说，如果这样做，必须要改变现在的供销社制度。陈云听罢，沉默良久，然后深叹一口气，对周太和说："我一个党中央副主席，连这样一个小问

第六部　1959—1977　以"革命"的名义

题都解决不了,实在对不起人民。"[1]在其后将近20年的时间里,上海市民只能吃到黄浦江里的死鱼。

任何一种经济制度,当它固化成型之后,即便是它的设计者也无力变更其内在的逻辑,这正是陈云在小蒸公社所遭遇的情景。在与老乡们交谈时,陈云问:"我是好人,还是坏人?"众答:"好人。"陈接着说:"我虽是好人,结果办了错事情。"回到北京后,陈云给时任中共中央书记处总书记邓小平写了一封信,随附三个调研报告,其中包括《母猪也应该下放给农民私养》《按中央规定留足自留地》等。

正当陈云在家乡做调研时,安徽、广西等地正刮起一股包产到户的"单干风"。

在大跃进和人民公社运动中,安徽曾经是最积极的省份之一,可也是付出代价最大的地区之一。在1959—1961年的3年中,安徽总人口净减439万人,而在之前的6年间,人口每年平均增加65万以上。据《剑桥中国史》的记载,"安徽可能是人口减少最严重的,1960年全省的非正常死亡率比上年猛增了68%,为全国平均数的3.5倍多"[2]。正是在如此的绝境之下,1961年2月,省委书记曾希圣提出"按劳动力分包耕地,按实产粮食记工分"的联产到户责任制新办法,先是在每个县搞"责任田"试点,然后渐渐推广,在短短两个月里,就让全省39%的生产队都推行了新政策。曾希圣还在3月底专门给毛泽东写信,为"定产到田,责任到人"的做法进行辩护。国家粮食部专门对该省肥东县两个叫作路东和路西的生产队进行了对比调研,路东队实行的是责任田模式,结果夏收粮食亩产112斤,秋收亩产245斤,而吃大锅饭的路西队,夏收和秋收亩产分别是100斤和195斤。几乎就在安徽搞包产到户的同时,广西的龙胜县也开始分田

---

[1] 转引自薛暮桥著,《薛暮桥晚年文稿》,北京:生活·读书·新知三联书店,1999年版。

[2] [美]费正清等编,谢亮生等译,《剑桥中华人民共和国史》(上卷),北京:中国社会科学出版社,1998年版。

单干的试验，全县1994个生产队有一半把土地分包给了农民。农村工业部部长邓子恢亲自南下做调研，并给予了肯定。其子邓淮生后来回忆，他曾问父亲对包产到户的看法，邓子恢说："包产到户不是单干，是农村经济管理的一种形式，因为土地所有制没变啊！好比工人计时做工和计件做工，计算单位时间内生产多少个零件。农民也一样，要算一年内交多少粮食。工人做工可以包工包料，农民种地为何不能也采取这种办法？"

安徽和广西的做法引发了一场大争辩，《人民日报》专门辟出专栏进行讨论。赞同者认为这是提高农民积极性和增加粮食产量的好办法，反对者指责这是在走农村资本主义的道路，是一种大倒退。7月，颇受压力的安徽省委专门给中央打报告，希望得到政策上的肯定。到这一年11月，安徽的"责任田"已经推广到91%的生产队。此外，甘肃、浙江等地也开始学安徽，中共党史出版社出版的《建国以来农业合作化史料汇编》一书曾引用当时甘肃农民的话说，"我们的脑子想进步，就是肚子太反动了"[①]。

1961年11月13日，中央表明了态度，在这一天发出的《关于在农村进行社会主义教育的指示》文件中，明确指出："目前在个别地方出现的包产到户和一些变相单干的做法，都是不符合社会主义集体经济的原则，因而也是不正确的。"不久后，曾希圣因"犯了方向性的严重错误"而遭到批判并被撤去职务，赞同包产到户的邓子恢等人日后也因此纷纷受到批判，邓子恢被认定是"资本主义农业专家"。从此，早萌的包产到户改革戛然而止。它的复燃将在17年后的1978年，而发动之地居然仍是安徽。

1960年4月29日，4万多人聚集在黑龙江的萨尔图大草原。北方的春天，杂草已经长起，但是大风刮在脸上还是干涩而微有寒意。这年的雨

[①] 黄道霞主编，《建国以来农业合作化史料汇编》，北京：中共党史出版社，1992年版。

季来得特别早，人们站在泥泞不堪的草地上，每个人都亢奋不已。一条巨大的横幅在空旷的草原上非常醒目——"石油大会战万人誓师大会"。

在三年困难时期，这是最让人振奋的一个时刻，在中国企业史上，也是一个非常重要的时刻。

中国的东北发现了大油田。

就跟很多古老发明一样，中国是世界上最早认识并使用石油的国家之一。早在公元前 1 世纪，人们已在陕西延长一带发现了石油，把它盛入容器用来点灯，《汉书·地理志》称之为"可燃之水"。北宋沈括在他的《梦溪笔谈》一书中，第一次使用了"石油"一词，宋人用石油制作石烛、墨和用于军事的"猛火油"。但进入近代之后，中国人在石油上的运用远远落后于西方。1903 年，德国人在陕西探得油矿，第二年，清廷筹办延长石油官厂，凿出第一口油井。可悲的是，一直到 1934 年，全中国只有延长这一口井在出油，每天出 150 斤，聊胜于无。1939 年，地质学家孙健初在甘肃玉门发现油田，到 1949 年，玉门油田年产原油 8 万吨。美国美孚石油公司的地质专家在中国进行了 20 多年的勘探，最终得出结论，认定中国大陆的地质构造不会有大油田。

20 世纪 50 年代，中国组织多支勘探队遍走全国寻找油田。1953 年，地质部部长、地质学家李四光提出"新华夏构造体系"，认定在东北的松辽平原和华北平原有可能存在大油田，可是，直到 1957 年，只探得石油储量 0.56 亿吨。在"一五"计划中，石油工业是唯一没有完成指标的

▲ 大庆工人

部门。因为石油缺乏，连北京的公共汽车都不得不烧煤气，每辆公共汽车上都要背上一个硕大的煤气包。

1958年，在李四光等人的坚持下，勘探人员在松辽盆地展开重点勘探，1959年9月26日，位于黑龙江省安达县大同镇的松基三井突然喷出原油！大油田被发现了。因为喷油之日非常接近共和国的10年国庆，因此，这块新发现的油田被命名为"大庆油田"。

大油田被发现后，石油工业部当即从各地抽调了7万石油工人和转业军人会师萨尔图，由石油部部长余秋里和副部长康世恩亲自率领，展开了一场空前的大会战。当时条件之恶劣难以想象，工人睡在简陋的帐篷、木板房、牛棚、马厩里，日夜奋战，无怨无悔。在这支令人生敬的石油大军中出现了新中国成立后最著名的工人——"铁人"王进喜（1923—1970）。

王进喜是玉门油田的一个钻井队队长，他领导钻井队创造了月进尺5 000米的全国纪录，成为中国中型钻机最高标杆单位，被命名为"钢铁井队"。1959年，他进京参加新中国成立10年大典，接着就奉命率队赶到东北参与大会战。很快，他成了新的典型。

据当时的报纸报道：1960年3月25日，王进喜和他的钻井队到达萨尔图车站。一下车，他一不问吃，二不问住，而是逢人就问三句话："我们的钻机到了没有，井位在哪里，这里的最高纪录是多少？"他所在的钻井点在马家窑，在第一口油井打好之后，王进喜的腿被滚落的钻杆砸伤，他却顾不上住院，拄着拐杖缠着绷带连夜回到井队，从安装钻机到完钻，他一连7天7夜没有离开工地，这口井成为大会战后打出的第一口油井。

王进喜打出的第二口井地处高压区，打到700多米时突然发生了井喷，强大的高压液柱冲出井口，一场大事故眼看就要发生。要压住井喷，当时唯一的办法是往泥浆中加水泥和黄土，可是，由于没有搅拌机，倒进去的水泥沉在泥浆池底，与泥浆无法融和。就在这时，王进喜扔掉双拐，纵身跳进泥浆池，用身体搅拌泥浆。在他的带动下，工友们也纷纷跳进池中。经过三个多小时，井喷被制服，保住了油井和钻机，王进喜身上却被

第六部　1959—1977　以"革命"的名义

碱性很大的泥浆烧起了数十个血泡。记者写道:"这是有史以来从未有过的压井方法。"

因为工作不要命,王进喜被称为"铁人"。在4月29日的誓师大会上,王进喜登上主席台发言,他高喊:"石油工人一声吼,地球也要抖三抖!人活一口气,拼死干到底,为了把贫油落后'帽子'摘掉,宁可少活20年,拼命也要拿下大油田。"话音未落,全场吼声震天。

▲ 王进喜

1960年,大庆产出原油97万吨。从大会战开始,大庆逐渐探明了一个含油面积达800多平方公里、地质储量达22.6亿吨的大油田——截至2006年8月,大庆油田探明储量达到61.3亿吨。到1963年年底,大庆开发建设了146平方公里的油田,3年多时间里开采原油1 155万吨。

大庆油田的发现,是中国经济史上的一个重大事件。它大大增强了中国工业的自主能力。同时,它也涌现了"铁人"王进喜这样的典型人物,并形成了一系列的经验,成为全中国的国营企业学习的标杆。其中最出名的是:

"三老四严"——对待革命事业要当老实人、说老实话、办老实事,对待工作要有严格的要求、严密的组织、严肃的态度、严明的纪律。

"四个一样"——黑天和白天干工作一个样,坏天气和好天气干工作一个样,领导不在场和领导在场干工作一个样,没有人检查和有人检查干工作一个样。

"学两论"——石油部给每个工人配送了毛泽东所写的《实践论》和《矛盾论》,形成日日学习的制度。石油部长余秋里提出:"毛泽东思想是我们全部工作的指针,'两论'是会战的灵魂。这两篇文章一定要很好地读,反复地读。读了毛主席的著作,就会感到头脑清醒,浑身是劲,就有办法;离开了毛泽东思想,就什么事情也搞不成。"职工白天上班时把"两论"带在身边,晚上则集中学习,时人赋诗曰:"青天一顶星星亮,草原一片篝火红;人人手里捧毛选,'两论'学习方向明。"

大庆的这些做法逐渐被总结和规范为经验和制度,在全国广泛推广。这些经验带有浓烈的意识形态色彩,弘扬集体主义和"只讲付出,不求回报"的奉献精神,充分强调基层工人的劳动主动性,它与之前的"鞍钢宪法"一起,构成了一套极其富有中国特色的工厂管理制度。

在1963年12月的全国人大二届四次会议上,周恩来总理宣告:"我国经济建设、国防建设和人民生活所需要的石油,不论在数量或者品种方面,基本上都可以自给了!中国人民使用洋油的时代,即将一去不复返了!"

一个有趣的细节是,一直到周恩来对世界宣告"石油自给"的时候,国际上仍然无法判断这条新闻是真的还是假的。

尽管中国在1960年就开始了石油大会战,但是,它是在极其保密的状态下进行的,大庆油田对外的称呼是"安达农垦总场"。1964年4月20日,《人民日报》刊登《大庆精神大庆人》的报道,日本媒体才首次确定"中国的大庆油田,确有其事",但是,他们依然搞不清楚油田究竟在什么地方。

又过了两年,1966年7月的《中国画报》上刊登了一组大庆油田的照片,日本人从一张油田工人的服装衣着上判定,"大庆油田是在冬季为零下30度的北满,大致在哈尔滨与齐齐哈尔之间"。他们又从一张炼油厂反应塔的照片上推算出大庆油田的大概规模——日本人从反应塔上的扶手栏杆开始推算,得出反应塔内径约为5米,据此,他们推断,大庆炼油厂的加工能力为每日900千升,如以残留油为原油的30%计算,原油加工能力为每日3 000千升,一年以360天计算,年产量为100万千升。

到10月，日本人又从《人民中国》杂志上找到了王进喜的报道事迹。他们分析道，最早钻井是在安达东北的北安附近下手的，并且从钻井设备运输情况看，离火车站不会太远。在事迹中有这样一个细节，王进喜一到马家窑看到大片的荒野说："好大的油田！把石油工业落后的帽子丢到太平洋去。"于是，日本人从前"满洲国"地图上查到"马家窑是位于黑龙江海伦县东面的一个小村，在北安铁路上一个小站东边十多公里处"。就这样，日本人终于把大庆的地理位置搞清楚了。

企业史人物 ｜ 单干专家 ｜

　　李云河——县委副书记，冯志来——畜牧场兽医，杨木水——蚕桑技术员，陈新宇——公社干部，4人均来自浙江。

李云河　　　　　冯志来　　　　　陈新宇　　　　　杨木水

▲ 单干专家们

　　这些名字之所以会出现在本部企业史上，是因为在"大跃进"及其后的大饥荒时期，这些来自民间的草根人士冒死提出了"包产到户"的主张，他们因此被蔑称为"单干专家"，生命饱受折磨。

　　此4人中，以李云河名气最大、行动最早。他在1957年1月27日的《浙江日报》上发表调查报告《专管制和包产到户是解决社内主要矛盾的好办法》，这是全国第一篇公开论述包产到户的文章。27岁的李云河时任温州地区永嘉县委副书记，他是山东省惠民县人，少年从军，参加过渡江战役。他所在的永嘉县地少人多，粮食不能自足。早在1956年，他就在全县313个合作社里推行包产到户，同时，不断上书浙江省委和中央，希望推广这个做法。他在调查报告的开篇就表达了挑战权威的姿态，他写道："很多同志都骂包产到户不好，有的地方已经骂臭了，我对这个问题却有不同的看法（也可能是错误的），我认为这个办法是有效地提高社内生产力的先进办法。"他还具体总结了包产到户的"六好""六高""八多""五少"和"两省"。1958年2月，李云河被开除党籍、打成右派，遭

第六部　1959—1977　以"革命"的名义　　　289

到撤职劳改的下场。

1960年之后,随着全国性大饥荒的爆发,人民公社的制度缺陷开始显现。正当安徽和广西等地尝试"包产到户"时,在浙江则先后出现了3位民间理论家。

1962年4月,温州瑞安县隆山畜牧场的兽医冯志来完成长篇论文《半社会主义论》。他写道:"中国不能通过资本主义而后进入社会主义,这是早有人论证过的,但是它也不可能马上进入社会主义。只有通过半社会主义的相当长的发展阶段,才能完成社会主义建设。这是由中国的生产力状况所决定的……我认为包产到户确实是唯一出路。这样做,完全是从中国现阶段生产力水平出发,完全是为了调动农民的劳动自觉性。这是6亿人民的呼声!应该得出结论,目前唯一的办法,就是实行属于社会主义范畴的包产到户的小商品生产,允许农民独立经营,允许为他们服务的商贩和小工业者的独立经营。"

文章完成后,冯志来孤身北上,住进北京前门附近的一家小旅馆,将文稿分送给了中共中央、《红旗》杂志和《人民日报》,并在所附的信笺上抄录了文天祥的名句:"人生自古谁无死,留取丹心照汗青。"两个月后,他又撰写更为尖锐的《怎么办?》,再次投书中共中央。不久,他被定性为"右派",在武装警察的押送下,送回老家浙江义乌县乔亭村改造。很多年后,冯志来对《中国模范生》的作者胡宏伟说,当时他花1.4元钱偷偷买了100粒安眠药,藏在贴身的衣袋里,随时准备以死殉道。

几乎就在冯志来写《半社会主义论》的同时,宁波嵊县农技站的蚕桑技术员杨木水写出了《恢复农村经济的顶好办法是包产到户》的万言书,文内列数了包产到户的13个优越性。杨木水从小在孤儿院长大、没上过任何正规学校,他行文粗鄙不堪,章法颠三倒四,却句句直击弊病根源。在长文的最后,他写道:"抱歉得很,我的建议一定有很多毛病,明显的是文体糊涂文字错误,这不能怪我,由于我从来没有正式读什么书的缘故。"

杨木水将文章寄呈中共中央办公厅转毛泽东主席,同时,还辗转寄了一份给嵊县老乡、经济学家马寅初。马寅初接信后,不顾80岁高龄亲自南下与杨木水面谈,随后又在嵊县进行了长达7天的调查研究。由马寅初转呈,高层终于看到了这份万言书。1963年春,杨木水以"反革命罪"被逮捕,判处8年有期徒刑,后加重到死缓,罪状是"恶毒攻击党的路线政策,鼓吹包产到户,反对三面红旗,反对社会主义"。狱中,杨木水的双脚被戴上36斤重的大铁镣。

相较上述数人,绍兴新昌县新溪公社的干部陈新宇的际遇同样悲惨。他出身地主家庭,政治身份本来就很差,1961年6月,陈新宇根据下放劳动时调查所得的第一手材料,写出了《关于当前农村阶级分析问题》和《关于包产到户问题》两篇文章,从阶级分析的角度阐述了实行包产到户的重要性和必然性。陈新宇将两篇文章分别抄寄中共中央和《人民日报》。出于对自己地主家庭成分的天然警觉,他下定决心:从此疏远一切亲友,不谈恋爱,坚持独身,不株连他人。

随后的两年间,陈新宇接连给《人民日报》发去8封读者来信,辩论的话题都是包产到户。1962年6月前后,《人民日报》在内部刊物《读者来信》中几次刊发陈新宇的来信,还汇给他稿费25.5元。在这期间,陈新宇受到巨大压力,他在一封信中写道:"一年来我成了罪人,甄别至今未下结论。县区社三级对我进行过4次公开批判,多次充当反面典型,停职、审查,施加多种压力,我竟顽固如此,毫不为动。"1966年之后,陈新宇被定性为"右派分子",前后揪斗120次,抄家7次,监禁32天。

1962年7月,北戴河中央工作会议之后,全国上下猛烈批判以"包产到户"为代表的"单干风"。中央点名批评了邓子恢、杜润生等全国性"代表人物",也批判了地方上的一些"小人物",这些基层的小人物,南北呼应,又都是在同一时间,采取了犯颜直谏的方式,提倡和鼓吹包产到户。中共八届十中全会提出"千万不要忘记阶级斗争",会议期间,毛泽东对浙江省委第一书记说:"你们浙江出了两个半单干理论家,必须彻底批判!"这"两个半单干理论家"指的就是冯志来、陈新宇和行文粗鄙的杨木水。

李云河和"两个半单干理论家"都活着看到了包产到户在中国的盛行，1978年之后，正是这一制度激活了农民的生产积极性，从而轰隆隆地拉开了改革开放的序幕。

1982年，沉冤24年的李云河被平反，并出任浙江省农村政策研究室副主任，他撰写专著《中国农村户学》，提出"家庭工业加专业市场"的经济发展思路，这几乎就是"温州模式"的萌芽之说。1998年7月7日，李云河去世。就在这个月，浙江省举办了"永嘉县试行包产到户改革42周年纪念会和学术研讨会"，李云河的遗孀捧着他的遗照与会，全场起立，无数人感动落泪。当年也曾因提倡包产到户而蒙难的国务院农村发展研究中心主任杜润生哽咽着说："我本想在这里会见李云河同志，谁知竟不能如愿……我对这位包产到户先驱者逝世表示惋惜和哀悼！"

1975年，服刑12年的杨木水出狱，3年后摘掉"反革命"帽子，从此游走江湖，当起了草药郎中，他有一个专治支气管炎的草药秘方据称十分有效。2001年，杨木水病逝，其后半生默默无闻，几乎无人知晓这个孤儿的当年豪情事。

发誓终身不娶的陈新宇一直孑然一身。在劳改的十多年中，他写过200多封"翻案信"。1982年他获平反，从此隐居新昌，靠微薄的退休薪金度日。

被遣返回义乌的冯志来在1983年获平反，被调入县经济研究中心，成为义乌小商品市场的最早倡导者之一，晚年结集出版文集《兴市边鼓集》。

让人们悲伤的，其实是悲伤本身。

4个"单干专家"性情各异，李云河严谨，冯志来激越，杨木水豪放，陈新宇温和。他们生于草莽，身份低卑，均无高深修养，却能在时代最艰困的时刻，虽千万人吾往矣，发出最清醒而勇敢的声音，所谓士者，大抵如是。此4人中，以兽医冯志来的古文功底最为深厚，赋得一手好律诗。他多有诗作赠送好友，其中一首曰："大梦谁先觉，平生几相知；孤鸿悲落日，众鸟觅栖枝；风雪终有尽，落花恨无期；浩然浙江水，曲折顺时移。"

1964 / 秘密的三线

大海航行靠舵手，
万物生长靠太阳，
雨露滋润禾苗壮，
干革命靠的是毛泽东思想。

——李郁文：革命歌曲《大海航行靠舵手》，1964 年

1964 年 12 月 26 日，是毛泽东的 71 岁生日。他在人民大会堂的小宴会厅里安排了 3 桌酒席，用他自己的话说，是用自己的稿费请大家吃顿饭。他亲自圈定了客人的名单，连哪个客人坐在哪个座位上，都是他自己列定的。当晚的头桌上，坐在他身边的有几个很特殊的客人，一个是"铁人"王进喜，一个是缠着白羊肚头巾的陈永贵。

"王铁人"是大庆油田推出的先进工人代表，陈永贵则是新涌现的农民典型。大寨是山西省昔阳县的一个生产大队，原本是贫穷的小山村，在村支部书记陈永贵的带领下，社员们开山凿坡，修造梯田，

使粮食亩产增长了 7 倍，从而成为全国农村的先进典型。1964 年 2 月，毛泽东先后提出"工业学大庆"和"农业学大寨"，树起了经济领域的两面旗帜。

还有一个解放军战士，如果他活着的话，也很可能会出现在头席上，他的名字叫雷锋。他已在 1962 年 8 月因公殉职，1963 年 3 月 5 日，毛泽东题词"向雷锋同志学习"。

"工业学大庆""农业学大寨""向雷锋同志学习"，这 3 个十分著名的政治口号都出现在 1964 年前后。王进喜、陈永贵和雷锋正是 3 个相对应的"工农兵"代表人物。他们具有惊人相似的时代特质：出身贫农，在最基层的岗位上无私而勤奋地工作，节俭而乐于助人，以奉献为乐，从不考虑自己的利益。这种圣徒式的形象符合人们的某种大同理想。①

在那一晚的生日宴席上，毛泽东的心情十分复杂。此时的全球，新的格局和变化正在剧烈地衍生中。

国内方面，经过两年多的休养生息，中国经济终于走出绝境，出现了恢复性的反弹。在

▲ 陈永贵

---

① 还有一位基层官员的典型是焦裕禄，他是河南兰考县的县委书记，1964 年 5 月患肝癌去世。两年后，《人民日报》发表了长篇通讯《县委书记的榜样——焦裕禄》和社论《向毛泽东同志的好学生焦裕禄同志学习》。

1963—1965年的3年中，工农业总产值年均增长15.7%，已基本恢复到历史最高水平。1965年年底的数据显示，粮食产量3 891亿斤，接近1957年的最高纪录，工业总产值1 394亿元，比1962年增长51.5%，钢产量为1 223万吨，大庆油田的发现更是让石油产量突破1 000万吨，实现了国内需求全部自给。当时正下放到东北的顾准在日记中写道："工业恢复速度极快，我在吉林目睹煤炭运入吉林速度超过原定计划，工厂开工率也大大高出原定计划。"

1964年10月16日，中国成功引爆了第一颗原子弹，这条新闻引起了全球性的轰动。美国和苏联的核垄断被打破了，中国的军事科技力量让世界震惊。

就在中国进行原子弹爆炸试验前两天，10月14日，苏联高层发生"宫廷政变"，苏共中央主席团乘赫鲁晓夫前往黑海别墅度假的机会，召开秘密会议，宣布撤去他的苏共中央第一书记一职，并进行隔离审查。新上任的勃列日涅夫推行"新经济体制改革"，在统一的国家计划范围内扩大企业经营自主权，开始较多地运用经济杠杆，重视利润、需求和经济效益。从此，苏式计划经济体制开始了漫长的瓦解历程。

1964年，是日本经济的起飞之年。8月21日，日本东京举办奥运会，这是亚洲国家首次承办这项体育赛事，日本的金牌总数竟进入前三名。10月1日，第一列新干线"光号"开通。同年，日本获准加入了经济合作与发展组织。从此，日本经济拉开了长达26年之久的高速增长的序幕。日本GDP在1967年超过英国和法国，1968年又超过联邦德国，成为世界上仅次于美国的第二大经济强国。

1964年，美国却被拖进了继朝鲜战争之后的第二个泥潭。这年8月2日，北部湾事件使华盛顿通过决议案，决定对北越展开大规模军事行动。谁也没有料到，这竟然将是一场持续12年的残酷战争，美国直接投入的总兵力高达55万人，耗费1 650多亿美元，士兵死亡5.8万人，最终以惨败收兵告终。

在国民经济稍稍有点复苏的时候，国家开始规划第三个五年计划（1963—1967），一个"吃穿用计划"被提了出来。

当时，消费品市场的短缺已经非常严重。从1957年到1963年，全国人口主要生活资料的年均消费量持续大幅下降，其中粮食由406斤减至329斤，食用植物油由4.8斤减至2.2斤，猪肉由10.2斤减至4.4斤，棉布由19.5尺减至10.6尺。商店里的日用品少得可怜，连生活必需的锅碗瓢盆都常常断货。

根据当时的规划，"三五"计划要改变执行了十多年的重工业优先战略，重点要解决"吃穿用"，吃的方面是粮食，穿的是纺织品，用的是桌椅板凳、锅碗瓢盆和暖水瓶等日用工业品。归纳起来，吃穿用第一，基础工业第二，国防第三。

这个计划如果被执行，中国的计划经济体制及格局将可能发生十分微妙的变化。然而，就当"吃穿用计划"正在拟定之时，受国际局势影响，决策层的思路突然发生了180度的大转弯，中国的工业经济布局再次进行战略性的大调整，而它的前提是——"要时刻准备打仗"。

进入1964年夏季之后，乌云密布的亚洲局势让中央领导人忧心忡忡，夜不能寐。邓小平回忆说："60年代，在整个中苏、中蒙边界上苏联加强军事设施，导弹不断增加，相当于苏联全部导弹的1/3，军队不断增加，包括派军队到蒙古，总数达到100万人。对中国的威胁从何而来？很自然地，中国得出了结论。"[①] 美国向越南发兵之后，在中国的南方陡然增加了战争的风险。当时的判断是，"战争不可避免，要立足于大打、早打、打核战争"。据毛泽东的分析：我国东北重工业和军事工业基地，全部在苏联可携带核弹头的中短程导弹和战略轰炸机的打击范围之内，北京、上海以及沿海所有的工业城市则处在美军和台湾航空兵力打击范围之内。

---

① 据韩泰华在《中国共产党若干历史问题写真》一书的披露，从1964年10月到1969年3月间，中苏边界大大小小的冲突事件达4 189起之多。

因此，必须把工业布局进行战略性调整。另据军委总参谋部提交的一份报告分析，在全国14个百万人口以上的大城市，集中了约60%的大型民用机械工业和52%的国防工业，极易遭到集中式攻击。

经济战略的转折调整点，发生在1964年5月。这个月中旬，国家计委提出《第三个五年计划的初步设想》，其核心内容有三条："第一，大力发展农业，基本上解决人民的吃穿用问题；第二，适当加强国防建设，努力突破尖端技术；第三，与上述两项相适应，加强基础工业，提高产品质量，增加产品品种和产量。"这个设想得到了中央工作会议的认可。

可是，到月底，中共中央召开会议，做出了三线建设的重大战略决策，其基本方针为："国防建设第一，加速三线建设，逐步改变工业布局。"毛泽东说："只要帝国主义存在，就有战争的危险，我们不是帝国主义的参谋长，不晓得它什么时候要打仗。"因此，他提出要加强战备，实施工业转移。为了表达建设的迫切性和决心，他说："三线建设搞不好，我睡不着觉。建设三线，没有路，骑毛驴去，经费不足，拿我的稿费去。"[1]

自此，"吃穿用计划"被全面搁置，一个全国备战的大运动开始了。

三线建设，就是把沿海一些重要的工业企业向西部和西北地区搬迁。[2]一线，主要是指沿海和沿边地区。三线，就是长城以南、韶关以北、京广铁路以西、甘肃乌鞘岭以东的广阔内地，涉及13个内陆省份。介乎两者之间的地带就是二线。根据规划，三线建设的目标，是要采取多快好省的方法，在纵深地区，即在西南和西北地区（包括湘西、鄂西、豫西）建立一个比较完整的后方工业体系，并且分三步实施：第一步是用三年或者更多一点时间，把重庆地区，包括从綦江到鄂西的长江上游地区，以重钢为原料基地，建设成能够制造常规武器和某些重要机械设备的基地；第

---

[1] 见毛泽东在1964年6月6日召开的中央工作会议上的讲话内容。

[2] 有关资料显示，从1958年开始，中国就将东北的一些军工厂陆续往四川省内迁，而大规模的转移则是从1964年开始的。

二步是建设西北；第三步是攀枝花钢铁基地建设。同时，把重庆基地、攀枝花基地和成昆铁路的建设，作为三线建设在四川的建设重点，这就是所谓的"两基一线"。

三线工厂的选址以"山、散、洞"为原则，就是工厂要建在深山沟里，布局要分散——当时的说法是，要像"羊拉屎"一样，再则，就是要建防空洞，做到"平战结合"，平时搞生产，战时能打仗。

在中国工业史上，规模宏大而秘密的三线建设有多重的标志性意义，它是继1937年战时大内迁之后的第二次"工业西进"，而且是一次主动的、具有强烈计划性的大行动。同时，它也是新中国成立以来，继苏援"156工程"之后，最集中、最重大的工业投资运动。从1964年到1980年的17年间，中央政府把计划内50%的工业投资和40%的设计、施工力量投入三线建设中，累计投入资金2 052亿元，建成了1 100多个大中型工业交通企业、国防科技工业企业、科研院所和大专院校，基本形成了交通、电力、煤炭、化工、石油、建材、钢铁等生产部门相互配套的体系，并且与地方中小企业连成了一个生产系统，同时形成了自上

▲ 国营工厂做广播体操的情形

而下的生产指挥系统。

在三线建设中，出现了很多口号，展现了当时的急迫和势在必行的气魄与景象，譬如"备战备荒为人民""好马好人上三线"。据不完全统计，至少有300万技术工人、工程师和大学毕业生被征调到三线，在后来的20多年里，他们奉献了全部的青春和生命。

以四川省为例，从沿海省份迁入工厂163个，另新建工厂91个、研究院所29个，最终形成大中型企业248个，占全省大中型企业的42%，形成的工业固定资产原值占全省的60%，从而决定性地改变和提升了四川的产业经济格局。

据当时担任华东局经委副主任的钱敏回忆，按照计划，华东地区要搬迁250多个工厂、10多万人，实际搬迁了120多个工厂、5 000多台设备、将近4万人，主要是机械、棉纺和制药工厂。钱敏举例说，重庆的浦陵机械厂就是上海浦江机械厂搬去的，一半人留在上海，一半去了重庆，从厂长、副厂长到科室干部，从技术人员到工人，都是如此。搬去的设备有400多台。新建的厂房完全按上海工厂的布局，在什么地方摆什么机器，全都依葫芦画瓢。

1965年开春，时年37岁的陈祖涛受命内赴三线，筹建第二汽车厂。在过去的十年里，他已经成长为一个顶级的汽车专家。在他的主持下，长春一汽先后独立设计制造出了红旗牌轿车、民用越野车和军用大型载重越野车，他还被秘密派到古巴——在1959年，共产党人菲德尔·卡斯特罗通过武装起义夺取了政权——帮助这个新诞生的社会主义兄弟建成了一个汽车配件工厂。

规划中的第二汽车厂设计年产能力是10万辆，其生产规模在当时名列世界第三位。陈祖涛日后回忆了选址的经过：

当时中央对三线工厂的布局要求是"靠山、分散、隐蔽"6字方针。根据这一原则，陈祖涛圈定了湖北、湖南、陕西、贵州、四川等5个省。

他们先是在湖南湘西武陵山区的宸溪、芦溪、沅陵踏勘，那里山高洞多，盛产土匪，解放之初那里是解放军剿匪最艰难的地方。陈祖涛专门到那些洞里去看，那个地方用作土匪藏身可以，但建设现代化的汽车厂就不具备条件了。他在四川綦江齿轮厂看到，从国外进口的精密设备在"山、散、洞"的要求下，被放在大山洞里。结果因为空气湿度太大，设备生锈，造成了很大的损失。第一轮勘察结束后，陈祖涛反对工厂进洞。汽车厂是机械加工型企业，设备成千上万，再大的洞也放不了，况且潮湿问题也解决不了。

陈祖涛一行又从成都到重庆，再到贵阳，尽在大山里转圈子。这期间，他们得知国家将修建从湖北襄樊到四川重庆的襄渝铁路，于是，就确定在湖北西北部的山区选址，大致从湖北的襄樊沿汉水向西一直进入巍峨的武当山，再向西进入秦岭地区。这一路踏勘，陈祖涛看中了湖北郧阳一带。它背靠大山，紧邻即将修建的襄渝铁路；滚滚汉水从身边流

▲ 二汽选厂址（左一为陈祖涛，中间为饶斌）

过，可以提供丰富的水源，足以保证生产和生活；襄郧公路从襄樊大平原往西，一直通向郧阳的大山深处，交通方便。于是，初步意向就在这里了。

紧接着，陈祖涛在鄂西北和陕西南两地踏勘了20多个县，访问了80多个部门和单位，搜集了道路、地形地质、气象灾异、水电、工农业等多方面的大量资料，经过综合分析，将厂址初步定在郧阳山区一个有近百户居民叫十堰的小镇。

晚年的陈祖涛反思说，在大山区建设现代化的汽车企业究竟是否科学，建在山里，敌人是否就打不着，这是值得探讨的问题。现代化的特大型企业，对水、电、交通有很大的依赖，人是社会动物，几十万人要生活，吃、喝、拉、撒、睡，生、老、病、死，购物、娱乐、上学、看病等最基本的需求必须满足，但在一穷二白的大山区这些都没有。过去强调"先生产、后生活"，但在人的最低生活需求都不能满足的情况下，他生产的热情又能持续多久呢？等我们认识到必须满足人的生活需求才能使其保持工作热情时，除建工厂外，我们又花大力气来建社会——建学校（从小学到大学）、建商场、建医院、建公园、修马路，甚至火葬场，结果我们还是违背了当年进山的初衷——远离城市，我们建了一座城市。

当然，陈祖涛的这些思考，已是事后之议。

厂址确定后，就是人员的内迁。长春第一汽车厂将三级以上的工人和全部技术干部分成三份，由二汽来挑一份。陈祖涛一口气就挑出了2 000多人。1966年10月，中共湖北省委决定成立二汽临时党委，对外称是"国营东风机械厂"。11月，二汽的

▲ 留学时候的陈祖涛

第六部　1959—1977　以"革命"的名义

设备修造厂率先开始动工。

二汽首先要生产的是2.5吨的军用越野车,这是拖大炮的车,要保证打仗的需要。二汽的建设目标是10万辆,其中军用车就有4.5万辆,2.5吨的越野车2.5万辆,3.5吨的越野车2万辆。这个军车生产规模,在全世界的汽车厂中都是没有先例的。其余的5.5万辆是5吨的民用车。

陈祖涛说,这种建设目标在今天看,绝对是错误的,姑且不谈国内能否消化得了这么多军车,就是从经济效益上看,也是非常不合算的。按当时的价格,一辆2.5吨的车就要一二十万,要知道,军车的设计、建造和选材都和民用车不同,成本很高,是不赚钱的。我们能年年掏大把的银子去补这个大窟窿吗?我们的财政本来就是吃饭财政啊!二汽建成后,首先投产的是2.5吨的生产线,结果军队没有钱买,每年只能买1 500~2 000辆,这种产能闲置的代价就是浪费国家大量的钱……

陈祖涛继而总结说:要知道,我们建在三线的很多军工厂都陷入了这个怪圈。当时是一切为了战备,一切服从战备,一切让位于战备,再多的钱也花,再难的事也干,再大的苦也吃,但就是不讲科学。飞机厂搞三套,坦克厂搞三套,潜艇厂搞三套,深山老林里,到处挖洞。我去看过很多厂,崇山峻岭的大山洞里,新建的厂房,崭新的机器设备,就是产品没人要,最后陷入绝境。这不是一两个企业,而是成百上千,国家投资几千亿,其结果最终还是国家损失,工人兄弟们吃苦啊!一家两代甚至三代都窝在山沟里,真是贡献了青春献子孙。所以,我认为,当时提出的"军民结合以军为主"的方针是建立在对形势的错误判断的基础上的,是错误的,已经成为历史的教训。

话说1978年,中国和美国通用汽车公司讨论合作发展重型车,陈祖涛陪同美方代表来到此前从未对外国人开放的十堰市。在参观了漂亮的车城后,美国人称赞十堰是"中国的底特律"。但美方代表爱德华兹最后提了一个问题:"陈先生,我不理解,你们为什么要在这么一个大山沟里建一个世界级的大厂呢?"

陈祖涛日后回忆他当时的心情："技术上的问题难不倒我，但这个问题我有点犹豫……其实，我们在二汽的建设上是走了大弯路，交了大学费的，这是他们美国人所无法理解的。"

二汽的建设经过，展现了三线项目的基本特征。对这一重大工业大转移的历史评价，是一个十分复杂的命题，或许它永远不会有共识。

三线的建设成果是十分显著的。

在铁路建设方面——从1964年8月到1980年，共建成了成昆铁路、湘黔铁路、焦柳铁路、襄渝铁路、川黔铁路、贵昆铁路，它们把整个西北、西南地区连成了一片，还使西南地区与华中地区、西北地区和华北华中华南地区的交通网络连为一体。同时还配合铁路建设，建成许多公路网络，从根本上改变了我国西部地区交通运输落后的状况，为西部地区的矿产开发、产品流转、工业建设、国防建设创造了交通条件。

在国防工业方面——在重庆地区建成了常规兵器工业生产基地，在四川和贵州建成了电子工业生产基地，在四川和陕西建成了战略武器科研、生产基地，在贵州

▲ 成昆铁路

和陕西、鄂西地区建成了航空和航天工业生产基地,在长江上、中游地区建成了船舶工业科研、生产基地,在西昌建成了卫星试验、发射中心。通过三线建设,将东北、华北地区老军事工业企业的一部分搬迁到西部地区建新厂,基本上达到了将重要军工企业"一分为二"的目的。较高水平的核工业科研生产系统几乎全部放在西部地区。

原材料、能源工业方面——在西部地区形成了大中小相结合的原材料工业体系,建成了攀枝花钢铁基地、重庆钢铁基地、成都地区钢铁工厂、贵州水城钢铁厂等大型企业,新建了西北铜加工厂、兰州连城铝厂、兰州铝厂、冥河铝镁冶炼加工厂、西北铝加工厂和重庆西南铝加工厂。为了与国防工业配套,还建设了重水、炸药、树脂、橡胶、医药企业,建成了西南炼焦煤基地、西北煤炭基地、平顶山、焦作、鹤壁等矿区,新建10万千瓦以上电站68座。

机械工业方面——共有241个机械工业工厂、研究所、设计院搬迁到西部地区,后来又新建、扩建大中型项目125个,累计投资94.72亿元,占全国机械工业同期投资的53%。新建了12个重型机械工业制造厂,使西部地区形成了很强的重型机械制造能力。电机电器工业也发展起来,建成了四川东方电机厂、东方汽轮机厂、东方锅炉厂、东风电机厂,形成了年产80万千瓦的发电能力。

汽车工业方面——新建了第二汽车制造厂、陕西汽车制造厂、四川汽车制造厂,同时新建了一批配套工厂,使西部地区形成了军民结合的轻、重型汽车批量生产的能力。

轻纺工业方面——造纸、制糖、制盐、自行车、缝纫机、手表、合成洗涤剂、塑料制品、皮革制品、棉纺织、毛纺织、丝绸、印染、针织、化纤、纺织机械等生产企业在西部地区全面铺开。其中,新建5万锭以上的棉纺织厂有7个,大中型维尼纶厂有5个。

此外,还在西部地区建成了100多个部属储备性仓库,新建了一批高等院校。到20世纪70年代中期,三线企业许多工业产品的产量达到了全国产量的1/3。在三线建设中,平地新建了30多座工业城市,著名的有攀枝花、十堰、德阳、六盘水等。

与上述显赫成就同在的,是三线建设的问题和遗憾。

在布局上,三线建设以"立即要打仗"为假设前提,实施了"靠山、分散、隐蔽、钻洞"等方针,把每个工厂甚至每个车间都规划建设得极为分散,有的甚至采取了"村落式""瓜蔓式""羊拉屎式"布局。贵州的飞机部件装配厂分散布置在9平方公里的庞大范围内,仅锅炉房就有10个。以这种游击战、备战化的方法进行工厂建设,低效率、高投资是可以想见的。

由于三线建设是计划经济下的产物,上马十分匆忙,规模非常庞大,加上政治动荡、管理混乱等原因,浪费和损失很惊人。据测算,在1966—1978年的12年中,三线项目的损失、浪费及不能发挥效益的资金高达300亿元,占同期国家用于三线资金的18%以上。

日后,很多领导三线建设的高级官员都从不同角度进行过反思。

薄一波认为教训有四条:一,对战争的威胁估计过分;二,"散、山、洞"方针有严重的片面性;三,小三线也有很大的浪费——所谓小三线,指的是沿海一些省份也把重要工厂一分为二,往山沟沟里搬,造成生产经营的低效和浪费;四,积累率偏高,工业基建规模过大,使得积累和消费失调的矛盾进一步突出。

三线建设期间担任物资管理部部长的袁宝华在谈及工厂选址和布局时说:一些工厂的厂址选择不当,厂子的布局不当,把车间给分散了,都跑到山沟里边去了,造成生产上很大的困难。另外,工厂一进山,就得自己养活自己,自己为自己服务,一个厂子就是一个小社会,什么都得管,厂子的负担相当重,成本很高。改革开放以后,这些三线企业根本留不住人了,因为这些地方学校的质量不好。工程技术人员们讲,自己无非献终身了,绝不能再献子孙,无论如何得离开这个地方给孩子的教育找个出路。最后这些工厂大部分都从山里边又搬了出来。袁宝华还以二汽的选址为例说:"最典型的就是第二汽车厂的建设,把这个汽车厂的车间分散到几条山沟里,脑袋上又顶了一个水库(指丹江口水库),造成生产上的困难,这些流程都不那么顺当,可是就当时来说,这是备战的需要。"①

正如袁宝华所描述的,进入20世纪90年代中期以后,随着国家战略调整,大量的三线工厂被废弃,所有员工及家属全搬到离工厂近200公里外省会城市的生活区生活。2008年,一个曾经参加过三线建设的摄影师陈家刚出版了一本《永远的三线》摄影集,他用镜头摄下了一幢幢被废弃的、尘雾缠绕中的三线厂房。他写道:"这些三线工厂地处大西南的深山沟里,当年国家投资几十亿元建设而成,有成千上万人在那里工作和生活。所有的三线工厂都一样,有派出所、学校、医院、邮局,完全是一个完整的小社会。可后来,那里如同一座座鬼城,只有极少数老弱病残的职工在守着那破旧而废弃的厂房。那成排的生活区家属楼空无一人,楼前杂草丛生,那些以前三线人栽种的苹果、梨树全无人管,任由它自生自灭。"

时任国家基本建设委员会主任的谷牧在《谷牧回忆录》中记叙了这样一件事情:到1965年年底,主管经济工作的中央领导们已经意识到三线建设的某些弊病,邓小平、李富春(时任国务院副总理兼计委主任)率队

▲ 废弃的三线工厂

---

① 袁宝华著,《袁宝华文集》,北京:企业管理出版社,1999年版。

对几处重要建设基地进行了考察，12月4日在昆明召开讨论会，谷牧准备了详细的发言提纲，提出了几个供研讨的命题，包括："一二线有什么工厂，三线也要有"这个要求如何具体落实？建设在三线的工厂要搞到多大规模？"靠山"靠到什么程度，"分散"分到什么程度？哪些项目要"进洞"？三线建设中的轻重工业比例如何掌握？职工家属如何安排，队伍如何保持稳定……

谷牧回忆说："我满心期望，这些问题经过讨论后，能得到明确指示，以便具体办理。哪里想到，会议只开了半天，下午就停开了。"[①] 停开的原因是，邓小平、李富春被紧急电召到杭州开中央政治局会议，国务院副总理、人民解放军总参谋长罗瑞卿大将突然被"打倒"了，政治气氛变得紧张起来。回到北京后，谷牧去见李富春，说："昆明那个会什么时候再接着开，有许多问题等待着解决呢！"李富春沉默片刻，慢慢地说："这桩事可能一时顾不上了。"

后来的事实是，"这桩事"从此再也没有被顾上过。

在对三线建设进行历史性审视时，还有一个十分重要的对比现象值得关注。

自1964年以后，国家把大量资金投入三线地区，从而基本放弃了对东南沿海诸省的投资。据谷牧的回忆，1964年5月底的中央工作会议就决定，"沿海能搬的项目都搬迁，两年内不能见效的续建项目一律缩小建设规模；对沿海增加建设投资的要求一律顶住"。从此以后，浙江、广东及福建作为"台海战争的前线地区"，再没有重大的工业建设项目。到1978年之前，这三个省份得到的中央工业投资总共不到100亿元，相比较，仅甘肃一省，在三线建设时期就得到了155.53亿元的投资。这造成的结果是，东南诸省的国有工业经济长期徘徊不前，国营管制能力薄弱，民间经济比例略重。

以浙江省为例，从1964年到1978年的10多年中，工业增加值年均

[①] 谷牧著，《谷牧回忆录》，北京：中央文献出版社，2009年版。

增长率仅为1.8%，工业占国民收入的比重只上升了2.7个百分点。在工业总产值中，中央企业和大中型企业所占比重仅为2.6%和16%，比全国分别低了4.2和27.4个百分点，其产业结构呈现出"轻、小、集、加"（轻工业、小企业、集体工业和加工业）的特征。到1978年年初，浙江的非国有工业已占到全部工业总产值的38.7%，居全国之首。

1961年被赶回萧山老家的鲁冠球就是草根创业的典型案例。他后来回忆了自己在那段时期的经历。

修自行车的生意很清淡，他看到家家吃大麦、小麦都要剥外面的壳，就联合几个人搞了一个粮食加工厂。虽然他们是农村加工服务社的社员，但个体经济那时很不好搞，工厂要用电，但没人给接。这里刚接上，那里又被拔掉。6年里，他的工厂换了7个地方。粮食加工做不好，他又去修自行车，修车做不下去，他去给农民做爆米花用的设备。

再后来，不允许搞个人工商业，鲁冠球把所有的家底一共是1 150块钱盘点好，连同账本、印章全部交给大队，然后领回来一块公社大队农机修配厂的牌子，这样算是搞集体工业了。资产归公后，他做的东西比以前多了起来，开始为钱塘江工程管理局服务，生产铁路上小轨道的零部件。这样一干又是三年。1969年的一天，一位在县城当干部的邻居告诉他，中央发了一份文件，说每个大队可以搞一个人民公社农机修配厂。鲁冠球马上打了报告，加入人民公社，工厂改名成宁围公社农机修理厂。这时他已经有了4 000多块钱。很多年后，鲁冠球就把自己的创业之年定在了1969年。

在江浙一带，像鲁冠球这样的工厂小作坊并不少见，它们如野草般自生自灭，在当时微不足道。谁会料到，在改革开放到来的时候，它们竟意外地成了体制优势者。为了发展地方经济，"手中无米"的沿海各省政府被迫依赖民间力量，而国有资本的羸弱，反倒为民营企业预留了成长的缝隙。相反，大型国营企业集中的东北、华北乃至三线各省，则首先要化解体制上的困扰，昔日的"投资重点"竟成了改革的"包袱"。此消彼长，斗转星移，这种极富戏剧性的优劣势转化，十分耐人寻味。

如果说，从"吃穿用计划"到三线建设的战略转变让中国工业经济的格局再次发生变数，那么，就是在1964年，理论界也出现过一股重新认识价值规律的思潮。这似乎意味着，尽管包产到户的试验在1961年年底被打压了下去，但是，对计划经济的反思却从来没有停止。

打开头炮的是中国共产党早期最高领导人之一张闻天（1900—1976，曾用名"洛甫"），他是1925年入党的老党员，曾在20世纪30年代当过中华苏维埃共和国人民委员会主席，一度主持中央日常工作。新中国成立之后，他曾出任驻苏联大使，后被罢官，到中国社会科学院经济研究所当了一名"特约研究员"。1964年2月，时年64岁的张闻天写出《试论社会主义商品货币关系和价值规律的新内容》一文，鲜明地提出了新价值规律——积极倡导在社会主义社会中搞自由竞争。

张闻天的文章显然鼓励了其他的思考者。5月，时任全国物价委员会主任的薛暮桥写了三篇关于价格问题的论文，提出粮食价格的购销倒挂问题，建议提高农村中返销粮的销售价格，提高到购销拉平，以此为突破口，理顺已呈僵化态势的物价体系。他日后回忆说："我一直认为，在物价的计划管理制度下，价格往往背离价值，不利于调节各类产品按比例发展，达到供求平衡。所以在物委工作期间，我主张必须对物价进行调整。"[①] 6月，薛暮桥的论文在经济所进行了讨论，会上，孙冶方和顾准都赞同他的观点，顾准还专门写了《粮价问题初探》一文，主张提高粮价和煤价，降低人民币对外汇率。此外，杨坚白、张卓元及何建章等人也纷纷发表论文，主张以资金利润率作为评价社会主义经济活动的标准，以生产价格为基础定价。这些思想都聚焦于生产和流通领域的计划性弊端，市场和价格的自由化成为焦点。

进入秋天，这股市场化的思潮受到了批判，极左理论家陈伯达、康生（时任中央书记处书记）组织了多场座谈会，对这些观点进行"清剿"。在

---

① 薛暮桥著，《薛暮桥回忆录》，天津：天津人民出版社，2006年版。

这一过程中,孙冶方被锁定为最主要的批判对象,他是经济所的所长,而"自由化"言论大多出自该所。在过去的几年里,孙冶方不但保护了顾准、张闻天等人,还先后写了20多篇论文,论述计划经济与价值规律的关系,如《要用历史观点来认识社会主义社会的商品生产》《论价值》《社会主义计划经济管理体制中的利润指标》等。1962年,孙冶方与陈伯达就一些经济概念发生了书面争执,孙冶方认为,不应该在计划供应与凭证供应之间画等号,不要把集贸市场叫作"自由市场"。1963年年底,孙冶方还在中科院哲学社会科学部委员会扩大会议上,专门做了一次关于利润问题的演讲。据经济学家刘国光的回忆,在演讲前,有年轻学者劝孙冶方别讲了,提醒他说:"你讲利润,人家会说是修正主义。现在还是不讲为好,风声已经这么紧了。"孙冶方淡淡地答:"风声是什么?我不是研究气象学的。"

双方的矛盾在《红旗》杂志社组织的一场座谈会上全面激化。

在这次会议上,杨坚白、张卓元撰写的《生产价格论》等两篇论文遭到点名批判,发言者的调子越唱越高,"帽子"越扣越大,气氛十分紧张。孙冶方被点名务必参会,但没有安排发言。这时,坐在一角的他实在按捺不住,站起来大声说:"不要再批他们了,文章观点是我的,我来承担责任!我应战,我喜欢赤膊上阵。"

接着,孙冶方操着一口浓重的苏南口音论述自己的观点:"许多国家,包括中国,从苏联承袭了一种观点,这种观点认为,价值规律与社会主义计划经济是对立的,相互排斥的,这种观点几乎已经形成了一种规范模式,严重束缚了人们对客观经济规律的认识和探索……"

有人当即质问:"请问,你宣扬的规律是什么?"

孙冶方答:"千规律,万规律,价值规律是第一条!"

会后,杨坚白与孙冶方一起出门,杨坚白悄声说:"这是批我嘛,你何必站起来报名呢?"孙冶方说:"他们是醉翁之意不在酒,文章观点是我的,我来承担责任。"

10月,陈伯达和康生派出70人组成的工作队进驻经济所,以"张

（闻天）、孙（冶方）反党联盟"的罪名对孙冶方进行批斗。孙冶方被批判的观点主要有两个：一是反对无产阶级国家统一管理经济，主张企业独立自治；二是反对按社会需要调节生产，主张以利润调节生产。因此，孙冶方的经济观点的实质就是"使社会主义和平演变为资本主义，是彻头彻尾的修正主义理论"，他被判定是"中国最大的修正主义者"，撤销党内外一切职务，每天打扫厕所，刷洗痰盂，在其后的一年内被批判39场。

孙冶方因此成为新中国成立后第一个被公开点名批斗的著名经济学家。这个倔强的苏南人却不肯低头认罪。他写出了一份又一份检查材料，进一步清晰地阐述自己的观点，工作组对他的评价是"抗拒党和群众对他的原则批评，态度十分骄横"。1965年9月，他被下放到北京城郊的房山县周口店公社大韩集大队进行劳动改造。

孙冶方的朋友们也纷纷遭殃，张卓元、桂世镛等人被认定是"张、孙反党联盟"的"八大金刚"，一直受到他庇护的老"右派"顾准这次自然也是在劫难逃，他被隔离审查，挂牌批斗，然后同样送到周口店劳动改造。在日记中他很内疚地写道："我更进一步猜测，孙冶方的问题是任用我这个右派分子而引起的，我这个人，到哪里都要害人，这回又害了这个老朋友，觉得很对不起他。"顾准的爱妻汪璧为了5个子女，提出与他离婚，在给顾准弟弟陈敏之的信中，她说："只要顾准有一天脱掉右派帽子，就可立即复婚。"可惜，她与顾准都没有等到那一天。

发生在1964年的这场关于价值规律的思潮，是1978年之前的最后一次"回光返照"，它很轻易地被击溃了。而随后展开的批斗，事实上也成为即将拉开序幕的"文化大革命"的前哨战。

1965年11月10日，正在周口店公社的菜地里一起浇粪抬土的孙冶方和顾准从上海《文汇报》上读到了一篇题为《评新编历史剧〈海瑞罢官〉》的长篇评论，作者为姚文元。它十分罕见地点名批评北京市副市长、历史学家吴晗。这是一篇充满了不容辩驳的"革命"口吻的讨伐性雄文，而批判吴晗的首要事实就是一个经济话题——退田。

吴晗在《海瑞罢官》一剧中，主要讲述了明代清官海瑞在出任应天巡抚期间，针对当时豪强地主大肆兼并土地、佃农深受剥削的现状，采取了退田分耕的政策，此举受到豪强抵制，海瑞以"罢官"来推动改革。姚文元写道：戏剧冲突围绕"退田"展开。虽然吴晗同志在序言中自称剧本"改以除霸为主题"，但实际上冤狱是从占田开始，"除霸""平冤狱"的行动也是围绕着"退田"进行的。"退田"被写成是"帮助穷农民办法的一种"，作为戏剧冲突最高潮的"罢官"，就是罢在"退田"这件事上……海瑞一道号令，"发出榜文，限令各家乡官，十日内把一应霸占良民田产，如数归还"。退田以后，尖锐的阶级矛盾忽然都不起作用了，"众乡民"向海瑞叩头道："大老爷为民做主，江南贫民今后有好日子过了！"

姚文元用大量的"史实"证明，吴晗对"退田"的描写是虚假的，海瑞的改革政策只对小地主和富农有益，是"地主阶级内部的矛盾"。紧接着，他的笔触很快衔接到了几年前的包产到户：大家知道，1961年，正是我国因为连续三年自然灾害而遇到暂时的经济困难的时候，在帝国主义、各国反动派和现代修正主义一再发动反华高潮的情况下，牛鬼蛇神们刮过一阵"单干风""翻案风"。他们鼓吹什么"单干"的"优越性"，要求恢复个体经济，要求"退田"，就是要拆掉人民公社的台，恢复地主富农的罪恶统治……《海瑞罢官》就是这种阶级斗争的一种形式的反映。如果吴晗同志不同意这种分析，那么请他明确回答：在1961年，人民从歪曲历史真实的《海瑞罢官》中到底能"学习"到一些什么东西呢？我们认为：《海瑞罢官》并不是芬芳的香花，而是一株毒草。

在这篇当时十分轰动、日后非常著名的文章中，姚文元创造了一种判断方式：任何对计划经济的反思或推敲，都是阶级斗争的新动向，是反革命的行为。这样的霸道逻辑，让崇尚理性的孙冶方和顾准不寒而栗，直觉告诉他们，此文来头不小，绝非偶然。一场史无前例的暴风雨正在剧烈而可怕的酝酿中。

1966 / 造反与浩劫

拿起碾子，用足力气，
轧过去！轧过去！轧过去！
啊，革命的轧路机，
你开辟！开辟！开辟！

——红卫兵：《造反者日志·印传单》，1966年

据气象记录显示，1966年初夏的北京闷热多雨，天空中好像整天压着一层灰色的"棉被"，让人有透不过气来的感觉。这一年的5月16日，中共中央召开政治局扩大会议，通过了《中国共产党中央委员会通知》，史称《五一六通知》，它标志着"文化大革命"的全面爆发。

在《五一六通知》里，有一段核心的话是毛泽东亲笔加进去的："混进党里、政府里、军队里和各种文化界的资产阶级代表人物，是一批反革命的修正主义分子，一旦时机成熟，他们就会要夺取政权……例如赫鲁晓夫那样的人物，他们现正睡在我

们的身旁，各级党委必须充分注意这一点。"于是，抓资产阶级代表人物和"赫鲁晓夫"成了运动的主要任务，而率先响应号召站出来的，是对革命充满了饥渴感的学生。

5月25日，北京大学食堂的东山墙上贴出了一张大字报，题为"宋硕、陆平、彭珮云在文化革命中究竟干些什么？"，作者是哲学系总支书记聂元梓等7人。[①] 这是全国的第一张大字报。6月18日，国务院宣布改革教育制度，实行了17年的高考制度被废止——它要到整整11年后才得以恢复，大中学生被彻底"解放"，开始"停课闹革命"。就如同1905年废止科举的后果一样，青春的火焰迅速而疯狂地烧出校园，顿成无序蔓延之势。

8月2日，毛泽东贴出《炮打司令部——我的一张大字报》，在接下来的3个多月里，他8次登上天安门，接见了1 300万人次的红卫兵[②]。这些热血沸腾的学生喊着"造反有理"的口号，把教室砸得稀巴烂，将自己的老师绑起来批斗，用皮带抽打他们，然后再冲进全中国的所有寺庙，将佛像、书籍等文物尽数砸毁焚烧，仅北京市，就有72%的古迹被毁坏。据红卫兵公布的资料，从1966年8月下旬到9月下旬的40天内，北京红卫兵抄家33 695户，打死1 772人。8月24日，作家老舍投太平湖自尽，同日，全国人大常委、参加过第一次党代会的李达被迫害致死。

红卫兵们还把全中国的商店及马路名称都翻天覆地改了一遍。1966年8月25日的《人民日报》报道，敢闯、敢干、敢革命、敢造反的红卫兵闯进了全聚德烤鸭店，把资本主义和封建主义臭味十足的"全聚德"招

[①] 宋硕，时任中共北京市委大学部副部长。陆平任北京大学校长、党委书记。彭珮云任北京大学党委副书记。他们成为"文革"中第一批被打倒的高校领导。

[②] 红卫兵：原是清华大学附属中学的一个学生造反组织。8月18日，毛泽东第一次接见造反学生时，佩戴上了"红卫兵"的袖章，从此"红卫兵"成为学生造反派的统称。红卫兵的典型着装是：头戴绿军帽、身着绿军装、腰间束武装带、左臂佩红袖标，手握红宝书（用红塑料做封皮的《毛主席语录》）。

▲ 红卫兵在天安门的标准照

牌砸了个稀巴烂，换上了新招牌"北京烤鸭店"。记性好的读者可以把这一时刻，与10年前公私合营后，全聚德烤鸭变得不好吃了的往事联系在一起，你可以看到一只烤鸭是怎样被体制彻底扭曲的。红卫兵还到新华书店给烤鸭店订购了100幅毛主席画像。报道描述："一夜之间，从橱窗到餐厅，从厨房到宿舍，通通挂上了毛主席画像和数以百计的毛主席语录。外国餐厅的楼梯口上，原来挂的是一幅画着北京鸭的大画，现在是一条金色大字的毛主席语录：'全世界人民团结起来，打败美国侵略者及其一切走狗！全世界人民要有勇气，敢于战斗，不怕困难，前赴后继，那么，全世界就一定是人民的。一切魔鬼通通都会被消灭。'外国朋友来北京烤鸭店进餐，首先看到的，就是毛泽东思想的灯塔。"

自全聚德被改名后，成都麻婆豆腐店被改成文胜饭店，苏州采芝斋糖果店改成红旗商店，南昌黄庆仁药栈改成灭资药店，武汉盛锡福帽厂改成人民制帽厂，合肥胡开文墨店改成工农兵文具店，法国梧桐树改名为反帝树。全中国几乎所有城市的中心公园都被改成人民公园，所有电影院都被改成了东方红剧场，所有的居民区都被改成向阳院。作为中国最大的商业城市，上海的改名运动更是彻底，上海第一商业局下属的3 700多家商店被改名的多达3 000家，豫园被改成红园，南京路、淮海路改成五洲大街和反修大街，和平饭店改成人民战争饭店，甚至连静安区和长宁区也被改成了延安区和战斗区。红卫兵要造反的事情还很多，他们捣毁了园林里的一切匾额、对联、盆景和古桩；他们"不怕远、不怕热、不怕难"，到每一个乡村角落，把祠堂、家庙等全部砸掉；他们冲进服装厂，把所有认定为奇装异服的式样全部剪破烧毁；他们还禁止理发店理怪发型，包括"西瓜皮、飞机头、包菜头和烫发"。

到12月，"中国的赫鲁晓夫"终于被揪了出来，他是国家主席、党的第二号人物刘少奇。与他一起被并称为"最大走资派"的还有中共中央书记处总书记、副总理邓小平，一大批建国元勋被打倒。

毛泽东发动"文化大革命"的原因有两个：一是党内政治斗争的需要，二是对中国政治国情的基本判断。1980年，复出后的邓小平在接受意大利女记者奥琳埃娜·法拉奇的访问时说，"搞'文化大革命'，就毛主席本身的愿望来说，是出于避免资本主义复辟的考虑，但对中国本身的实际情况作了错误的估计，首先把革命的对象搞错了，导致了抓所谓'党内走资本主义道路的当权派'"[①]。按照毛泽东的设想，这场运动本来准备搞

▲ 表忠心的红卫兵

---

① 见《答意大利记者奥琳埃娜·法拉奇问》。

三年，第一年发动，第二年基本上取得胜利，第三年收尾。谁料，它竟一直持续了10年，成为一场空前的大浩劫。

如果说，以青年学生为主力的红卫兵是内乱的点火者，那么，真正让国民经济陷入大混乱的，则是继而蜂起的工人造反派，这是一群同样激进，却更具爆炸力的破坏性力量。

1966年6月12日上午，就在北京大学的第一张大字报贴出半个月后，上海最大的棉纺织工厂之一——上棉十七厂的医务室旁，出现了一张大字报《剥开党委画皮看真相》，这是上海工业界第一张炮轰党组织的大字报。它的最下端也有七人署名，第一个名字是王洪文。

时年31岁的王洪文是吉林长春人，长相清秀，却有着极大的政治爆发力。他出身农民，16岁参军，曾赴朝鲜参战，复员后到上棉十七厂，先是当了一名保全工，后调进保卫科，是一个"种过田、做过工、当过兵"的"工农兵"苗子。北京风云陡生，王洪文在南方应声而起，他组织"上棉十七厂永远忠于毛泽东思想战斗队"，开始了长达10年的造反生涯。

到11月6日，上海的17个工厂串连组成"上海工人革命造反总司令部"（简称"工总司"），公然提出"我们要夺权"，王洪文被推举为造反司令。11月10日，《人民日报》发表社论《再论抓革命，促生产》，社论称："'抓革命，促生产'的口号，变成不许革命，差不多所有革命工人都不能接受。"当日凌晨，王洪文率一批造反队员冲进上海北站，强行登车，宣称要到北京"告状"。火车开到城郊的安亭时，上海市委命令暂停。中午，造反工人在车站卧轨拦截第十四次特快列车，导致沪宁线中断31小时34分，制造了轰动全国的"安亭事件"。

就在王洪文的"工总司"揭竿而起的同时，上海还有另外一群工人组成了"捍卫毛泽东思想工人赤卫队上海总部"（简称"赤卫队"），与"工总司"对峙而立。上海市委成了双方争夺攻击的对象。

12月11日，"工总司"在人民广场组织了一场"迎头痛击市委资产阶级反动路线反扑大会",号称有60万人与会。在口号震天的大会上,市长曹荻秋被迫签字,同意支持"工总司"的革命行动。12月23日,"赤卫队"也在人民广场组织了一场有十多万人参与的"批判上海市委资产阶级反动路线"的大会,曹荻秋被迫签字,接受赤卫队的"8项要求",承认它也是一个革命群众组织。谁料两天后的25日,"工总司"又在文化广场召开批判大会,曹荻秋在大会上不得不又撤销了对"赤卫队"的支持。

就这样,上海市委被夹在两支工人造反组织之间,焦头烂额,左右为难。曹荻秋的"出尔反尔"当然引起了"赤卫队"的极大愤慨。12月26日,《人民日报》发社论《迎接工矿企业文化大革命的高潮》,称"现在,一个无产阶级文化大革命的新高潮,正在全国工矿企业中兴起"。

28日,"赤卫队"上万人到市委所在的康平路游行,要求曹荻秋承认拥有80万人的"赤卫队"是革命群众组织,否则就要搞全市性的停水、停电和停交通。他们占据了行政大院。29日,王洪文调来十多万造反队员,包围康平路。30日凌晨两点,"工总司"对"赤卫队"发动冲击,双方大打出手,场面十分血腥,到清晨7点,2万名"赤卫队"队员投降,他们被押解到四马路上,缴下来的袖章有六大堆,91人受重伤,240多个"赤卫队"的领头人被关押。

"康平路事件"是上海乃至全国的第一次大规模武斗。30日下午,部分"赤卫队"队员去北京"告状"。王洪文率人追击到江苏昆山界内,又挑起一场打斗,造成沪宁铁路交通中断。

通过这一番"武装斗争","工总司"取得了胜利。1967年1月1日,《人民日报》发表元旦社论《把无产阶级文化大革命进行到底》,提出:"1967年,将是全国全面展开阶级斗争的一年。1967年,将是无产阶级联合其他革命群众,向党内一小撮走资本主义道路的当权派和社会上的牛鬼蛇神,展开总攻击的一年"。

1月5日,"工总司"等11个造反组织在《文汇报》上发表《告上海全市人民书》,宣布全面夺权。第二天,造反派在人民广场召开10万人大会，批斗了市委书记陈丕显、市长曹荻秋，全市几百个高级干部被揪到会场陪斗。这场造反运动被赞许为上海"一月革命"。作家胡月伟在《疯狂的节日》中描写了当时的景象：24层的国际饭店楼顶上撒下雪片似的传单。曹荻秋被弄到高高的消防车云梯上游街示众，潮水般的人们仰着兴奋而扭曲的面孔，随着缓缓行驶的消防车奔跑，指点头上反剪双臂、颈悬木牌的旧市长，"当权派！呵，大官儿。打倒在地喽……"①

▲ 1966年，中学生红卫兵

　　王洪文的行动显然一再地得到了北京方面的鼓励。1月9日，《人民日报》转载《告上海全市人民书》，对上海的夺权行动表示支持和欢呼。1月22日，该报再发社论《无产阶级革命派大联合，夺走资本主义道路当权派的权！》，社论用十分热烈的口吻呼喊："有了权，就有了一切；没有权，就没有一切。联合起来，团结起来，夺权！夺权！！夺权！！向党内一小撮走资本主义道路的当权派和坚持资产阶级反动路线的顽固分子，展开全国全面的夺权斗争……敌人不投降，就叫它灭亡！"这篇社论震动了全国和全世界。

　　2月5日，经历了惊心动魄的"一月革命"后，上海宣布成立"上海

---

① 胡月伟、杨鑫基著，《疯狂的节日》，重庆：四川文艺出版社，1987年版。

第六部　1959—1977　以"革命"的名义

人民公社",它很自然地让人联想起1871年的"巴黎公社"。"中央文革小组"①副组长张春桥担任第一领导,因写《评新编历史剧〈海瑞罢官〉》而出名的"红色理论家"姚文元为第二领导,工人造反领袖王洪文是第三号人物。他在大会上高声宣读《公社通令》:"宣判旧上海市委、市人委死刑,剥夺它的一切职权……一切权力归上海人民公社。"

2月24日,"上海人民公社"改称"上海市革命委员会",成为合法的党政机构。仅仅半年前还是上棉十七厂保卫科干部的王洪文出任革委会副主任。1969年,王洪文当选为中共中央委员,1973年,一跃成为中共中央副主席。

正当王洪文在上海当上"工总司"造反司令的两天后,1966年11月8日,北京工人造反派组成"全国红色劳动者造反总团"(简称"全红总"),他们的口号是"造现行合同工、临时工制度的反,彻底铲除这一反毛泽东思想的大毒草"。

12月1日,"全红总"300多人到全国总工会造反,占领礼堂。总工会请示中央后,同意在"文化大革命"中不得无故解雇合同工、临时工。12月18日,中央文革小组副组长、毛泽东的夫人江青接见造反派,把攻击矛头直接对准了国家主席刘少奇,她说:"现在的合同工制度是刘少奇提倡的,合同工是刘少奇搞的,我们不知道。有人说是主席要搞的,那只能说是他们的主席,不是我们的主席。"她进一步说:"他们(指全国总工会)不为工人服务,干脆让工人进到楼里去住,让他们滚出去,造他们的反。我们对于坏分子还给他饭吃,让他劳动,而合同工一解雇就没饭吃了,这样搞培养奴隶主义。"

---

① 中央文革小组:成立于1966年5月,组长陈伯达,顾问康生,副组长江青、张春桥等,组员有王力、关锋、戚本禹、姚文元等。该小组名义上隶属于政治局常委之下,实际上它逐步取代中央政治局和中央书记处,成为"文化大革命"的指挥机构。8月底,由江青代理中央文革小组组长。

经江青这么一煽动,"全红总"当即占领了总工会大楼和劳动部。12月26日,江青、康生等人又在人民大会堂接见造反领袖,总工会的两位负责人被临时叫到现场站着,唯唯诺诺。江青说:"合同工制度完全是资本主义的一套,保留一定数量的雇佣工来减少资本的支付,封建主义也不能比这个制度残酷!什么劳动部长,劳动部长不劳动,让他们当科长去吧,当合同工去,你们去雇他们!"

1967年1月2日,"全红总"与全国总工会、劳动部签发了一个《联合通告》,内容是:"经全国红色劳动者造反总团提议,与中华人民共和国劳动部、中华全国总工会协商,联合作出以下紧急决定:1.为了保证合同工、临时工、外包工等参加无产阶级文化大革命、参加生产的权利,一律不得解雇;2.1966年6月1日以后被解雇的,必须立即召回本单位,参加运动,参加生产,补发解雇期间的工资;3.凡遭到资产阶级反动路线迫害的,必须当众恢复名誉,赔偿损失,妥善安排,认真处理。以上决定,通报全国。"

这是新中国成立以来,第一次由一家群众组织牵头向全国进行政策通告。

发生在上海和北京的工人造反夺权运动,是1966年一个最生动的缩影。从此,中国的众多工业城市天下大乱。从秋天开始,大江南北爆发了无数起夺权行动,各省市的党政机关几乎全部瘫痪,造反派冲进党政大院,把各级官员拖将出来,要么戴上纸糊的高帽现场批斗,要么关押起来进行拷打审讯。在"夺权"中,一些高级干部遭遇不测。1967年1月22日,煤炭工业部部长张霖之在被工人造反派关押40多天后毒打致死,遗体上有32处伤痕,颈部被打出几处血洞,惨不忍睹。1月29日,被"山西革命工人造反纵队"关押的山西省委第一书记卫恒,不堪受辱自杀身亡。商务部部长姚依林被造反派发"全国通缉令"追捕,若不是周恩来将他紧急送进中南海,很可能也遭遇厄运。古往今来,无政府主义的确有一种特别的魅力,它以颠覆现有秩序的方式,让没有权力的民众阶层在瞬间迸发强

第六部 1959—1977 以"革命"的名义

▲ "文革"时期的集会

大的报复性快感,它的"酵母体"常常是民族主义、反权威主义和反等级制度,而其手段则是暴力和血腥的。对这种情绪的利用往往是产生"革命"的最佳办法,可是当它被激发出来之后,连发动者都很难对之进行持续的控制。

从1967年1月开始,各地发生血腥的武斗,其中工人造反派为最强悍的主力。

1月17日,新疆石河子市的七个工人、学生"造反团"冲击新疆建设兵团,通讯总机被造反派控制。25日,毛纺厂的工人造反派约4 000人冲进建设兵团的汽二团抢夺枪支,前来增援的独立团战士与之发生冲突,双方开火,打死5人重伤6人。次日凌晨,再发生武装冲突,又打死24人重伤74人。

2月,四川的"成都工人革命造反兵团"提出"砸烂成都军区黑司令部"的口号,在军区营门外搭棚围困军区机关,从军队抓了上万人。5月,造反派抓走西南局书记曾希圣,宣称要"炮轰西南局,火烧省市委。血洗川大,头断四川,血洒西南"。重庆发生大规模武斗,造反派动用了各种常规武器,甚至用高射炮平射朝天门码头。全川大批工厂停产。

最混乱的景象发生在1967年的7~8月,日后连毛泽东在接见美国记者、《红星照耀中国》的作者斯诺时也说,"1967年7月和8月两个月不行了,天下大乱"。

武汉因重型工业企业聚集,成为武斗最激烈的地方之一。当地的造反派分成"钢工总"和"百万雄师",后者号称有120万人。从6月4日到6月30日,双方武斗就打死了108人,打伤2 774人。7月20日,"百万雄师"成员武装冲击武汉军区和东湖宾馆,揪斗前来调停的中央文革小组成员王力,随后,造反派出动数万人和400多辆卡车,头戴安全帽,手持长矛和枪支,在全市武装游行示威,爆发了震惊全国的"七·二〇事件"。据湖北省委后来的统计,在"七·二〇事件"后,武斗风潮席卷湖北各地,被打伤打残和打死的干部、军人和群众多达18.4万人,仅武汉市就打死600多人,打伤打残6.6万人。

7月24日,中共中央、国务院、中央军委联合发布《公告》,对当时的武斗和社会混乱景象进行了描述:"第一,抢劫国家银行、仓库、商店;第二,烧毁和炸毁国家仓库、公共建筑和人民房屋;第三,抢劫车船,中断铁路、交通、邮电,私设电台;第四,连续冲击人民解放军的机关部队,抢夺人民解放军的武器装备,杀伤人民解放军的指战员。"

8月4日,王洪文指挥造反派攻打上海柴油厂的"革命造反联合司令部",打伤、关押650人。8月7日,公安部长谢富治提出"砸烂公、检、法",各地的公安局、检察院和法院遭到冲击,全国性的武斗再度急剧升级。北京的造反派甚至还砸烂了外交部政治部,冲击缅甸、印尼和印度驻华大使馆和火烧英国驻华代办处。

第六部 1959—1977 以"革命"的名义

随着党政机关被打倒砸烂和武斗事件的不断升级，全国各大厂矿企业自然也陷入一片混乱。

李华忠主编的《鞍钢四十年》记载了这家中国最大钢铁企业的"文革"之乱：1966年6月6~16日的10天间，鞍钢贴出大字报25万张，公开被点名的干部职工有3 127人，其中厂处级以上的有160人，运动来势之猛烈，触动面之广，为新中国成立以来历次政治运动所罕见。

进入1967年1月，对立的两派工人造反组织开始武斗，研究所大楼、运输部大楼等都被抢占，正常管理工作全数停止，22座平炉停产18个，12个轧钢厂停产10个，钢和钢材产量下降90%，当年8月仅炼钢2.7万吨，相当于1966年两天的产量。在随后两年多里，鞍钢进行"军管"，党委及生产指挥机构被砸烂，全公司33 174名干部中，有20 220名被列为审查对象，他们分别被认定为"叛徒""特务""走资派""三反分子""变色龙""小爬虫""国民党残渣余孽""地主阶级孝子贤孙""反动技术权威"，被揪斗毒打的有4 752人，215人被打死或被迫自杀，214人被打致残，还有2 618名领导干部和500多名技术人员连同万名职工家属被下放到农村"接受贫下中农再教育"，其中又有22人在劳改过程中非正常死亡。

生产管理部门被打倒后，"鞍山钢铁公司"的名称也被取消了，代之以"鞍钢指挥部"，实行"政治建厂"，宣告要"砸烂旧体制，彻底闹革命，建设没有规章制度的工厂"。各厂矿撤销了生产车间、工段和班组，按军队建制，改为营、连、排、班，在生产过程中大搞"三忠于""四无限"，[①]数千条规章制度被全数废止，实行无规章作业和自由操作。

鞍钢钢铁研究所和鞍钢设计院分别是当时中国最大的钢铁研究机构和

[①] "三忠于""四无限"是"文革"中的政治术语。"三忠于"：忠于毛主席、忠于毛泽东思想、忠于毛主席的无产阶级革命路线。"四无限"：对毛主席、毛泽东思想、毛主席的无产阶级革命路线，要无限崇拜、无限热爱、无限信仰、无限忠诚。

企业设计院，拥有科技人员2 300多人，它们被限令一周内解体，除了几十个留守人员，其余都被送去接受农民的"再教育"，数吨图纸被搬到广场上当废纸烧掉，270台精密仪器因无人管理被破坏洗劫一空。鞍钢还有6所专业院校及技术业余学校，也被一律解散停办。

生产指挥系统瘫痪，生产秩序被打乱，企业管理一片混乱，当然造成产量下降，质量倒退和事故连连。1967年，鞍钢的生铁、钢和钢材产量分别比上一年下降了32.4%、42.6%和41.5%，产量倒退十年。海军用鞍钢的钢材建造鱼雷快艇，刚一出海便沉入海底。铁路钢轨断裂事故也时有发生。1969年2月，鞍钢以"群众大会战"的方式开建齐大山露天采矿场，因缺乏科学管理，"大会战"成了"大混战"，炸药混杂堆放导致大爆炸，当场死亡22人，重伤30人。

全国各厂矿企业的厂长及技术领导几乎全部受到冲击，当时正在十堰的山沟沟里为筹建第二汽车厂而忙碌的陈祖涛就是一个受难典型。他在《我的汽车生涯》中有一段十分细致而辛酸的回忆——

1966年10月，身为二汽总工程师的陈祖涛带了500多人在一个叫老营的小镇上选址筹划，他的筹建指挥部设在一个道教玉虚宫里。一天，一队红卫兵突然冲进玉虚宫来

▲ "文革"时期的宣传画

第六部　1959—1977　以"革命"的名义　　　325

"破四旧"①，他们挥起手中的工具，将宫内的汉白玉栏杆、香炉、神像砸了个稀巴烂，然后敲锣打鼓得胜离去。陈祖涛他们看着这些稚气未脱的孩子们认认真真地砸"四旧"的神态，心情异常复杂，他们很不理解，但谁也没有说话，也不知道该说什么。

这仅仅是很难理解的开始。半年后的1967年4月，陈祖涛突然收到一封电报，上面写着："勒令陈祖涛回长春汽车工厂设计处参加文化大革命。"落款是"红二"造反派。在返回长春的途中，他在北京停留了几天，看望父亲陈昌浩。7月30日，陈昌浩"畏罪服安眠药自杀"，时年61岁。

陈祖涛一到长春火车站，就被造反派关了起来，每天接受批斗，先是在设计处戴高帽子和挂黑牌子，后来就被拉到长春的大马路上去游街，戴在他头上的黑帽子是"资产阶级代表人物""死不悔改的走资派""党内走资本主义道路的当权派"和"苏修特务"。他的家被抄了5次，"在多次抄家后，我也变麻木了，我的家似乎不是我的，他们想来就来。所有的照片、书记、信件、心爱的唱片和家具都被收走，我的家里已经是徒有四壁了"。②

陈祖涛记叙了他挨整的景象："最先是让我双手举包装汽车零件的木箱，一站一夜。人的两手怎么可能长时间地举东西呢？我举不动了，木箱掉下来，砸在我头上，他们就强迫我再举，举不动了就用脚踢我。我实在支持不住了倒在地上，他们骂我装死，强令我再站起来，我站不起来，他们就用钢丝钳子夹我的手。那时真是支持不住啊！"陈祖涛没有料到的是，更残酷的磨难还在后头。为了让他交代"苏修特务"的材料，造反派开始对他毒打，"每天晚上10点钟开始提审我，把我带到一个空房间里，几个人按住我的手脚，一个家伙挥起木棍没头没脑地打。木棍子打裂了，

---

① "破四旧"是"文革"中的政治术语，指的是破除旧思想、旧文化、旧风俗、旧习惯。

② 陈祖涛著，《见证中国汽车工业五十年》，载《人物》，2004年12月。

就换三角皮带。三角皮带里面是钢丝,抽下去就是一道血口子,就像刀割一样,昏死过去就被他们用水喷醒,醒了就再打,直至天亮……我每天不能吃不能睡,小腹肿得像水桶,天天尿血,走路时腰弯得像虾米,两腿伸不直,走不动,动一动都疼得浑身打战,实在要走只得两手扶墙,一步一步地挪。"打陈祖涛的那些人,有的是他原来的部下,有的是刚刚从大学毕业不久的青年人。

尽管遭遇如此厄运,但是,陈祖涛却算是一个幸运者。从1967年到1969年,长春一汽共有3 500人被审查、隔离或抄家,被打死或被迫自杀89人,其中包括常务副厂长王少林等人。陈祖涛的留苏同学刘允斌(刘少奇的长子)被整死,张芝明(早年共产党工运领袖张太雷的儿子)被整疯,他的母亲张琴秋(曾任纺织工业部副部长)、姐姐张玛娅被迫害致死,可谓家破人亡,朋辈死散。

在被关押和折磨了两年多后,陈祖涛被押送到吉林桦甸县的农村劳改,"此时的我刚刚40岁出头,但由于两年精神和肉体的折磨,又瘦又干,面色灰黑,头发蓬乱,胡子拉碴,走路虾米似的弯着腰,身穿一件破旧的中山装,腰间扎着一根草绳,手上挂着一根棍子,看起来起码有60来岁了"。

陈祖涛当上了一个乡村木匠,这个共和国最好的汽车工程师弄了个木头箱子,买了一套做木匠的工具,整天慢吞吞地盖房子、修门窗和打板凳。他学会了用纸自己卷"关东烟"抽,在辛辣浓烈的烟味熏陶下,眯着眼,享受乡间劳作的快乐和自由。他甚至还帮助村民造了一辆土制汽车。他带着农民们赶着一辆大板车,去早已无人看管的一汽废料场,从废料堆里捡出发动机、大梁、变速箱、驾驶室和破旧轮胎,回村后,居然拼装出一辆能发动的汽车。"车的钢板弹簧没有着落,我用木材来代替,钢板卡子是村里的铁匠自己锻打的,这辆车在今天肯定是可笑的,破破烂烂,噪声很大,屁股后面黑烟滚滚,驾驶室没有玻璃没有门,但它能工作,比传统的大板车运得多,跑得快。"

▲ 被打倒的高级官员

有两年多的时间，陈祖涛在中国企业界消失了，没有人知道他躲在哪里。

他这样描写当时的心境："我的思想极度痛苦，怎么也想不通，经常彻夜难眠。'文化大革命'使我认识了太多的不义、背叛和邪恶，让我感受了太多的痛苦，目睹了太多的死亡。我常常想，为什么？为什么他们要这样整我？为什么他们要整那么多无辜的人？为什么我们的国家和我们的社会就听任这些人胡作非为？为什么我们这个有几千年文明的古国，就会让那么多的人一下子丧失理性变得如此疯狂？在没有答案的情况下，我决心不再回汽车工业，我不愿意再见到那些有着蛇蝎心肠的人。"

在狂暴的洪流中，那些原本就是异己阶层的人自然更是难逃大劫。

1966年9月14日，国务院决定公私合营企业全部改为国营企业，向资本家发放的定息一律取消。那些资本家成了红卫兵批斗的重要对象。在1956年积极配合政府改造政策的"北乐南荣"都下场悲惨。同仁堂的乐松生整天被挂牌批斗，他的妻子在一次游街后愤而自杀，乐松生本人在1968年被迫害致死，时年仅60岁。

当时在纺织部任职的陈锦华回忆了荣毅仁的遭遇：

1966年8月18日，毛主席在天安门接见红卫兵以后，北京的红卫兵运动就如火如荼。8月20日，北师大女附中的女红卫兵们冲到位于北太平庄的荣毅仁家里，大肆打砸。他们批斗荣毅仁，把他和妻子杨鉴清的头发剃成了"阴阳头"（"文革"时期的一个流行做法，把头发剃一半、留一半，以示羞辱）。荣毅仁的右手食指被打断，杨鉴清被殴打成脑震荡。红卫兵还用他家里的摄像机把经过录下来，要寄到他在海外的亲戚那里。在批斗空隙，荣毅仁偷偷给纺织部的一个秘书打电话，用上海话说："你赶快向部里反映，我实在吃不消了。"

当时担任纺织部机关文化革命委员会主任的陈锦华得悉这一情况后，马上向部党组书记钱之光做了报告。纺织部一开始想把荣毅仁送到北京医院躲起来，不料医院院长回复说："不行哪，我们这里已楼上楼下斗开了，都斗了好几批了。送到我们这个地方，不一样挨斗吗？"钱之光只好给总理办公室送了"特急件"。第二天凌晨1点多钟，钱之光被周恩来总理紧急召到人民大会堂，总理交代说："现在我们只能管两个人了，一个是宋庆龄，一个是郭沫若。其他人你们自己想办法。荣毅仁你们一定要保护好，他是中国民族资产阶级的代表人物，在国际国内都有影响，一定要保护好。"

钱之光回到纺织部，就跟陈锦华等人商量对策。当时社会上已经开始兴起"红对红"，就是以机关的红卫兵对付外面的红卫兵。他们把部机关的红卫兵头头找来，要他带人连夜赶到荣毅仁家里去，以开批斗会的名义把荣毅仁救出来。此计甚灵，居然真的把女红卫兵们连哄带骗地撵走了。

这些人一撤，荣毅仁提出赶紧把妻子杨鉴清送到医院治疗。可是送到哪个医院都不收，都不肯给她治病。部机关的红卫兵头头很机灵，就把她送到积水潭医院，先是高呼了一番革命口号，然后说这个人是重要的人证，需要她来录口供，不能让她死掉，你们一定要想办法给她治疗。医院一听是重要的人证，这才答应赶紧医治，杨鉴清的命总算保下。

对于荣毅仁一家来说，这仅仅是厄运的开始。不久后，保护他的钱之

第六部 1959—1977 以"革命"的名义

光、陈锦华等人也被打倒了。荣毅仁一次次被批斗,他的左眼因延误治疗而致失明。1968年之后,他被送到全国工商联机关劳动改造,先是在锅炉房里运煤,后来专职打扫厕所。与他一起干活的是上海滩时期的老相识、工商联副秘书长经叔平。计泓赓在《荣毅仁传》中记载说:"荣毅仁干得很认真,马桶有尿碱,他就自己掏钱买来盐酸,把马桶刷得干干净净。"①他的独子荣智健被下放到十分偏远的四川凉山彝族自治州,一干就是8年。荣智健日后回忆说:"我每天和工人、民工摸爬滚打在一起,抬石头,挖土方,搬机器设备,背氧气瓶上山下山,爬上半空架设高压电缆,什么粗活重活都干过。"

在城市以外的农村地区,对农业生产和市场流通的限制变得越来越严格。

"文革"爆发后,很多地方减少甚至完全取消了农民的自留地,要求农民献出自留地、宅旁地和自有果树,当时称为"三献",严格控制农民发展饲养业,每个农户只能养一头猪,每人只能养一只鸡,此外还限制农民外出从事手工活动,木匠、铁匠和小商贩都被当成"野马副业""单干副业"受到禁止。9月24日,国务院财贸办公室和国家经济委员会颁布《关于财政贸易和手工业方面若干政策问题的报告》,强调小商小贩"必须接受国家的管理和群众的监督,不许搞投机倒把,大量的小商小贩应当为国营商店代购代销"。

到了1968年,政策更加趋于收紧。1月18日,中共中央、国务院、中央军委、中央文革小组联合发出《关于进一步打击反革命经济主义和投机倒把活动的通知》,提出要"坚决取缔无证商贩和无证个体手工业户。农村人民公社、生产大队、生产队和社员,一律不准经营商业";"国家企业事业单位、机关、学校、团体,非经当地主管部门许可,一律不准到

---

① 计泓赓著,《荣毅仁传》,北京:中央文献出版社,2006年版。

集市和农村社队自行采购物品"。这两条规定基本上把农村的商品自由流通确定为非法活动。同年10月,江西省采取极端措施,将全省的合作商店和有证小商小贩全部解散。在5.3万名商店职员中,有2/3被下放到农村劳动或劝退回家,这一做法得到了中央的认可,不久便在其他省份效仿推广。

1970年年初,中共中央再发《关于打击反革命破坏活动的指示》和《关于反对贪污盗窃、投机倒把的指示》,重申:"除了国营商业、合作商业和有证商贩之外,任何单位和个人,一律不准从事商业活动";"除了经当地主管部门许可之外,任何单位一律不准到集市和农村社队自行采购物品。"据统计,1970年2~11月,全国逮捕了"反革命分子"28.48万人,其中不少是因为从事了当时政策禁止的经济活动。在这样的政策环境下,从1966年到1970年的5年中,全国个体商贩人数从156万人减少为96万人,而且经营规模变得越来越微不足道。

全面排斥私人生产和市场流通的政策严重打击了农村经济和个体经济,在1967—1969年的3年中,农业总产值增长率分别为1.6%、–2.5%、1.1%,3年总增长几乎为零。1969年与1966年相比,按人口平均的主要农产品产量计算,粮食下降了8.9%,棉花下降了18.8%。1971年1月,轻工业部在《关于当前手工业几个问题的意见》中披露,在全国的手工业中,全民所有制企业约占10%,集体所有制的合作工厂约占30%,合作社约占60%,个体手工业的份额已经可以忽略不计。

京沪乱象、全国武斗、鞍钢被搞乱、陈祖涛和荣毅仁被打倒、全面限制市场流通,林林总总这一切,都是国民经济彻底紊乱的标志性景观。

自"文化大革命"开始以后,在过去十多年里主管全国经济的中央及部委领导,除了总理周恩来之外,几乎全部被打倒或靠边站。其中,刘少奇被"永远开除出党",1969年11月12日冤死于开封,邓小平和陈云被下放江西劳动,薄一波和谷牧成了"叛徒""三反分子",贾拓夫(经委副主任、轻工业部部长）被迫害致死。1968年2月2日，周恩来在接见群众代表时无奈地披露，国务院系统的42个单位中，还能开展工作的部长级干部只有90人，占总数280人的32%，其中第一把手（部长、主任）只剩下3个人。胡鞍钢在《中国政治经济史论》中引用相关资料称，到1968年9月，全国29个省市、自治区的党政主要负责人有60多人被定性为"敌我矛盾"，中共八届中央委员会成员190余人中，有88人被指认为"叛徒""特务"和"反革命修正主义分子"，占总数的46%。因被斗倒的人实在太多，以至于按照《党章》的规定，已无法召开一次中央委员会全会。

由于造反派的全面夺权，让那套从上而下的计划经济指挥体系彻底瘫痪，大量干部"靠边站"，经济管理和统计部门被砸烂，各地的年报迟迟不能报齐。在局面最混乱的1967年和1968年，根本无法制订全年度的全国经济计划，1968年也成为新中国成立以来唯一没有国民经济计划的一年。

宏观经济持续恶化的轨迹非常明显。1967年，工农业总产值比上一年下降近10%，1968年又下降4.2%。主要的工农业产品产量，除了粮棉大体持平外，其余都是连续两年减产。国家的财政总收入，1967年同比

▲ 早请示晚汇报

减少25%，1968年又少了13.9%。如果以1953—1965年13年工农业总产值的平均实际增长速度7.9%计算，1967年和1968年的总产值应该达到5 220亿元，而实际上这两年只有4 119.8亿元，也就是说，损失值约为1 100亿元。

更具悲剧性的是，在工农业持续滑坡的同时，中国还试图把自己与世界经济彻底隔绝开来。

1969年5月11日，《人民日报》发表题为"毛主席的独立自主、自力更生伟大方针的胜利——欢呼我国成为一个既无内债又无外债的社会主义国家"的社论。文章说："中国在进行社会主义建设的过程中，为动员广大群众把暂时闲置的资金用于社会主义扩大再生产，自1950年至1958年，先后发行过6次国内公债，发行总额为38.4亿元，加上应付利息9.8亿元，还本付息总数计48.2亿元，已在1968年年底全部还完。在国家建设初期，特别是在抗美援朝期间，当时斯大林领导下的苏联政府曾向中国提供过一些援助借款，本息共14.06亿新卢布。此项外债，中国一直坚持按期归还，并已在1965年初提前全部还清。"

"既无内债又无外债"的提法，一度让很多国人引为骄傲。1970年4月24日，中国成功发射自行研制的第一颗人造地球卫星，这是"举国战略"的又一次成功。

到1968年，随着刘少奇等人被打倒已成定局，党内政治斗争告一段落，各地该造的反都造完了，武斗也得到了初步的制止。这时候，出现了两个"人口"问题：一是数以百万计的"靠边"干部该怎么处置，总不能每天都开批斗会，让他们交代莫须有的罪行；二是数以千万计的青年学生该怎么处置，由于国民经济空前萧条，停产或半停产的工厂根本不可能招收新的工人，那些无书可读的青年学生在城市里成了一股到处泛滥的"失业洪水"，他们随时准备去冲毁任何社会秩序，他们对后果的考虑就是"不计后果"。

于是,"五七干校"和"上山下乡"被发明了出来。

1968年5月,黑龙江省把大批机关干部下放到农村劳动,在庆安县柳河开办了一所农场,定名为"五七干校"。[①] 它迅速被认定是一条疏散人口的经验,10月《人民日报》刊登《柳河"五七"干校为机关革命化提供了新的经验》一文,并发表了毛主席的最新指示:"广大干部下放劳动,这对干部是一种重新学习的极好机会,除老弱病残者外都应这样做。"随后,全国各地的党政机关纷纷响应,在农村办起"五七干校",大批人员被下放到农村参加体力劳动。仅中央所属各部委就先后创办了106所"五七干校",遣送了10多万名下放干部和3.5万名家属,各省市地县开办的"五七干校"更是数以万计。这一"干校制度"前后延续了11年,直到1979年2月17日,国务院发出《关于停办"五七干校"有关问题的通知》。

上山下乡运动则"解决"了城市青年人口的就业问题。据胡鞍钢的研究,自"文革"爆发后,各校"停课闹革命"、高考制度又被取消,因而积累了大量的初高中毕业生,仅66届、67届和68届的初高中毕业生就超过1 000万人,他们造成了巨大的就业压力,各行各业停产、

▲ 知识青年上山下乡

---

① 1966年5月7日,毛泽东在一封信中提出"各行各业均应一业为主,兼学别样,从事农副业生产,批判资产阶级"。这被称为"五七指示"。

半停产，因此不可能再吸收新的就业人口。正是在这样的背景下，1968年12月，毛泽东下达了"知识青年到农村去，接受贫下中农的再教育，很有必要"的指示，一场轰轰烈烈的"上山下乡运动"全面展开。1966年、1967年、1968年三届在校的初中和高中毕业生——他们后来被通称为"老三届"——全部前往农村。这些被称为"知识青年"的学生被送到云南、贵州、内蒙古和黑龙江等边远地区或经济落后、条件较差的农村。①

在此后的将近10年间，上山下乡的知识青年总人数达到1 700多万，约占全国城市人口的1/10。这是继1961年之后，第二次从城市到乡村的人口大迁移，前者是"大跃进"的后果，这次则是"大造反"的后果。

上山下乡运动改写了整整一代人的命运。40年后的2009年，一位当年的红卫兵和下乡青年邓贤在《南方周末》上写道："我们这代人一生做了两件大事：第一件事是做魔鬼，把整个社会秩序颠覆，我们做许多亲者痛仇者快的事，实际上危害了整个国家和民族的生机；第二件事就是我们被迫完成了自我历练和自我教育的残酷过程，最后以此完成自我拯救。跟红卫兵运动相比，知青上山下乡运动挽救了我们这一代人，它让我们体验苦难，也认识苦难。"

从1968年的12月起，每天下午的4点08分，北京火车站都有一趟"知青专列"在震耳欲聋的口号和锣鼓声中鸣笛启程，驶往大江南北、长城内外的各个偏远村庄。一位时年20岁的人大附中毕业生郭路生（他后来的笔名是"食指"）坐在开往山西汾阳农村的列车上，写下了激情荡漾的诗句："这是四点零八分的北京/一片手的海洋翻动/这是四点零八分的北京/一声雄伟的汽笛长鸣。"

任何极端的社会运动都是有后遗症的，当"革命"失去了具体对象

---

① 据《中国知青史》作者刘小萌和定宜庄的考据，毛泽东在1956年的农村合作社运动中说"农村是一个广阔的天地，在那里是可以大有作为的"，原本是针对那些家在农村的中小学毕业生说的，到上山下乡运动时，被广泛用于全国的知识青年。刘小萌等人认为，上山下乡首先是一个经济问题。

的时候，它要么"反击"于自身，要么消弭于悲观，无论如何，这都是与"革命"有同样能量的代价。一年后，贫乏、枯燥而苦闷的农村生活终于露出了它严酷的一面。一首首悲观哀怨的知青诗歌开始在地下流传，其中一首是这样写的："世上人，讥笑我／精神病患者／我有青春被埋没／有谁同情我。"在9月的一个幽暗深夜，郭路生写下了让他名垂诗史的《相信未来》："当蛛网无情地查封了我的炉台／当灰烬的余烟叹息着贫困的悲哀／我顽固地铺平失望的灰烬／用美丽的雪花写下：相信未来！"

放眼20世纪60年代中后期的世界，你会发现一个十分奇异的现象：在那几年，陷入狂飙的不仅仅是中国，那似乎是一个"造反者的年代"。

自1945年第二次世界大战结束之后，战后"婴儿潮"一代正集体进入青春期。当有关人类命运的伟大叙事渐渐让位于平庸的商业生活时，这一代青年人表现出了非同寻常的不安，他们在寻找宣泄的出口。哈佛大学的美籍日裔学者入江昭（Akira Iryie）日后评论说，中国的"文化大革命"在某种意义上是一个全球性现象，全世界的青年人都在反对他们的领袖。

在美国，几乎每一所大学都在发生学生游行，他们反对越战，要求性自由，自称是"垮掉的一代"，著名的哥伦比亚大学和加州大学伯克利分校一度被学生"占领"。1968年的4月4日，著名的黑人民权运动领袖马丁·路德·金在一家旅馆阳台上被刺杀，愤怒的黑人在100多个城市发动了抗议示威。

在日本，学生运动也是风起云涌，东京大学的安田讲堂大楼成了一个象征性的城堡，在这里经常发生学生与警察的冲突事件。

到了5月，法国首都巴黎爆发了全欧洲规模最大的学生运动，巴黎大学的学生们集体罢课并占领了大学校舍，警察封闭了校园，学生们在街头筑起街垒同警察对峙。接着，工人举行总罢工，20多万人涌上街头，高呼反政府的口号。学生占领学校，工人占领工厂，水陆空交通停顿，整个法国陷于瘫痪，戴高乐总统被迫改组了政府。

在那些渴望革命的欧美学生中，最让他们醉心的偶像是两个社会主义的领袖。一个是毛泽东，很多人把他的头像刺在手臂上。据1967年2月17日的《纽约日报》报道，《毛主席语录》正风靡全球，它出现在纽约曼哈顿的每一个书店和书报摊上，在日本东京售出了15万册，而在法国巴黎，甚至成了畅销书排行榜上的第一名。① 另一个是古巴的切·格瓦拉，他在追随卡斯特罗取得古巴革命胜利后，又跑进南美丛林中继续打游击战。1967年10月，39岁的格瓦拉被美国中央情报局和玻利维亚政府军杀死，谁料这竟让他成了左翼学生运动的"圣徒"，在后来的40多年里，他的一张头戴金五星贝雷帽的头像被印在无数的T恤、咖啡杯、海报和钥匙串上。

1968年的欧美学生风潮没有演变成一场颠覆性的社会革命，如法国政治评论家雷蒙·阿隆所描述的，它最终成了一场发泄情绪的"心理剧"。英国历史学家霍布斯鲍姆在《极端的年代》中给出了解释：其一，日渐富足起来的中产阶级没有成为学生的同盟军，革命失去了必要的社会土壤；其二，知识分子表现出了理性、制衡的能力；其三，也是最重要的一点，西方产业工人的结构发生了本质性的变化。从1965年开始，以出卖体力为主的制造业工人数量开始大幅度地下降，服务业迅速繁荣，"知识工人"成了新的主流，在英国和联邦德国，煤炭和纺织工人的数量在十年间减少了一半。在美国，钢铁工人的人数甚至少于麦当劳快餐连锁店的员工。新型资本主义的产业特征和商业进步轨迹，最终改变了成型于19世纪末期的阶级斗争理论。

---

① 有关数据显示，在10年"文革"时期，全世界出版了50多种文字、500多种版本的《毛主席语录》，总印数达50余亿册，以当时全世界30多亿人口计算，男女老幼平均每人拥有一本半还有余，以至于它被认为是"20世纪世界上最流行的书"。

在美国的学生运动中,一个叫艾伦·金斯堡的大胡子诗人是青年们的偶像,他最出名的诗歌是《嚎叫》,它的头一句是——"我看见这一代精英被疯狂毁掉"。

很多年后,不同的人读到这句诗歌,会有不同的感慨。①

---

① 就当中国沉浸于"文化大革命"的狂热的时候,全球产业正发生着一场空前的变革,在亚洲,"四小龙"顺势崛起了。正是在20世纪60年代中后期,一种"国际分工"的新秩序悄然出现了。发达工业国家开始为世界性市场生产,一些劳动密集型的产业被剥离出来,向非发达地区整体转移。而一些后进国家和地区顺应了这样的变化,其中表现最突出的便是亚洲地区的4个经济体:韩国、新加坡、中国香港和台湾。在1969年,韩国还是一个农业国,其平均国民生产总额仅与非洲的巴布亚新几内亚相当,可是到20世纪80年代后期,韩国的工业经济总量已跃居全球前15位。

1972 / 最后的冰期

你的眼睛被遮住了,
你低沉、愤怒的声音,
在阴森森的黑暗中冲撞:
放开我!

——芒克:《太阳落了》,1972 年

1972 年 5 月,意大利共产党人、欧洲最著名的电影导演之一米开朗基罗·安东尼奥尼受北京的邀请,前来拍摄一部纪录片。在进入中国之前,他的想象是这样的:中国的沙漠是蓝色的,河流是黄色的,农民们都穿着童话里的衣裳。

香港是安东尼奥尼当年到达中国的前站。在罗湖口岸,他惊奇地看着眼前的景象:一座普通的木桥连接两岸,一边是英国人,另一边是中国士兵,手持钢枪,整齐排列。随行的摄影师卢奇亚诺·都沃里后来回忆说:"这种对立非常有意思,一方是西方的世界,另一方是充满神秘色彩的中国。"他装上胶片正要拍摄，安东尼奥尼上来阻止了他。"他告诉我说，我们需要先理解，然后再拍。"随后，摄制小组从广州飞赴北京。当安东尼奥尼和同事们乘坐的飞机降落在北京的停机坪时，舷窗外正在举行一个盛大的欢迎仪式。孩子们手拿鲜花和彩带，跳着舞蹈，喊着欢迎口号。中国朋友的热情令摄制组一行很开心，不过很快，他们发现人群不是在欢迎他们，那一天，人们欢迎的是非洲索马里的主席西亚德。

在安东尼奥尼看来，中国"是一个巨大的，不为人知的国家"，这样的认知差不多能够代表当时整个的西方世界。他在中国工作了一个多月，拍摄了北京、上海、河南红旗渠和苏州等地，最终剪辑完成的影片就定名为——《中国》。在整个拍摄过程中，意外的状况时常出现。

红旗渠是河南省林县在20世纪60年代兴修的著名的水利工程，从1960年2月动工，到1969年7月建成，近20万农民在极其艰难的施工条件下，逢山凿洞，遇沟架桥，削平了1 250座山头，架设151座渡槽，开凿211个隧洞，蜿蜒70公里，宛若一条"人工天河"。这个人力创造的奇迹让意大利人惊叹不已，在一座石头垒成的村庄北小庄，安东尼奥尼告诉陪同的中方人员，这里是他明天的拍摄地。第二天当他带着剧组去时，他发现村里的灰土墙被石灰粉刷一新。安东尼奥尼非常吃惊，他拒绝拍摄，对他来说，眼前发生的一切是一场闹剧。卢奇亚诺说："可怜他们工作一个晚上，让村庄焕然一新。但是我们不想改变什么，我们只想成为1972年中国的见证人。"

在拍摄红旗渠的那几天，摄制组发现有一群农民急匆匆地走在路上，行动举止异常，于是他们举着机器跟了过去，结果来到一个自发的集贸市场，人们带着自产的粮食、家禽和自制的食品，在那里做起了买卖，这在当时属于投机倒把，显然是违法的。这个小小的市场非常紊乱和肮脏，货物参差不齐，人们脸上流露着明显的不安。

卢奇亚诺还回忆了另外一个细节："当时我们无论在哪里，总是时不时地听到一个声音在唱，大喇叭里总是传来这些歌曲。我们拍摄下来，但我们不知道那些讲的是什么……他们带我们拍摄了养殖场的猪圈，我拍了。拍摄的同时，大喇叭里播着响亮的歌曲，影片就是这样剪辑完成的。我们后来才知道那首歌说的是'中国人民昂起头'，我们应该删掉它，可是我们并不知道。这种对立冲突由此产生了非常大的危害，仿佛我们在藐视中国人民。"

当《中国》在西方公映后，安东尼奥尼马上成了不受欢迎的人，亲华的观众看后，指责他"丑化中国"；排

▲ 红旗渠

华的观众看后，则说他在"美化中国"。1974年1月30日，《人民日报》刊文《恶毒的用心，卑劣的手法》，将《中国》定为反华影片。作者指责说："凡是好的、新的、进步的场面，他一律不拍或少拍，或者当时做样子拍了一些，最后又把它剪掉，而差的、落后的场面，他就抓住不放，大拍特拍。"到6月，人民文学出版社结辑出版《中国人民不可侮——批判安东尼奥尼的反华影片〈中国〉文辑》。一直到30年后的2004年，这部纪录片才第一次在中国公开放映。

尽管结果让人很不愉快，不过，意大利人受到邀请这件事情，还是表明一些新的变化正在发生。

就在安东尼奥尼来拍片的半年多前，1971年9月13日，替代刘少奇

▲ 尼克松访华

成为党的第二号人物的林彪乘飞机出逃，摔死在蒙古国境内，他的一批党羽相继被捕。10月25日，第二十六届联合国大会通过决议，恢复中华人民共和国在联合国的合法权利，这意味着中国在时隔22年之后重新回到了国际大家庭。1972年2月21日，美国总统尼克松抵达北京访问，当天下午毛泽东会见了他，一周后，《中美联合公报》在上海发表，长期尖锐敌对的中美关系开始走向正常化。9月，日本首相田中角荣访问北京，中日关系随之冰解。

经过了五六年的大折腾，国民经济陷入了长期低迷的状态，商品供应极度贫乏，极左的江青、张春桥及王洪文等人只会搞政治运动，实在不懂经济，于是，被打倒的技术领导和中央干部们又被召了回来。

在吉林乡村当木匠的陈祖涛是在路边被"捡"回来的。1971年的11月，他带着村里的大车去城里的一家标准件厂拉废料，路上偶遇一位老同事，这才被重新"发现"。几个月后，陈祖涛重新回到了二汽，他回忆说："我不是发誓不再搞汽车工业了吗？但是回到二汽一看，都是熟人呀，熟悉的环境呀，我的心又软了，就接着干上了。"

陈祖涛看到的是一个让人伤心的汽车厂，自"文革"爆发以后，二汽就被武汉军区接管，这里日日在上演劳民伤财的荒唐剧。

为了响应"工业学大庆"的号召，军管小组提出要发扬"干打垒精神"①。原本用红砖建成的厂房被认为是"资本家的工厂"，于是全部扒掉，换成"干打垒"的墙体，这一建就是 60 万平方米。这种厂房用材粗糙，质量低下，根本不适合当制造汽车的车间，可是谁也不敢提出异议，这种"干打垒"做法还被当成经验在全国进行了推广交流。

1973 年，陈祖涛代表二汽去北京开质量问题座谈会，谈及"干打垒"车间，国务院副总理李先念问："祖涛，你看该怎么办？"陈祖涛脱口而出："唯一的办法就是推倒重来。"在场的人均大惊失色，陈祖涛心想，我反正是劫后余生，大不了再回去当木匠。李先念沉吟良久，然后说："有的可以留做仓库，有的可以推倒重建。"这件事很快被已经升任中共中央副主席的王洪文知道，他在一次会议上说："二汽有人把'干打垒'拆了，重新搞了一套厂房，这是对文化大革命的否定。"陈祖涛顿时又大难临头，好在李先念暗中力保，他才没有被上纲上线地批斗。

军管人员除了用"干打垒"建汽车车间之外，在生产经营上更是蛮干瞎干。搞产品设计的时候，他们提出要依靠工人阶级制造"政治车"，实行"三不要"，即不要工程师、不要大学生、不要个人签名，理由是不能依靠资产阶级知识分子，设计者签名是为了个人树碑立传。在制定生产任务的时候，他们更是不讲流程，一味地强调速度和产量，高喊"就是用牙啃，也要把车啃出来，这是死命令"。

---

① "干打垒"是东北农村地区的一种简易造房技术，用一定比例的水泥、石灰和泥土混合，填入木模板中夯打结实做成墙体。1959 年，大庆油田大会战时，被油田工人用于建造简易住房。"工业学大庆"期间，"干打垒精神"被极端化。

▲ 工人成了权威

就这样,一辆辆没有工程师参与设计、"用牙硬啃出来"的汽车被生产出来,其质量的糟糕是可以想见的。二汽的车几乎出厂没多久就发生毛病,而且屡修屡坏,群众编出顺口溜嘲笑说:"远看摇头摆尾,近看龇牙咧嘴,停下来漏油漏水。"陈祖涛回厂后,才逐渐恢复了产品试验、检验等规章制度。

1973年2月,在江西鹰潭下放劳动的邓小平接到了回京的通知,3月,他被恢复国务院副总理的职务。4个月后,陈云也从江西石油化工机械厂被调回北京。他们协助重病在身的周恩来重振国纲。

邓小平、陈云复出后,最重要的一个经济决策是,重启"吃穿用计划",主持了新中国的第二次大规模设备引进。

在"备战备荒"的经济战略走到了尽头之后,如何让老百姓吃饱饭、穿暖衣,成了很迫切的问题。

作家张贤亮很苦涩地回忆说:那时候,每两个月才分配给我们每人一市两食油,请读者设想一下如果你是单身一人,用什么器皿来盛这比一口口水还少的食油,还要在60天中每天炒菜都能倒一点出来?我保证你想象不出,但具有大智慧的我,很快就找到了最好的窍门:用眼药水瓶子!这样,每顿饭我都能滴出一滴。①

在相当长的时间里,人们为能够穿上一件新衣服而愁白了头,当时有很多流行语描述这种景象,譬如"新三年,旧三年,缝缝补补又三年","老大穿新的,老二穿旧的,老三穿补的"。中央电视台主持人敬一丹在《我管布票的日子》一文中回忆②:"在种种票证中,情有独钟的是布票,每年发一次,一发下来一大张一大张的,花花绿绿的,像邮票一样有小孔,能撕开。有10尺一张的,5尺一张的,还有1寸的。数这些布票时,眼睛、手、心都是在享受。那时我也算是正值妙龄,可经常穿着爸爸穿旧的、肥大的、4个兜的蓝布制服。弟弟从出生总是穿姐姐、哥哥穿小的衣服,衣服上总是这一个窟窿、那一个三角口。妈妈

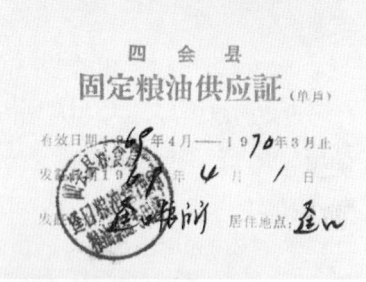

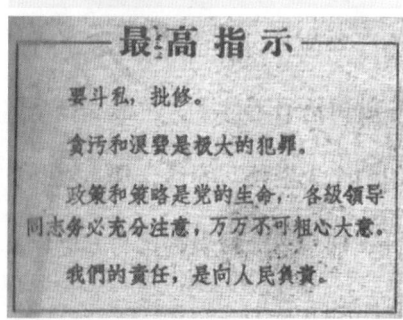

▲ 四会县固定粮油供应证

---

① 张贤亮著,《"票证"的副作用》,收录于薛炎文、王同立编,《票证旧事》,天津:百花文艺出版社,1999版。本段引用有删减。
② 引自敬一丹《我管布票的日子》。

曾用我和姐姐小时的两件旧红格子外套,改做了4件棉坎肩,4个儿女一人一件,最小的那件是用28块布角拼成的。"

当时,中国纺织工业的原料是以棉花为原料的天然纤维,而棉花产量长期徘徊在年产4 000万担的水平上,1971年的棉花产量为4 300万担,比上一年还减产了7.6%。纺织部曾经主持开发化学纤维,但是合成纤维的技术问题始终解决不了,用涤纶布制成的衣裤被称为"的确良",尽管这种面料很不透气,但是看上去挺括滑爽,耐穿易干,在当时几乎一衣难求。

1972年1月,国家计委向国务院递交《关于进口成套化纤、化肥技术设备的报告》,其中拟从法国和日本进口四套化纤装置,约需2.7亿美元,进口后每年可生产合成纤维24万吨,可织布40亿尺。报告特别拿"的确良"来计算,"其中'的确良'(涤纶)的产量总数将达到19亿尺,城乡人民对'的确良'的需要,将进一步得到更好的供应"。这个报告很快被批复同意,4套化纤设备被选定在上海的金山卫、辽宁的辽阳、天津的北大港和四川的长寿县。这是继20世纪50年代初的苏援"156工程"后,中国又一次向国外采购巨额的技术设备,西方国家闻风而动,法国总统蓬皮杜为了价格问题还亲自出面与中国方面沟通。

到1973年1月,国家计委再递交《关于增加设备进口、扩大经济交流的请示报告》,提出动用外汇43亿美元,集中进口一批成套设备和单机设备。这个方案的用汇总额(包括利息)后来增加到51.8亿美元,折合人民币214亿元。在1972年,全国的基本建设总投资不过412亿元,引进计划就占去了一半多,可见当时的决心之大。

这个报告在后来的4年内得到了落实,共引进26个成套设备项目,其中化纤4套,石化3套,大化肥13套,烷基苯1套,大型电站3套,钢铁2套。在邓小平的亲自督办下,所有项目的平均建设工期为3年8个月——而在过去的一段时间里,受政治运动的干扰,大型项目的平均建设工期为11年。北方曾流传一个顺口溜,描述的是天津拖拉机厂的建设:

"天拖天拖天天拖，大姑娘拖成了老太婆，8年打败了小日本，10年建不成个天拖。"

这一次大规模的设备引进对于国民经济的意义是决定性的，它改变了"备战优先""三线优先"的战略，重新把投资的重点放在民生产业——与"吃穿用"相关的化纤、化肥和烷基苯项目就占了18个，占全部投资总额的63.8%，而且大半布局于东部沿海和长江沿岸地带。新建成的天津石化厂、辽阳石化总厂、上海石化总厂、北京石化总厂、沧州化肥厂、广州化肥厂、南京烷基苯厂、天津大港电厂、唐山陡河电厂以及武汉钢铁厂、南京钢铁厂的扩建工程等，都成为重要的工业项目，为日后的经济复兴打下了不可忽视的基础。

在某种意义上，20世纪70年代初期的这次引进工程可以被看成是1978年对外开放的一个前奏——尽管它被打断了几年。甚而言之，它是新中国经济第一次无意识地呼应了全球化浪潮的冲击，在世界性的产业梯级转移运动中，中国即将成为东亚四小龙之后的又一个被转移地区。据经济学家杨小凯的分析，1972年的这次进口工程在日后发展为一种进口替代战略，它一直延续到20世纪90年代中期。不过，杨小凯也进一步指出，这种战略是以公有制计划经济的制度来模仿私有制和自由市场创造的新工业化模式，成套的新设备及新技术被大量引进，但资本主义的法律制度、财产权结构、市场制度和相应的激励机制却仍然被视为洪水猛兽。对后者的吸收将是很多年以后的事情了。①

在大胆引进设备的同时，国务院还对无比涣散和无序的企业管理进行了整顿，国家计委起草了《关于坚持统一计划，加强经济管理的规定》，

---

① 开始于1978年的中国改革开放有两个非常幸运的地方：其一，当国门打开的时候，刚刚赶上全球制造业的新一轮梯级转移；其二，当经济发展到第十五个年头的时候，互联网经济勃然兴起，中国赶上了"信息革命"的头班车。

明确要求企业恢复和健全岗位责任制、考勤制度、技术操作规程、质量检验制度，厂长要抓产量、品种、质量、原材料、燃料动力消耗、劳动生产率和成本利润等七项指标。

　　复出后的陈云此时主抓他熟悉的外贸工作。他提出："我们对资本主义要很好地研究……过去我们的对外贸易是 75% 面向苏联和东欧国家，25% 对资本主义国家，现在改变为 75% 对资本主义国家，25% 对苏联他们。"[①] 国门关闭太久，几乎所有的人对外面的世界都是两眼一抹黑，陈云特地出了 10 道题目，让银行部门拿出数据来，这些题目包括："西方各国从 1969 年到 1973 年的货币发行量多少？外汇储备多少？其中黄金储备多少？现在世界黄金年产量多少？800 亿欧洲美元都分布在哪些国家和地区？作为经济繁荣、衰退、危机的标志，工业除了钢铁之外，还有哪些行业？西方各国度过危机的办法是什么？每次危机间隔时间多少？美国 1973 年对外赤字多少？对外国银行给我们的透支便利的利害估计，等等。"从这些题目的开列可见，刚刚劳动改造归来的中国领导人的确是从 ABC 开始，重新了解世界。

　　就是在 1973 年，亲手把上海证券交易所关掉的陈云在资本主义的交易所里试着游了一回泳。

　　这年 4 月，中国粮油食品进出口总公司布置香港华润公司所属的五丰行，尽快购买原糖 47 万吨。当时国际市场的原糖求大于供，货源紧张，中国一旦求购，必将刺激价格上涨。陈云指令五丰行通过香港民间商人，先在伦敦和纽约的原糖交易所购买期货 26 万吨，平均每吨 82 英镑，然后，立即向巴西、澳大利亚等国买进现货 41 万吨，平均每吨 89 英镑。中国的求购信息传出后，交易所的期货价格果然大幅上扬，涨至每吨 105 英镑。陈云再指令将所持期货尽数抛出。经过这番交易，五丰行和香港商人共赚进 300 万英镑。

[①] 陈云著，《陈云文选》（第三卷），北京：人民出版社，1995 年版。

事后，陈云专门就此事报告国务院，他写道："对于商品交易所，我们应该研究它，利用它，而不能只是消极回避。"

发生在1973年的这些经济事件，充满了多年未见的清新气息，这一年的工业总产值增长了9%，粮食和棉花收成分别增长了10.2%和30.8%，财政收入也增长了4.6%，各项经济数据都是让人振奋的。可是转眼到1974年，政治空气突然又变得紧张起来。

1974年1月1日，《人民日报》发表元旦社论，称"在政治思想战线，无产阶级和资产阶级的斗争是长期的、曲折的，有时甚至是很激烈的"。从此，一场名为"批林批孔"的政治运动拉开了序幕，江青称之为"第二次文化大革命"。它以批孔子和林彪为主题，延伸为批"周公"和"宰相儒"，矛头实指主持中央日常工作、重病缠身的周恩来。过去一年里的经济投资及对外合作活动，都被指责为"洋奴主义"。

当时被拿来大做文章的是"蜗牛事件""更新轮事件"和"风庆轮事件"。

1973年11月，为了引进一条彩色显像管生产线，第四机械部的12个专家组团到美国康宁公司考察。就在即将登机回国的机场上，一位康宁公司的雇员扛来一个箱子，取出一个个包装得很好看的硬盒子，分送给中国的客人。专家们打开一看，是每人一个玻璃蜗牛，根据盒内的说明，售价每个55美元。

▲ 典型"文革"特色的商品

到"批林批孔"运动开始后,有人便写信告状,说代表团在美考察时,康宁公司为了讽刺挖苦中国的"爬行主义",送给代表团每人一个蜗牛。江青大喜,以为抓住了一个好典型,她亲自赶到四机部发难,说:"那个蜗牛在哪里?拿来给我看,中央要它作展览。"她还指示外交部向美国驻华联络处发照会提抗议,把蜗牛送回去,"对美帝国主义的挑衅坚决回击。"

四机部赶紧向美方去电质询,得到的回复是:"康宁公司没有任何讽刺挖苦的意思,目的只是想讨好中国人,希望中国买他们的技术,蜗牛只是圣诞节的一种传统礼品,没有爬行的概念,蜗牛代表吉祥,美国还有歌颂蜗牛的诗歌。"这样的解释当然不被接受,彩管生产线的引进被勒令中止,一直到5年后的1979年才得以恢复。

在紧张的氛围中,各部委纷纷清查所收到的各种外国礼物,其中又查出日本人送的乌龟和黄牛,前者被认定是一种"赤裸裸的污辱",后者则是在暗讽中国"老牛拉破车"。

所谓的"更新轮事件"和"风庆轮事件"互相关联,而且同样荒唐。

我国造船能力长期严重不足,自造船舶只能满足1/10的需要,周恩来主张造船和买船并举,并在1973年动用外汇购买了一批外轮。

"更新轮"是上海海运局向西方国家购进的万吨轮,原本是一艘可载客270人、装货8 000吨的"邮船"。张春桥等人把它定为"崇洋媚外、投降卖国的典型",在报章上大肆批判,说它的"每一块铁板上都散发着资产阶级的臭气"。这艘邮船被停泊在黄浦江上,当作"展品"供人们参观和控诉批斗。

为了与引进的"更新轮"形成对比效应,张春桥等人又挖出了"风庆轮"典型。

风庆轮是上海江南造船厂于1973年建造成的一艘万吨轮。交通部所属的中国远洋运输公司买下该轮后认为,它的主机性能不适于远洋航行,只适合在近海航行。"批林批孔"运动开始后,江南造船厂的造反工人和风庆轮海员贴出大字报《远洋公司还是崇洋公司》,指责交通部的鉴定崇洋媚外，看不起中国工人，强烈要求风庆轮远航。交通部被迫同意风庆轮远航罗马尼亚。

张春桥等人抓住这个事情大做文章。

风庆轮在远航途中，主机不断发生故障，险情频出，相关实情被刻意隐瞒。1974年的9月底，风庆轮终于"胜利"归来，上海的《解放日报》马上刊文《乘风破浪胜利前进——从风庆轮首航远洋归来赞自力更生方针的伟大胜利》，将造船与买船对立起来，认定"造船不如买船，买船不如租船"是一种"洋奴哲学"，是一条卖国主义路线，"风庆轮不是一条船的问题。风庆轮的远航是整个政治斗争的一个组成部分。造船的斗争和整个路线斗争是紧密联系的"。江青更是公开致信在京的中央政治局委员，十分激烈地认为："看了有关风庆轮的报道后，引起我满腔的无产阶级义愤。试问，交通部是不是毛主席、党中央领导的中华人民共和国的一个部？国务院是无产阶级专政的国家机关，但是交通部却有少数人崇洋媚外，让买办资产阶级思想的人专了我们的政……这种洋奴思想爬行哲学，不向它斗争可以吗？"

从10月到11月间，围绕"风庆轮事件"，江青等人举办了上百场报告会，发动20多万人上风庆轮参观，还组织《歌唱风庆轮》的专场歌咏大会。在10月17日晚上的政治局会议上，江青、张春桥借"风庆轮事件"向周恩来、邓小平等发难，逼迫中央政治局成员当场表态。邓小平忍无可忍，愤然离开会场，张春桥在他身后嘲笑说："早就知道你要跳出来，果然跳出来了！"

为了鼓动基层再次"造反"，江青等人还提出"不为错误路线生产"、"宁长社会主义的草，不栽资本主义的苗"等。这些口号呈现出越来越强烈的"反智"倾向。在这期间，最极端的事情是，他们还推出了一个"白卷英雄"的典型人物。

在1973年前后，经周恩来等人的提议，多年停止招生的大学开始以

第六部　1959—1977　以"革命"的名义　　351

▲ "备战备荒"的经济战略走到尽头

政治推荐和书面考试的方式重新招收学生，其中最积极的就是上山下乡的知识青年，他们被统称为"工农兵学员"。这一年8月10日，《人民日报》刊登报道《一份发人深省的答卷》，讲述了这么一件新鲜事：这一年6月底，辽宁省兴城县白塔公社枣山大队第四生产队队长、下乡知识青年张铁生参加大学招生考试，在物理化学的考卷上，他没有做出一道题目，交了白卷，同时，他却在试卷的背面写了一篇600多字的"致领导信"。他写道："对于那些多年来不务正业、逍遥浪荡的书呆子们，我是不服气的，而且有着极大的反感，考试被他们这群大学迷给垄断了，在这夏锄生产的当务之急，我不忍心放弃生产而不顾，为着自己钻到小屋子里面去，那是过于利己了吧。如果那样，将受到自己与贫下中农的革命事业心和自我革命的良心所谴责。"

张铁生被认为是反对教育战线"资产阶级腐朽路线"的时代典范，是一个具有路线斗争觉悟的反潮流英雄，各地纷纷提出"不做分数的奴隶""分数面前人人平等不能重演""智育第一害死人"，这股反知识、反理性的政治思潮让刚刚有点恢复的教育秩序再次大乱。

在极左路线的种种干扰下,虚弱不堪的宏观经济再受冲击,1974年的工农业总产值仅比上一年增长1.4%,大部分工业产品产量没有完成计划,财政收入再度出现赤字。

极左集团在城市里反对国际合作,在农村,则再次掀起了"割资本主义尾巴"的运动。

自从"文革"开始后,中央三令五申严厉禁止任何私人的自由买卖活动,人民公社定期检查农民的自留地和私人喂养的家禽,看看是否偷偷扩大了面积或超过了公家规定的头数。把自养的家禽偷偷拿到市场上出售是一种投机倒把的行为,将受到严厉的惩治。可是,正如安东尼奥尼在河南林县偶尔发现的,到20世纪70年代中期,发生在农村的自由集贸活动已经呈半公开化的状态,而在极左的人看来,这些正是应该坚决割掉的资本主义的"小尾巴"。

1974年,已经当上国务院副总理的原大寨村支部书记陈永贵到福建省晋江市视察,在一个叫石狮的小渔镇里,他看到了让他大吃一惊的景象:光天化日之下,在当地的农贸市场,一群仿佛是从地下冒出来的小商小贩乱糟糟地挤作一团,人们在各种各样的摊点前兴奋地交谈着,彼此讨价还价。据当地干部统计,当时在石狮镇有上千名个体商贩在街头摆摊设点,其中绝大多数是无照经营。

由于道路狭窄,来来往往的小商贩们造成了交通堵塞,以至于陈永贵的专车竟无法顺利通行。陈永贵触景生情,说出了一句后来在全国广为流传的话:"这是资本主义挡住了社会主义的路,堵不死资本主义的路,就迈不开社会主义的步!"

很快,石狮成了全国"割资本主义尾巴"的反面典型。据当时的排查记录显示,在所有的投机倒把分子中,非法获利万元以上的就有11人,非法获利5 000元以上的14人,千元以上的54人,这些人都受到了惩罚,有的被关押判刑,有的被抄没家产。北京的电影制片厂专门来这里蹲点拍摄,制成了一部长达28分钟、名为"铁证如山"的新闻纪录片。从留存至今的镜头中,可以看到混乱而肮脏的自由市场交易画面,一个个看起来惊恐如鼠的小商小贩,影片的画外音以泰山压顶般的口气怒斥道:"石狮的资本主义小摊小点有993个,日成交额达60万元!这里乌七八糟、臭气冲天!……自由买卖是资本主义,你们自由买卖了,你们是资本主义;烧香拜佛是封建主义,你们烧了拜了,你们是封建主义。瞧,铁证如山!"

后来的史家当然给了石狮完全不同的定论。在1978年之后,正是福建的晋江地区、广东的潮汕地区以及浙江的温州和台州地区,成为私人经济率先活跃起来的发源地。

1974年12月3日凌晨,顾准在昏暗和寂寞中去世。在过去的几年里,他经常咯血,并有低烧,但是医生一直把这些症状当作气管炎来治疗,当最终确诊为肺癌以后,已是无药可治的晚期。

从"文革"开始之后,顾准与中科院经济所的同事们被集体下放到干校劳改。那些日子,无论是夏天还是秋天,他头戴宽边草帽,脚上穿着破绿军鞋,整天奔忙在贫瘠坚硬的田地上,做着毫无效率可言的农活。据吴敬琏的回忆,在当时,顾准"痰中带血",身体已经出现了恶化征兆。他瘦弱的身影在辽阔的华北平原上显得那么的无力和可笑,没有人知道,在这具已经被抛弃的躯体内正流淌着一股倔强而清醒的血液。

一个比他小十多岁的研究员吴敬琏,与顾准成了莫逆之交。吴敬琏的政治定性是"帽子拿在人民手中的反革命分子",他开始对"文化大革命"的真实意图产生了怀疑,而顾准显然看得更加深远。吴敬琏日后回忆说:"顾准总是说,这不只是那几个人的问题,对于中国为什么在20世纪都已过去了一半的时候还会发生'文化大革命'这样的怪事,需要放到整个历史发展的背景下去观察。"[①]

---

① 邢小群著,《我与顾准的交往——吴敬琏访谈录》,载《百年潮》1997年第4期。

这时候的顾准,早已经不是过去的那个顾准了。苦难让这个人的灵魂变得更加纯净,而思维的深度更是让他超越了所有的同时代人,这位早年的会计学教授、上海市财税局长不再满足于所谓的"专业"。在1971年7月17日的日记中他写道:"会计一道,不想再碰,20年前旧业,也不想再操了。"顾准开始向上追溯,他研究先秦的韩非子、荀子,研究中世纪以来的法国革命史,进而上溯到希腊的城邦制度。他想要搞清楚人类在追求民主制度时所面临的种种抉择与思考方式,这种富有穿透力和强大时空坐标感的钻研,让他的思考力变得愈加锐利,他对诸多寻常事件的看法已信手拈来,皆成智珠。某次,一位棚友购得一本《天演论》,视为宝物,顾准拿来"粗读一过,颇多感触"。他的感触是:"(此书)归根到底,无非强调人定胜天一语,而于政治则为舍己为群,一反利己即利人之说,持其论,可以破民主个人主义,而归于集体英雄主义,此集体英雄主义锋芒所向。并非人事,特为自然。循是推论,则凡违此义者,都与人类本身之目的不合,而为人类之异己分子,阶级斗争不可废,且永不可废,根据悉在此。"① 自从《天演论》被翻译到中国后,从没有人以这样的角度来解构这部一直被奉若真理的作品,顾准却从中尖锐地看出了植根于国民精神深处的对专制的膜拜,他的思想如一把薄如素叶的手术刀,准确而干净,举手一试,万物颓然。

1971年8月,顾准以"十年来的苏联经济"为题写道:"他们的经济是有发展的,但是,这仍是备战经济体制的发展,而且是一种极其笨拙的、悉索敝赋的以供军备的那种发展,一句话,斯大林主义的经济体制,对他们已经积重难返,成了不治之症了。"他进而说:"本因为如此,所以,他们的经济体制本质上是一种浪费和窒息的制度,用在军费与基本工业扩展上的比例很大,用于增加消费基金的数额,永远跟不上工资的增加……我想,在看得见的将来,这个看来都难受的体制还是会歪

---

① 顾准著,《顾准日记》,北京:经济日报出版社,1997年版。

歪斜斜地向前走，但是会有一种力量来推翻这个令人窒息的制度。"①

顾准是1972年夏天回到北京的。他的妻子汪璧已经在4年前自杀，而子女们与他断绝了父子关系。他只好住在中科院的一间斗室中。在生命的最后两年里，他天天跑北京图书馆，大量阅读与做笔记，为一本名叫"希腊城邦制度"的书做准备。

这是一个为抽屉而写的伟大作品，顾准根本不知道有没有出版的那一日，他的工作动力来自天地间一个冥冥的召唤。他以数十万言冷峻的笔墨，深刻地分析了城邦制度与"东方专制主义"的区别，"在全面比较中西文明的基础上探索人类社会发展的轨迹"。他的书中写道："地上不可能建立天国，天国是彻底的幻想，矛盾永远存在，所以，没有什么终极目的，有的，只是进步。"②这位早年狂热的理想主义者终于在历经劫波之后脱胎换骨，回归为一个理性、中庸、信奉渐进的经验主义者，在一个接一个昏暗难眠的夜晚，他将毕生的愤怒铸成了一个个带血的汉字。顾准不知道的是，几乎就在他埋头工作的同时，匈牙利的经济学家亚诺什·科尔内（János Kornai）正在创作《反均衡论》（1971年）和《短缺经济学》（1980年），而写出过《通往奴役之路》的英国人哈耶克正因他捍卫自由市场经济的主张成为西方声名最隆的经济学家，他将在1974年获得诺贝尔经济学奖，在全球思想界，对僵硬的计划经济制度的彻底清算已经进入了倒计时。

顾准晚年一直对自杀的妻子念念不忘，他的同事骆耕漠曾回忆一个细节："1973年前后，记得我刚补发了工资，我请顾准到莫斯科餐厅吃饭，回来时太阳落山了，他说，我们走条近路回去吧。其实路也不近，走到一座楼前，他眼睛望着楼上一个窗户，默默地停了好长时间。我才知道，他

---

① 转引自罗银胜著，《顾准传》，北京：团结出版社，1999年版。
② 顾准的《希腊城邦制度——读希腊史笔记》一书在1982年由中国社会科学出版社出版。

是特意到汪璧住过的地方凭吊,汪璧是在这里自杀的。"[1]

1974年11月,医生在顾准的痰液培养结果中发现了癌细胞,顾准自知末日降临。当时,那场"文革"浩劫似乎还没有任何终结的迹象。就在秋风萧瑟中,顾准把44岁的"干校棚友"吴敬琏叫到病房,他冷静地说:"我将不久于人世,而且过了不多久就会因为气管堵塞说不出话来,所以要趁说得出话的时候与你作一次长谈,以后你就不用来了。"[2] 在这次长谈中,顾准认为中国的"神武景气"[3]是一定会到来的,但是什么时候到来不知道,所以,他送给吴敬琏4个字,"待机守时"。顾准在遗嘱中把自己的遗稿分为两部分,其中"有关希腊史部分交给吴敬琏同志"。这可以被看成是一个思想家对另外一个思想家的衣钵传承。十多天后,顾准去世,吴敬琏亲手把他推进了阴冷的太平间,这位日后中国最有影响力的经济学家回忆说:"这是我有生以来第一次亲眼目睹一个活生生的生命悄然而逝。而消逝的,竟然是这样一个疾恶如仇却又充满爱心、才华横溢、光彩照人的生命,不能不使人黯然神伤……我在回家的路上就是觉得特别特别冷,觉得那是一个冰冷的世界,顾准就像是一点点温暖的光亮,但是他走了,然而我想,他还是给我们留下了光亮。"[4]

顾准最终成了那个没有到达目的地的人。十多年后,他被认为是一个"卸下肋骨点燃光明的烈士",他用自己的苦难讲述了生命的坚强、丰富和宽广,讲述了绝望的不存在。自1952年之后,他就被那个时代所抛弃了,随后的22年里,他的生活凌乱而惨淡,他的身份卑贱而可鄙,他的声音

---

[1] 摘自邢小群的《患难之交相濡以沫——骆耕漠访谈录》,收录于《顾准日记》,北京:经济日报出版社,1997年版。

[2] 邢小群著,《我与顾准的交往——吴敬琏访谈录》,载《百年潮》1997年第4期。

[3] "神武景气":神武天皇被奉为日本的开国之王,传说他在2 600多年前由神变为人,受上天的旨意来统治日本。第二次世界大战后,日本经济高速成长,人们将1955—1957年的经济增长称为"神武景气"。

[4] 邢小群著,《我与顾准的交往——吴敬琏访谈录》,载《百年潮》,1997年第4期。

低微而怯弱,他被昔日的同志所厌恶而显得多余。但是最终,他的存在成为那个时代的最后一抹尊严。①

1973年10月,中东地区的以色列与阿拉伯国家之间爆发战争,后者为了反对美国支持以色列,集体提高原油价格并威胁停止对美国供油,从而直接引爆了全球性石油危机,这也是人类经济史上的第一次石油危机。国际市场的石油价格从每桶3美元猛涨到12美元,仅提价一项使阿拉伯国家的石油收入由1973年的300亿美元,猛增到1974年的1 100亿美元。

石油价格暴涨触发了第二次世界大战之后最严重的全球经济危机。日后持续三年的石油危机对发达国家的经济造成了严重的冲击,物价攀升,经济萧条,失业率大幅提升,美国的工业生产因此下降了14%,日本的工业生产下降了20%,所有工业化国家的经济增长都明显放慢。在西方经济史上,这场危机意味着战后统治政商界长达30年之久的凯恩斯主义的阶段性终结,因为,事实与凯恩斯主义的基本理论发生了矛盾:通货膨胀不可能与大规模失业同时发生。各国政府意识到了财政限制及控制货币供应量的重要性。这一共识的逐渐形成,直接导致了几年后信奉自由市场的"里根－撒切尔"主义的诞生。

在这场危机中,还伴生出了另外一个景象:石油资源丰富的社会主义苏联成了意外的获益者。据霍布斯鲍姆在《极端的年代》中记述,从20世纪70年代初期到1980年,苏联向西方国家大量出口石油,其比例从占出口总额的18%猛增到32%。"黑色黄金"所带来的滚滚财富让早已陷入困境、被顾准诊断为"不治之症"的计划经济体制突然找到了一个硕大的"救生圈"。如霍氏所分析,"从此,苏联政府根本放弃了任何认真的尝试,

---

① 1980年2月9日,顾准被"恢复名誉,彻底平反",当日,中科院为他和妻子汪璧召开追悼会,他的骨灰被安放在八宝山革命公墓的"正局级墓室"里。1994年9月,《顾准文集》由贵州人民出版社出版,1997年9月,《顾准日记》由经济日报出版社出版。

以挽回显然正在走下坡的经济,在世界市场上购买小麦喂饱百姓,比在自家努力下解决农业生产问题容易多了"①。也就是从此开始,腰包满满的苏联与美国展开了长达15年之久的军备竞赛,直至1990年苏联解体。日后来看,当改革被放弃的时候,石油变成了一个"诅咒"。

对中国而言,这场石油危机的影响也是深远的。在能源价格上扬的压迫下,发达国家开始产业升级,并谋求更大规模的全球化贸易,经济的实际利益超越了意识形态的分歧。一直被排斥和"遗忘"的中国显然成了一块最诱人的处女市场。这种势能的出现,为正在艰难地打开国门的中国,创造了一个十分有利的发展空间。周恩来、邓小平等人在1973年启动的大规模设备引进工程事实上正顺应了这一潮流。

在决定性的时刻到来之前,中国还将经历一段难熬的岁月。

进入1975年之后,周恩来病重住院,邓小平主持中央日常工作。他与江青等人的斗争日趋白热化。邓小平多次表达了破釜沉舟的决心,他说:"老干部要横下一条心,拼老命,'敢'字当头,不怕,无非是第二次再被打倒,不要怕第二次被打倒,把工作做好了,打倒了也不要紧,也是个贡献。"后来在1982年,他回顾说:"说到改革,其实在1974—1975年我们已经试验过一段。1975年我主持中央常务工作,那时的改革,用的名称是整顿,强调把经济搞上去,首先是恢复生产秩序。不久,我又被'四人帮'打倒了。"从数据上看,尽管受到很大的干扰,不过在邓小平等人的整顿政策下,国民经济又出现了反弹,1975年的工农业总产值增长了11.9%,是10年来增长最快的一年。

1975年12月,江青、张春桥等人发动"批邓、反击右倾翻案风"运动,再次把邓小平打倒。

这时,国家飘摇,局势动荡,中国走到了一个无比微妙而重大的十字路口。

---

① [英]艾瑞克·霍布斯鲍姆著,郑明萱译,《极端的年代》,南京:江苏人民出版社,1999年版。

1976

转折的前夜

> 团泊洼,团泊洼,你真的这样静静的吗?
> 全世界都在喧腾,哪里没有雷霆怒吼,风云变化!
> ——郭小川:《团泊洼的秋天》,1976年

1976年,从一开始就被证明是一个绝不平凡的年份。

在这一年,中国三位最重要的政治家相继去世。1月8日,国务院总理周恩来逝世;7月6日,人大常委会委员长朱德逝世;9月9日,中共中央主席毛泽东逝世。时年55岁、当过毛泽东的故乡湖南省湘潭县县委书记的华国锋被指定为接班人。

3月下旬至清明期间,北京天安门广场爆发群众自发悼念周恩来的行动。民众对极左路线的愤懑在这里得到了极大的宣泄,一首匿名诗歌迅速风靡全国:"欲悲闻鬼叫,我哭豺狼笑。洒泪祭英杰,扬眉剑出鞘。"① 诗句犀利,直指反周的江青、张春桥

---

① 后来调查得知,此诗作者为山西一家机械厂的青年工人王立山。

等人。还有人在天安门观礼台上挂了一条很有点幽默感的横幅："要深入批邓：小平同志，你拿那么高的工资，不出来工作不行咧！"这场群众行动被定性为"天安门反革命事件"，邓小平成"幕后主使"，他因此被撤销党内外一切职务，保留党籍，以观后效。

7月28日，河北唐山发生里氏7.8级强烈地震，唐山城全毁，余震波及北京、天津，累计死亡24.2万人，重伤16.4万人，全球震惊。

10月6日，华国锋与叶剑英等军队老帅配合，对江青、张春桥、王洪文和姚文元四人实行隔离审查，他们被称为"四人帮"。对这个极左集团的全面清算，是共和国历史上一个十分重要的政治事件，也是国家发展战略出现重大转折的标志。

受到自然灾害及政治波动的影响，1976年的工农业总产值只比上年增长了1.7%，远远低于计划要求的7%~7.5%，国家财政收入也出现了29.6亿元的赤字。在国家投资拉动为主要手段的计划经济体制下，政治斗争是经济波动的主要影响因素。从1965年到1976年，中国共出现4次经

▲ 唐山大地震中严重受损的火车轨道

济高峰，分别是 1965 年、1970 年、1973 年和 1975 年，此外出现了 4 次低谷，分别是 1967 年、1972 年、1974 年和 1976 年。但这一时期，由于价格受到严格控制，宏观变动竟与通货膨胀无关，这与 1978 年之后的情况大不相同。

从这一年的报章来看，舆论一直在不停地声讨邓小平的经济政策。

1976 年 6 月 16 日的《光明日报》上有一篇《靠"责任制"还是靠觉悟？》的文章，它的署名者是"上海市求新造船厂铜工弯管组"。文内写道：党内最大的不肯悔改的走资派邓小平，授意炮制的《条例》大肆鼓吹所谓"责任制"，胡说什么"规章制度关键是一个责任制"。这种不讲路线、不讲共产主义风格的"责任制"，到底是个什么货色，我们广大造船工人心里最清楚。

文章说，"岗位责任制"对广大群众实行管、卡、压，什么车、钳、刨、铣各有专职，电焊、漆工不许乱来，每人都要"安守本分"；部门、工种之间不得越雷池一步，如有任何的"越轨"行为，就要扣工资，给处分。这种"责任制"死死地束缚了我们工人的手脚，扼杀了我们工人群众的社会主义积极性，其罪恶目的就是要取消工人阶级的领导地位，诱骗工人埋头生产，不问无产阶级政治，听任他们推行修正主义路线，复辟资本主义。

从 8 月 13 日到 10 月 6 日，仅《人民日报》就发表"批邓"文章总计 110 篇。由北京大学、清华大学批判组编写的三本"批邓"小册子发行了上千万册。邓小平、陈云等人在过去两年多里推行的开放和整顿政策几乎被全部推翻了。

邓小平的再度复出是在 1977 年 7 月。因叶剑英元帅等人的坚持，在中共第十届三中全会上，邓小平当选为政治局常委、中共中央副主席、中央军委副主席、国务院副总理和中国人民解放军总参谋长。在 8 月 12 日的中共第十一次全国代表大会上，中共中央通过决议宣布，持续了 10 年之久的"文化大革命"正式结束。

在1976—1977年间，计划经济的弊端已经完全地呈现出来，人们彻底厌倦了一场接一场的、永无尽头却没有任何实惠的政治运动。据胡鞍钢的统计，从1949年到1976年，中国开展各种大小政治运动多达67次，平均每年2.5次，往往一个运动尚未结束，下一个就接踵而至。在"四人帮"被清除之后，华国锋仍然大搞政治运动和坚持"两个凡是"的方针，即"凡是毛主席作出的决策，我们都坚决维护，凡是毛主席的指示，我们都始终不渝地遵循"。对这一方针的扬弃，将经历一场著名的大讨论，在1978年年底才尘埃落定。

10年"文革"对中国当代史的影响是巨大的，它产生了两个后果，一是大大延缓了中国的现代化建设，二是将计划经济的弊端彻底暴露，为后来的改革开放创造了心理和体制空间。

首先，"文革"造成空前的社会伤害和经济损失。1960年，中国的国民生产总值为1 457亿元，与日本相当。而到1977年，中国的经济规模已不到日本的1/3，只相当于美国的1/10。正是在这10年中，日本成长为一个超级经济大国，韩国、新加坡等亚洲"四小龙"纷纷崛起。

胡鞍钢对"文革"10年的经济损失有过一个定量分析。据他的计算，中国经济的长期增长潜力为9%左右，

▲ 打倒"四人帮"

第六部　1959—1977　以"革命"的名义

1952—1957年间实际GDP增长率为9.2%，1978—2003年的实际GDP增长率为9.3%，而1957—1978年间为5.4%，也就是低了4个百分点，这个增长率也远远低于亚洲的其他发展中国家。

10年"文革"中，因为教育制度的失误，全国少培养了100万大学毕业生和200万中专毕业生，耽误了一代人，中国的科研水平与世界先进国家的距离进一步拉大。据蔡昉和都阳的研究，"文革"使潜在人力资本存量减少了14.3%。

对于10年浩劫的影响，国内外学者还有另外一些观察角度。哈佛大学的德怀特·珀金斯便认为："'文化大革命'最具破坏性的后果，并不是红卫兵年代的无秩序造成的，而是长期遵循一个独特的发展战略并由战略而产生的计划和管理的质量所致。因此，要解决这个中国长期以来一直存在的问题，需要从根本上改变战略，但中国的计划制订者在10年之后才充分认识到这一点。"[①] 帕金斯所谓的"10年后"，就是指1976年。

帕金斯的意思是，尽管"文革"造成了国民经济的混乱，然而，在这期间，经济治理的模式与逻辑与之前并没有任何改变。这些模式和逻辑包括：高度集权的计划经济体制、限制和逐步消灭商品和贸易关系的产品经济模式、重工业和军事工业优先的投资战略、完全依赖国家投资全面取缔私人资本的经济治理思想、限制按劳分配推行平均主义的原则、反对权威主义取消专业分工的准则、坚持自主封闭反对国际贸易的做法等。吴敬琏在《中国增长模式抉择》一书中也表达了同样的观点，他写道："企图以海量投资带动经济高速增长的大跃进运动造成了我国经济情况极度恶化以及巨大的财富乃至生命损失，然而，即使造成了这样大的灾祸，传统的工业化战略却始终没有得到纠正。经济增长主要倚靠投资，特别是重化工业投资，成为从第一个五年计划到开始改革开放的几十年中我们经济发展的基

---

① 德怀特·珀金斯著，《改革中的中国经济体制》，载《经济文献杂志》，1988年6月。

本特征。"①

上述种种模式与逻辑从20世纪50年代之后一以贯之，并无重大更改。在"文革"10年中，由于众多精通经济管理的高中层官员或被打倒，或被下放，使得计划经济制度的负面性以更剧烈和更极端的方式呈现。在这个意义上，"文革"作为一个代价昂贵的"反面教材"，为日后的思想解放和经济体制改革创造了空间。

1949年之后的新中国，再没有受到列强的军事侵略。到1976年，无论在人口、经济还是军事意义上，它都已经是一个不容欺辱和轻视的大国。

▲"文革"油画——现代艺术家眼中的"文革"

从1952年到1976年，中国的人口死亡率从1.8%降低到0.73%，水浇地占耕地面积从18.5%提高到45.3%，每亩使用化肥从0.2公斤增加到19.4公斤。中国的钢产量增加了129倍、煤产量增加15倍、发电量增加47倍、石油产量增加726倍、化肥产量增加874倍、水泥产量增加71倍、粮食产量增加2.5倍、棉花产量增加4.6倍。中国的铁路里程增加2.2倍、公路里程增加10.2倍、水运和航空里程分别增加1.9倍和8.6倍。中国用不到30年时间建立了独立的、比较完整的工业体系和国民经济体系。

中国还是世界上少有的没有通货膨胀的国家之一，从1952年到1978年的通胀率平均每年只有1.7%。中国的中小学在校学生增加8.4倍、高等学

---

① 吴敬琏著，《中国增长模式抉择》，上海：上海远东出版社，2006年版。

校学生增加5.3倍。中国政府还在城市和农村分别建立了公费医疗和合作医疗体系。中国还是当时世界上4个核武器俱乐部成员之一,另外3个成员是美国、苏联和法国。

尽管取得了上述成就,但是中国显然不是世界上经济增长最快的国家之一,甚至因为政治局势的动荡,特别是"文化大革命"的10年浩劫,经济增长总是被打断和处于停滞的状态。据安格斯·麦迪森在《中国经济的长期表现:公元960—2030年》一书中对亚洲各国人均GDP增长率的计算,在1952—1978年之间,中国与其他国家和地区相比是整体落后的。中国人均GDP增长率是2.3%,日本、韩国、新加坡三国及中国香港和中国台湾地区分别是:6.7%、6.3%、4.8%、5.4%、6.6%。从1952年到1978年,中国的出口额只增长了一倍。[①]

1976年,随着"文革"的结束,国家治理者面对的是一个千疮百孔的经济摊子。"1978年以前的中国格局可能是最糟糕的局面。"美国耶鲁大学教授陈志武的这一评论,是经济界的一个共识。

指令性计划经济体系的构筑,让产业经济的效率非常低下。城市的食品和基本消费品实行配给制,国有企业部门非常庞大,普遍实行对生产资料的价格管制,甚至火柴涨价一分钱,都要由国务院讨论和批准。私人财产不受法律保护,民营经济近乎零。在国营企业领域,工厂没有生产积极性,效率与效益的双重滑坡十分惊人,僵化的计划经济体制已经走到了尽头。林毅夫等人的研究表明,传统工业化道路造成了畸形的产业结构和低下的经济效率,使得产值增长的数字并不能反映实质性的经济增长。

在全国投资总额中,重工业所占比重在连续两个"五年计划"期间

---

① 与之相对比的数据是,1978—2003年,中国发展明显加速,人均GDP增长率达到6.6%,日本、韩国、新加坡及香港和台湾地区则依次为2.1%、6.3%、4.8%、3.9%和4.7%。1978—2003年,中国出口增长了28倍,出口占GDP的比例从4.6%上升到26.6%。

高达51.1%和49.6%，但生产效率、经济效益却渐趋低下。虽然多年强调"以钢为纲"，但1976年的钢产量只有2 040万吨，仅相当于1971年的水平。整个工业到1976年出现了"六个惊人"的大倒退——一是消耗高得惊人，二是劳动生产率低得惊人，三是亏损大得惊人，四是设备破坏得惊人，五是"胡子工程"（久拖不决、久建不成）长得惊人，六是投资效益低得惊人。

有一些数据可以生动地表明投资效率的低下到了多么可怕的地步。据国家统计局的计算，在1976年生产1千瓦电所需要的投资，竟比1966年要高3倍，生产1吨钢所需投资则高将近两倍，运输每吨每公里所需投资则超过40%。另据李安增、王立胜所著的《1976—1982年中国当代史》统计，每百元积累所增加的国民收入，1955年为35元，到1976年已下降到16元；工业每百元实现的利税，1966年还是34.5元，1976年下降为19.3元；商业每百元实现的利税，1957年是20元，到1976年只有9.7元。

到1976年年底，私营经济在我国已经绝迹，个体经济也微乎其微，全国城镇个体工商业者只剩下19万人，仅为"文革"爆发时的12.2%，锐减了87.8%，其中个体工业减少了88.9%，个体建筑业减少了60%，个体运输业减少了88.9%，个体商业、饮食业和服务业减少了75%，其他个体经营者减少98.4%。在上海，全市的日用工业品集体商业网点只有1 283个，个体商贩仅剩3 085人，百业萧条，已到绝境。

在民生方面，片面强调重工业优先的产业发展战略，让物资短缺的问题始终无法得到根本性的改变。

人们的日常生活被各种各样的票据所困扰，而收入则常年没有增加，从1958年到1977年，20年间中国城镇居民的收入人均增长不到4元，农民则不到2.6元。在当时，一个工厂学徒的月工资为18元，而最具资历的"八级"老工人的最高月工资为108元，这已是普通人中最高的收入了。1976年，一个北京市的工人，每月可配到半斤油票，另外可凭副食品供应证购买半斤鸡蛋、一斤半猪肉、半斤豆腐、二两粉条和一两芝麻酱。

在物价上,出现了日用食品价格较为低廉及家用工业品无比昂贵的反差。1976年,1块钱可以买12~13个鸡蛋,一碗素面8分钱,肉面1毛4分钱,一个成年人每月的粮食定量标准为30斤,一斤大米的价格不到3毛钱,一斤菜籽油不到6毛钱,肉是凭票供应,分为四等,最肥的一级肉8毛多一斤,最瘦的四级肉为4毛多一斤。相比,工业品的价格就要贵很多,一辆凤凰牌自行车售价156元,一台蝴蝶牌缝纫机售价187元,一块上海牌手表售价120元。人们为了得到上述这"三大件",不得不拼命地缩衣节食。工业品的价格之所以那么昂贵,除了供不应求的因素外,还是快速回笼货币、防止产生通货膨胀的"办法"之一。

城市居民的住房条件长期得不到改善,三代人甚至四代人同居一室的现象比比皆是。一份对全国192个大城市的调查报告表明,城市住房面积在1949年为每人平均4.5平方米,到1978年则下降到3.6平方米。从1976年起,北京、沈阳等城市的居民开始大着胆子,违规"盖小房"。作家王蒙描述说:"大伙纷纷将(公家的)建筑材料化为己有。开头,这种

▲ 改革开放初期城镇居民住房拥挤

'偷'虽然明目张胆，还是有某些节制某些分寸的：有的人尽量挑一些半截砖、烂木板、各种下脚料，就是说将工地淘汰下来的东西往自家搬。渐渐地，有人肆无忌惮地拆开工地上的各种保护阻拦，拿起最好的建筑材料就往家里走。当这样的大胆者受到工地上的人的劝阻，告诉他们拿公家的东西去干私活未免不妥的时候，他们回答说：'什么叫公家的？我就是公家的！我就是国家的！连命都是属于公家的！'他大声疾呼，公然宣告，振振有词，理直气壮，气冲云霄！"[①]

在农村，充满了理想主义色彩的人民公社被证明是一个"虚假的天堂"，有很多民间谚语讽刺这一制度的低效和不公正。一则流传于安徽一带的顺口溜这样描述农民上工的情景："头遍哨子不买账，二遍哨子伸头望，三遍哨子慢慢晃，到了田头忘带锄，再去回家逛一逛。"到1977年，中国人均粮食产量是318公斤，仅比新中国成立初期的1952年多了30公斤。

以安徽凤阳县为例，这个出过明朝开国皇帝朱元璋、以凤阳花鼓闻名的鱼米之乡从1953年到1978年的26年间，粮食实际征购量11.97亿斤，同期农村回销、城镇供应15.68亿斤，也就是说，购销相抵后，凤阳农民不仅对国家没有贡献一粒粮食，反而吃进了3.71亿斤。每年到了春荒，凤阳县的一些生产队由队长带领，拿着盖上公章的介绍信，打起花鼓，唱着辛酸的歌谣，踏上乞讨的道路。到了1978年冬季，正是在这里的小岗村，十多个被逼到绝路上的农民冒死签下了著名的"包产到户"合约。

在1976年的中国农村，有10万家小工厂特别值得关注，它们都很像在前面章节中描述过的鲁冠球式的工厂。如果有一双"先见之眼"的话，

[①] 值得注意的是，即便从1978年改革开放之后，城市居民的住房局促一直没有得到改善，而同时城市人口急剧增加，到1998年，中央政府推出刺激地产的政策，房地产顿时出现井喷景象，相关事实见《激荡三十年·下》。

我们将看到，在未来 30 年里，它们居然是启动中国经济的第一股力量。

这些由公社或生产大队创办的"社队企业"主要从事的行业有：小水泥厂、小钢铁厂、小化肥厂和小机修厂。它们要么是为了建造房屋和兴修农田水利，要么是为了修理拖拉机等农业机械。因为城里的国营工厂实在无法满足农民的这些基本生活和劳动需求，所以，默许其存在，不过对之有严格的限制，它们只能在公社内部——最多在附近的地方进行生产和销售，否则就算是投机倒把。

据《中国统计年鉴》的数据显示，这些社队企业居然从来没有消亡过，在 1960 年的时候，为了"大炼钢铁"，社队企业的数量一度多达 11.7 万个，到 1963 年就被砍剩下 1.1 万个。从 1966 年起，它又开始复萌，1970 年达到 4.5 万个，到 1976 年为 10.6 万个。

这些企业独立于国家计划体制之外，成为一股很奇特的经济力量。在资产关系上，它们属于公社或生产大队集体所有，不过，它们的经营活动却操控在某些"能人"手中，这些人甚至还是公社或大队的领导。在 1978 年之后，随着消费市场被激活，城里的国营企业受体制约束始终无法展开手脚，这些天生地养的社队企业竟"意外"地成为活跃市场和冲击计划体制的主流力量。这就是中国崛起的"草根秘密"。

国家经济要重振，还面临一个投资来源的难题。自 1949 年以来，历次重大的工业投资，分别靠的是苏联援助、"大跃进"式的举国战略以及"粮食剪刀差"所形成的资源聚集。而到 1976 年，这些办法已全数失效。因为多年的锁国政策，外国资本在中国的直接投资额为零。

1973 年的第二次设备引进计划可以被看成它们再度登陆中国的试水之旅。当大型设备被引进后，随之而来的是技术和管理方式的引进，继而便是资本和商业理念的接踵而至。这将是一个曲折而富有戏剧性的进程，在后来的很多年里，外国资本享受到了超国民的待遇。

就这样，我们可以从资本结构的角度，大致描述一下 1978 年之前的企业格局：国营企业占据了近乎百分之百的资本和市场份额，民营资本主要存在于乡村，地位卑微而力量羸弱，国际资本已经拍响了进入的门环。自中国开始发展近代工业的第一天起，这三股力量就一直并行而进，角斗而融合，这场发展模式在1949年被中止，将近30年后，万物轮回，游戏又开始了。

本书至此已近尾声，接下来的中国企业史将呈现出一番截然不同的局面，我在《激荡三十年》一书中将予以详尽的描述。

此刻，站在历史的高地上，我们不妨一起回望19世纪70年代到20世纪70年代的跌荡一百年。

在这100多年的时间里，苦难让我们有机会凝神思索，学到不少东西。它使中国人得以细细体察所历之事，对千年历史进行更严苛的观察，若非受辱，我们对之也许根本不会留心，还沉浸在骄傲的大国幻境之中。

自1840年鸦片战争之后，有一个词汇覆盖了所有的主题，它成为无数热血国人的毕生理想，这就是"强国"。"强国"的急迫，让这个国家变得无比的焦虑，有时候甚至显得迫不及待，在一条道路还没有完全考察清楚的时候，便不惜铤而走险。在很多敏感关键的时刻，渐进式的思想往往被视为"反动"，颠覆式革命，甚至流血暴力，成为全民性的选择。百年春秋，闹剧、悲剧与喜剧交织上演。

在这个被"强国梦"激励着的100年里，中国的复兴开始于一个幽暗而绝望的梦醒时刻。商业的演进一直是国家进步和民族雪耻的重要方向，正是在这一进程中，新兴的企业家阶层崛起为一支独立的力量。而他们的曲折命运又与这个国家的政治变革和全民抉择纠缠在一起，它们时而合一，时而决裂，却在绝大多数时间里处在不和谐的状态中。百年以来，中国经济的问题，归根到底可以总结为三个利益关系的调整：一是政府利益与公众利益的调整，二是中央政府与地方政府利益的调整，三是富裕公众与贫穷公众的利益调整。作为富裕公众的代表阶层，企业家集团在与政府（包括中央政府及地方政府）、知识分子和贫穷公众的关系相处上，一直没有达成原则性和建设性的共识,这也成为中国商业进步总是被各种事件打断的重要原因之一。

事实上,自 1935 年(孔祥熙利用全球经济危机突袭中国民营银行业)之后,信奉自由经济的企业家阶层就在中国逐渐烟散了,与之伴随的是中产阶级的日渐式弱与瓦解。中国民族性中对威权——特别是中央集权的渴望以及领袖崇拜,在后来的岁月中愈演愈烈,最终酿成了一场不堪回首的浩劫。

到 1976 年,中国是一个封闭自守、与世界经济体系基本"绝缘"、高度集中而没有活力的经济体。

正是在这样的背景下,一场伟大的经济变革即将拉开帷幕。

这将是一场没有"蓝图"的变革。几乎所有的民众都清晰或模糊地意识到,那种意识形态化的国家治理模式已被证明是行不通的,必须把振兴经济当作新的、最主要的国家任务。可是,到底该走一条怎样的振兴之路?僵化而低效的计划经济体制将以怎样的方式被打破,而新的经济体制又将呈现何种陌生的面貌?国营企业集团的改革出路何在,那些已经被压抑和消灭了多年的民间商业细胞将如何复活?发展的资金从何处来,一直被视为"洪水猛兽"的国际资本将扮演怎样的角色?更重要的是,政府的边界在哪里,理性的局限将如何克服?

对这些问题的一一解答,构成了日后中国经济成长的种种景象。没有一个困惑的化解是不需要付出代价的。甚至一直到我写作此书的时候,改革还远远没有完成。

德国有谚语曰:"只发生一次的事情等于没有发生。"中国商业史的问题正好相反,事情总是在间隔一段时间后一再地重复发生,而人们却视而不见。百年以来,历史的内在逻辑并没有被改朝换代所打断,从李鸿章和盛宣怀,到宋子文和孔祥熙,再到后来的国家治理者,那么多情节相似的故事如同翻拍电视剧般一再上演,不同的导演,不同的演员,百年不变的剧本,那剧本里的台词竟像基因里的遗传信息一样在一代一代人身上复制和轮回。

如果我们再放眼得遥远一点，在过去 2 000 年里，中国是世界上仅有的长期维持中央集权体制的大国。对威权的迷恋仍然是全民需要警惕和亟待破解的历史性课题。全球各国的经验告诉我们，对权力的贪欲确实是人类的最大敌人，如果没有制度性的约束，世上似乎没有一个民族、一种政权可以自觉地自我控制，而免遭道德上和经济上的毁灭。寻租理论的奠定者之一戈登·图洛克在《特权和寻租的经济学》中曾论述说："在现代国家中，行业创造的特权导致的总成本是巨大的。而且，如果我们追溯历史，会发现在英国工业革命之前，这个世界上几乎所有的政府都拥有庞大的特权行业，这也是那时进步如此之慢的重要原因。"[①] 中国的近现代工业化之路，似乎是这段论述的最生动的注脚。

荒谬只有在人们不同意它的时候才有意义，人类正因善于反思而得以存在。

对于一个国家而言，任何一段经历，都是那个时期的国民的共同抉择，历史是我们亲手剪裁的一件衣服，一旦穿上，就再也脱不下来。正如挪威戏剧家亨利克·易卜生所说的，"每个人对于他所属的社会都负有责任，那个社会的弊病他也有一份"。很多人似乎不认同这样的史观，他们常常用"被欺骗""被利用""被蒙蔽"等字眼来轻易地原谅当时的错误。而这正是国民性格中的劣根性之一。一代人的错误至少应该有三代人来共同承受，如果没有这样的勇气和决心，我们也许将永远不可能进步。

1977 年 11 月，复出不久的邓小平外出视察，他选择的第一站是广东。

当时，在东南沿海地区，不但出现了像石狮那样的地下集贸市场，还发生了难以遏制的"外逃潮"。在广东省，毗邻香港的宝安县每年都有数

[①] ［美］戈登·图洛克著，王永钦、丁菊红译，《特权和寻租的经济学》，上海：上海人民出版社，2008 年版。

千农民冒险偷渡到对岸。偷渡者以气枕作船,用乒乓球拍作桨,有的甚至抱着一只篮球就跳进伶仃洋,许多人被海浪所吞没。农民外逃的理由很简单:一岸之隔,贫富悬殊实在太扎眼,宝安县一个农民的日收入为 0.7~1.3元,而香港农民的日收入为 60~70 港元。这边有一个罗芳村,人均年收入是 134 元,香港新界那边也有个罗芳村,人均年收入是 1.3 万港元。1977年,宝安县共堵截收容外逃人员 4.6 万人,这股外逃潮甚至一直延续到 1979 年夏秋。①

就在邓小平前去视察的时候,大规模集体逃港事件正愈演愈烈,边防部队已是防不胜防。它被视为恶性政治事件,广东省领导在汇报工作时,自然不能避而不谈。没想到,邓小平在听了汇报后,突然插话说:"这是我们的政策有问题。此事不是部队能够管得了的。"这样的回答,让在场的干部惊诧不已。邓小平进而表达了自己的观点,他说:"你们的问题相当集中,看来中心的问题还是政策问题……看起来现在以揭批'四人帮'为纲可以,但是很快就要转,要结束,要转到经济建设上来,要以经济建设为中心,再不能提'以阶级斗争为纲'了。"

离开广州后,邓小平视察四川,在那里又提起在广东的所见所闻:"我在广东听说,养 3 只鸭子就是社会主义,养 5 只鸭子就是资本主义,我看荒唐得很!可见我们的农村政策要变,要改革。"

谁都听得出那声音里的急迫。如晚清重臣李鸿章在 1880 年所惊呼的那样,"我朝处数千年未有之奇局",百年跌荡,风雨如晦。此时的中国,又到了改弦更张的变局时刻。

---

① 广东地区的"外逃潮"最早始于 20 世纪 60 年代初的大饥荒时期。经济学家周其仁认为:"中国的改革开放事实上酝酿了很长时间,有两个事件比较值得关注:第一个是 1959—1961 年间中国发生的饥荒,使较大规模人口非正常死亡;第二个事件是 1962 年在广东省宝安县(深圳),聚集了 10 万人口意图偷渡逃港的事件。我们有理由相信,今天,中国经济的主要特征并不仅仅是高速增长,而是开放下的高速增长。"

致 谢

据殷海光的回忆，他的老师、哲学家金岳霖曾言："凡属所谓时代精神，掀起一个时代的人兴奋的，都未必可靠，也未必持久。"此言颇有深意。

如果我的任何一部著作让读者感觉心旌荡漾，那一定是我的错。我们正在阅读的历史不应该是冰冷的，但也不应该是滚烫的，它仅仅应有平凡人的正常体温。在冷静中，我们才能找到真理的入口处。

感谢那些创造了中国商业进步的人们——我所有的努力都是为了还你们一个公道。

感谢那些记录了历史的人们。为了这部企业史，我阅读和采用了大量的前人成果，一如我之前的所有作品一样。我没有在书后罗列一大堆图书索引，这主要来自两个考虑：一是我在正文中都已经标示出了有价值的资料来源，有兴趣的读者可以通过各种渠道找到它们；二是为了节约纸张，我常常为自己的图书定价昂贵而不安。

我要记下并在这里朗诵这些学者的名字,他们对中国近当代史的研究令人肃然起敬:费正清(John King Fairbank)、白吉尔(Marie Claire Bergere)、史景迁(Jonathan D. Spence)、高家龙(Sherman Cochran)、魏斐德(Frederic Wakeman)、孔飞力(Philip A. Kuhn)、费维恺(Albert Feuerwerker)、罗斯基(Thomas G. Rawski)、刘广京、郝延平、杨小凯、王业键、余英时、杜润生、朱学勤、雷颐、梁小民……

为了此次写作,我去了上海、深圳、天津、安庆、重庆、南通、无锡、南京、宜昌、福州、宁波、广州、镇江、香港等很多城市,感谢那些地方的人士,他们为保留前人的事迹和遗址正做着不为人知的工作。

感谢我的助理朱琳、陆斌、崔璀、王留全、陶英琪、程娟和钱晓曦,本书在很多环节上离不开他们的协助。感谢中信出版社的王斌社长、潘岳总编辑和我的编辑蒋蕾、沈家乐和黄维益,他们对我的宽容和忍耐好像总是没有边界。

感谢我的太太邵冰冰。我原本打算用人物列传的方式来写作这部作品,是她的坚持让我改成了现在这样的、与《激荡三十年》保持一致的编年体体例,这让我多付出了几倍的工作量,现在看来,她是对的。在过去的几年里,写作成了家庭生活最主要的部分,我唯一能做的补偿是,尽量陪她和吴舒然同学去看每一部新上映的"大片"。

接力赛式的创作告一段落了。我动笔写《激荡三十年》的时候,吴舒然同学背着小书包刚刚跨进小学的校门,到完成《跌荡一百年·下》,她已经要上初中了。时间就这样过去,不动声色地更替着昨天和明天,它给我们的生命留下了花开、花谢、雨聚、雾散,它从不白白地来,也不白白地走。

至今,吴舒然同学对我的任何一部作品都"不屑一顾",我无比耐心地等着她提出批评的那一天。

吴晓波

2009 年夏季于杭州

2014 年 6 月于三亚修订

人物索引

A

阿尔希波夫　1958

阿马蒂亚·森　1944

艾伦·金斯堡　1966

艾奇逊　1949

艾青　1938

安格斯·麦迪森　1945

奥琳埃娜·法拉奇　1966

B

巴巴拉·塔奇曼　1944

巴大维　1948

巴金　1958

白修德　1944

包玉刚　1950

北岛　1958

彼得·德鲁克　1944

彼得罗夫　1945

毕鸣岐　1956

别斯托夫斯基　1959

波兰特　1958

勃列日涅夫　1964

薄一波　1949、1950、1953、1956、1958、1964

C

曹荻秋　1966

曹锦清　1949

曹聚仁　1948

陈伯达　1958、1964

陈布雷　1945、1948

陈昌浩　1953、1966

陈调甫　1945

陈光甫　1944、1945

陈济棠　1941

陈家刚　1964

陈嘉庚　1944、1945
陈锦华　1966
陈立夫　1945
陈箓　1938
陈孟熙　1949
陈敏　1964
陈敏之　1950
陈明远　1959
陈丕显　1950、1966
陈叔通　1953
陈行　1945
陈仪　1944、1945
陈毅　1949、1956
陈寅恪　1941、1945
陈永贵　1964、1972
陈云　1949、1950、1953、1958、1959、
　　1966、1972
陈真　1941
陈芷町　1944
陈志武　1976
陈祖涛　1953、1964、1966、1972
赤木亲之　1938
赤维特可夫　1953
崇祯　1944
储安平　1948

D

达商男爵　1938
大野健一　1950
戴高乐　1966
戴铭礼　1944
戴园晨　1950

德怀特·帕金斯　1976
邓淮生　1959
邓贤　1966
邓小平　1950、1950、1958、1959、
　　1964、1966、1972、1976
邓子恢　1959
丁默村　1945
董少臣　1956
董赞尧　1945
董志凯　1953
董竹君　1948
杜鲁门　1949
杜维屏　1948
杜月笙　1938、1948

F

范因克　1949
范果恒　1945
范旭东　1941、1941、1945、1956
菲德尔·卡斯特罗　1964
费达生　1938
费维恺　1941
费孝通　1938、1956
丰田喜一郎　1950
傅斯年　1941、1944、1945
傅宗耀　1938
傅作义　1950

G

冈部直三　1945
冈崎胜男　1938
高家龙　1949

高兰　1958

高振声　1956

戈登·图洛克　1976

龚锦　1956

谷牧　1964

谷正纲　1948

顾馨一　1938

顾准　1945、1949、1950、1958、1964、1972

关怀　1950

关吉玉　1948

桂世镛　1964

桂勇　1950

郭忏　1945

郭得胜　1950

郭路生　1966

郭沫若　1941、1944、1950、1958、1966

郭小川　1976

H

哈耶克　1953、1972

海瑞　1964

何廉　1945

何乃仁　1950

何香凝　1941

赫鲁晓夫　1956、1958、1959、1964、1966

黑格尔　1956

亨利·卢斯　1944

亨利克·易卜生　1976

侯波　1956

侯德榜　1945

胡鞍钢　1966、1976

胡风　1949

胡庆照　1956

胡适　1944、1948

胡叔潜　1941

胡月伟　1966

胡仲实　1941

胡子婴　1956

华国锋　1976

黄金荣　1938

黄苗夫　1956

黄万里　1953

黄炎培　1950、1953、1956

霍布斯鲍姆　1966、1972

霍英东　1950

J

基列夫　1953

稽鲲生　1938

吉田茂　1950

计泓赓　1966

季崇威　1948

季羡林　1958

贾亦斌　1948

简玉阶　1956

江青　1966、1972、1976

江泽民　1953

姜子牙　1953

蒋恩钿　1956

蒋介石　1938、1938、1941、1944、1945、1948、1950、1953

蒋经国　1948、1949

杰克·贝尔登　1944、1945
金雄白　1945
靳云鹏　1945
经叔平　1956、1966
井植熏　1950
敬一丹　1972

K

卡斯特罗　1966
凯恩斯　1944、1956
康生　1964、1966
康世恩　1959
康心如　1956
柯洛略夫　1953
克雷罗夫　1953
克利莫夫　1959
客氏　1944
孔令俊　1941
孔令侃　1941、1944、1948
孔祥熙　1941、1944、1945、1948、1976

L

老舍　1953、1966
乐松生　1956、1966
雷锋　1964
雷蒙·阿隆　1966
雷任民　1959
冷夏　1950
李安增　1976
李达　1966

李东冶　1959
李富春　1964
李公朴　1948
李国杰　1938
李国兰　1948
李鸿章　1938、1944、1976
李华忠　1966
李及兰　1945
李嘉诚　1950
李康年　1956
李岚清　1953
李立三　1950
李书城　1950
李四光　1959
李先念　1972
李寅廷　1950
李郁文　1964
李兆基　1950
李仲平　1956
李烛尘　1945、1956
梁希　1950
廖承志　1950
廖仲恺　1941
林彪　1945、1972
林怀部　1938
林森　1944
林绍良　1950
林世良　1944
林毅夫　1976
刘彪　1958
刘栋业　1956
刘公诚　1949

刘鸿生　1941、1948、1949、1956
刘念智　1941、1956
刘青山　1950
刘少奇　　1950、1958、1959、1966、
　　1972
刘守华　1953
刘蜀永　1950
刘湘　1944
刘一峰　1956
刘允斌　1966
柳亚子　1945
卢国纶　1950
卢奇亚诺·都沃里　1972
卢作孚　1941、1945、1950
芦芒　1956
鲁冠球　1959、1964、1976
陆伯鸿　1938
陆定一　1958
陆平　1966
罗平汉　1958
罗瑞卿　1964
罗时叙　1959
罗斯福　1944
骆耕漠　1972

M

马宾　1959
马超　1953
马春霖　1956
马丁·路德·金　1966
马克思　1956
马天水　1958

马歇尔　1944
马寅初　1944、1959
麦克阿瑟　1944、1950
麦克法夸尔　1959
芒克　1972
毛森　1945
毛泽东　　1938、1944、1945、1948、
　　1949、1950、1953、1956、1958、
　　1959、1964、1966、1976
茅盾　1941
冒舒諲　1949
米开朗基罗·安东尼奥尼　1972
摩根索　1944
穆易　1938、1950

N

尼科尔森　1938
尼克松　1972
聂叙伦　1956
聂元梓　1966
宁芷村　1941

P

彭珮云　1966
彭一湖　1956
篷皮杜　1972

Q

戚再玉　1948
千家驹　1949、1956
钱敏　1964

钱穆　1948
钱孙卿　1956
钱学森　1958
钱正英　1953
钱之光　1966
切·格瓦拉　1966

R

戎伍胜　1944
荣德生　1938、1938、1945、1948、1949
荣尔仁　1945
荣鸿三　1953
荣毅仁　1949、1953、1956、1966
荣智健　1966
荣子正　1956
荣宗敬　1938、1956
入江昭　1966

S

尚慕姜　1938
邵式军　1938、1945
邵式平　1945
邵洵美　1938
邵月如　1938
沈恩秀　1956
沈鸿　1944
沈志华　1959
沈志远　1949
沈醉　1945
盛康年　1956
盛丕华　1956

盛田昭夫　1950
盛文颐　1938、1945
盛宣怀　1944
斯达特·科比　1959
斯大林　1953、1959
斯凯伦德　1945
斯诺　1966
斯特林·西格雷夫　1944
松下幸之助　1950
宋霭龄　1941
宋斐卿　1950
宋美龄　1948
宋庆龄　1966
宋劭文　1958
宋时轮　1949
宋硕　1966
宋子安　1944
宋子良　1944
宋子文　1941、1944、1945、1948
苏珊娜·佩珀　1945
苏锡文　1938
孙健初　1959
孙学悟　1945
孙冶方　1956、1964

T

汤恩伯　1944
陶菊隐　1938
陶启明　1948
田广仁　1956
田中角荣　1972

W

瓦尼娅·奥克斯　1938

完颜绍元　1945

汪璧　1964、1972

汪海波　1950

汪精卫　1938、1949

汪君良　1956

王春哲　1948

王鹤寿　1958

王洪文　1966、1972

王嘉明　1956

王进喜　1959、1964

王力　1966

王立胜　1976

王蒙　1976

王庞惠　1948

王任重　1959

王荣康　1956

王少林　1966

王世杰　1948

王世均　1941

王同惠　1938

王一鸣　1956

王云五　1948

王芸生　1941、1945、1948

卫恒　1966

魏斐德　1938

魏忠贤　1944、1945

闻太师　1953

闻一多　1948

翁文灏　1945、1948

吴国桢　1944、1948

吴晗　1964

吴江　1953

吴金萃　1956

吴敬琏　1972、1976

X

西亚德　1972

希特勒　1944

夏衍　1938

项美丽　1938

谢富治　1966

谢冠生　1948

谢赢洲　1948

谢芝庭　1938

辛笛　1948

徐百齐　1948

徐堪　1945

徐学禹　1944、1945

许崇智　1941

薛暮桥　1956、1958、1959、1964

Y

亚当·斯密　1944

亚诺什·科尔内　1972

严谔声　1956

阎少青　1956

杨帆　1949

杨格　1945

杨坚白　1964

杨鉴清　1966

杨克成　1956

杨森　1950
杨小凯　1941、1945、1972
姚慕莲　1938
姚文元　1964
姚依林　1966
叶剑英　1976
叶选平　1953
易劳逸　1941
印占卿　1938
尤菊荪　1938
于建澄　1958
于熙钟　1956
余秋里　1959
余绳武　1950
俞大维　1948
俞飞鹏　1944
俞鸿钧　1948、1949
虞洽卿　1941
袁宝华　1958、1964
袁履登　1938
袁振　1959
岳东平　1956

Z

曾希圣　1959
张爱玲　1944
张春桥　1972、1976
张公权　1941、1945、1948
张光斗　1953
张国焘　1950
张国英　1956

张国忠　1958
张鸿增　1945
张季鸾　1941
张謇　1945
张霖之　1966
张玛娅　1966
张琴秋　1966
张群　1948
张赛群　1938
张廷谔　1945
张闻天　1964
张贤亮　1972
张祥麟　1950
张啸林　1938
张莘夫　1945
张兴锒　1949
张学良　1945、1953
张亚民　1948
张玉英　1956
张元济　1949
张芝明　1966
张卓元　1964
张子善　1950
张作霖　1945
章伯钧　1950
章乃器　1941、1949、1950、1956
昭和天皇　1944
赵发生　1959
赵高　1945
赵敏　1958
郑壁成　1950

周恩来　1948、1949、1950、1953、
　　　　1956、1958、1959、1966、1972、
　　　　1976
周佛海　1938
周季梅　1944
周太和　1959

周天勇　1944、1953
周文瑞　1938
周孜仁　1959
朱德　1944、1976
朱家骅　1948

声 明

由于本书所用图片涉及范围广，部分图片的版权所有者无法一一取得联系，请相关版权所有者看到图书后，与蓝狮子财经出版中心联系，以便敬付稿酬。

来信请寄：杭州市下城区西文街琥珀中心 12 楼

邮编：311106

电话：0571-86535601